narr studienbücher

Für Cláudio und Alessandra

Theo Harden

Angewandte Linguistik und Fremdsprachen- didaktik

 Gunter Narr Verlag Tübingen

Prof. Dr. Theo Harden ist Director of Postgraduate Studies der School of Languages, Literatures and Film des University College Dublin.

Bibliografische Information der Deutschen Bibliothek

Die Deutsche Bibliothek verzeichnet diese Publikation in der Deutschen Nationalbibliografie; detaillierte bibliografische Daten sind im Internet über <http://dnb.ddb.de> abrufbar.

© 2006 · Narr Francke Attempto Verlag GmbH + Co. KG
Dischingerweg 5 · D-72070 Tübingen

Internet: http://www.narr-studienbuecher.de
E-Mail: info@narr.de

Druck: Gulde, Tübingen
Bindung: Nädele, Nehren
Printed in Germany

ISSN 0941-8105
ISBN 13: 978-3-8233-6248-7
ISBN 10:   3-8233-6248-8

Vorwort

Zwischen Angewandter Linguistik und Fremdsprachendidaktik besteht eine kuriose Beziehung. Man könnte sie in Anlehnung an Watzlawick durchaus als eine Art von *double bind* bezeichnen. Einerseits reagieren Praktiker oft allergisch auf die sich mit immer höherer Frequenz jagenden ‚neuen' Modelle, Ansätze, Theorien und Hypothesen, die jeweils entscheidende Durchbrüche hinsichtlich der Kenntnisse und Erkenntnisse des komplexen Bereichs ‚Sprache' annoncieren. Andererseits werden die so genannten Bezugswissenschaften aber auch gerne als wissenschaftlich legitimierende Instanzen einer bestimmten Praxis ins Feld geführt, nicht selten mit dem Effekt, dass das Bekenntnis zu einer bestimmten Schule, Richtung etc. darüber entscheidet, was und wer ‚in' bzw. ‚out' ist. Dabei wird bereits ein terminologisches Problem deutlich: Angewandte Linguistik wird – vor allem im englischsprachigen Raum – weitestgehend als *second language acquisition research* aufgefasst. In der Tat ist vermutlich der quantitativ höchste Anteil der Forschung in der Angewandten Linguistik hier angesiedelt. Das heißt jedoch nicht, dass es nicht durchaus andere Bereiche der Angewandten Linguistik gibt, die in ganz vergleichbarer Weise, nicht immer deutlich ausgewiesen, als Bezugswissenschaften dienen. Wobei ‚dienen' ein Stichwort ist, das etwas näher betrachtet zu werden verdient. Sind Bezugswissenschaften eher ‚Hilfswissenschaften', deren Erkenntnisse man eklektizistisch nach dem Opportunitätsprinzip wahrnimmt und anwendet? Das setzt natürlich voraus, dass es so etwas wie eine einheitliche, wenn schon nicht Theorie, so doch zumindest eine Zielsetzung, ein einheitliches Verständnis dessen gibt, was beim Lernen oder Erwerben einer Fremdsprache geschieht. Die dort auftretenden Leerstellen würden dann nach Maßgabe der Angemessenheit mit von den ‚dienenden' Bezugswissenschaften vorgelegten Erkenntnissen gefüllt. Oder – was keineswegs selten geschieht – die Bezugswissenschaften bestimmen die Vorgaben und das Paradigma, innerhalb dessen sich die Praxis des Sprachenlehrens und zudem interessanterweise des Sprachenlernens zu bewegen hat. Auch hier haben wir es mit einer Bezugswissenschaft zu tun, der Bezug ist jedoch mit dem im ersten Fall geschilderten kaum vergleichbar.

Mit anderen Worten: Wedelt der Hund mit dem Schwanz oder umgekehrt? Um im Bild zu bleiben: Für den Laienbeobachter ist es häufig nicht von Interesse, wer der Urheber des Wedelns ist. Wahrgenommen wird eine intensive Bewegung des gesamten Ensembles. Der Profi kann sich diese lässige Position nicht leisten.

Das vorliegende Buch will versuchen, nicht nur diese oft verworrene Beziehungslage zu beleuchten, sondern darüber hinaus soll auch die jeweils zu Grunde liegende Konzeption von Sprache diskutiert werden, die ja – je nach ihrer Beschaffenheit – keinen unerheblichen Einfluss darauf hat, wie das Erlernen oder Erwerben einer Sprache zu interpretieren ist.

In der europäischen Tradition gibt es sehr vergröbernd ausgedrückt zwei
Hauptstränge hinsichtlich des Konzepts ‚Sprache‘, also hinsichtlich dessen, wie
und als was Sprache aufgefasst wird. Da ist zum einen der ‚Universalismus‘, der
davon ausgeht, dass die Konzepte, die wir von der Welt haben, weitgehend spra-
chunabhängig sind und dass die Unterschiede zwischen den Sprachen eher
‚oberflächlicher‘ Natur sind. Das, was in den Köpfen geschieht, ist mehr oder weniger überall gleich, nur, was dabei durch die jeweiligen Sprachen an die wahrnehmbare Oberfläche gelangt, ist unterschiedlich. Diese Auffassung wird
übrigens auch von Stephen Pinker (1996), einem der profiliertesten Vertreter der
Chomsky-Schule, in seinem einflussreichen und sehr lesenswerten Buch *Der
Sprachinstinkt* vertreten. Dazu aber später mehr. Nicht, dass diese Unterschiede
eine vernachlässigbare Größe wären, ihre Überwindung hat aber den Stellenwert
eines eher technischen, wenn auch durchaus sehr aufwendigen und keineswegs
einfach zu lösenden Problems. Auf das Lernen einer Fremdsprache angewandt
hieße das, dass das, was wir denken, nur möglichst reibungslos in das fremde
oder mit dem fremden System übersetzt werden muss. Beileibe keine leichte
Aufgabe.

Zum anderen existiert eine Position des ‚Relativismus‘, die behauptet, dass
das Denken nicht nur entscheidend von der Sprache und dementsprechend von
den Sprachen beeinflusst wird, sondern dass Denken und Sprache eine
unauflösbare Einheit bilden, dass es also Denken ohne Sprache eigentlich gar
nicht geben kann.

Von dieser Warte aus gesehen sind die Unterschiede zwischen den Sprachen
daher nicht nur Oberflächenphänomene, sondern sie haben einen grundsätzlich
anderen Status. Wenn wir eine Fremdsprache lernen, bedeutet das, dass zu allen
technischen Problemen ein weiteres tritt: Wir müssen zwar nicht unbedingt neu
Denken lernen, aber wir müssen lernen, dass wir etwas Neues denken müssen.
Was natürlich – wenn es klappt – den Vorteil hat, dass wir auch auf einmal etwas
Neues denken können.

Die erstgenannte Auffassung, also die des ‚Universalismus‘, hat nicht nur eine
lange Tradition und eine gewichtige Stellung im europäischen Denken, sie
scheint auch für den Laien auf den ersten Blick die plausiblere zu sein und sie ist
diejenige, die vielen Arbeiten im Bereich der Angewandten Linguistik und auch
der *language acquisition research*, explizit oder nur stillschweigend vorausgesetzt,
zu Grunde liegt.

Die zweite dagegen, die in ihrer extremen Formulierung ja besagen würde,
dass man eine Fremdsprache eigentlich gar nicht lernen kann, was natürlich
Unsinn ist, hat eben wegen der Implikationen bezüglich des Denkens, innerhalb
der Angewandten Linguistik und auch der Fremdsprachendidaktik ein deutlich
geringeres Gewicht. Dabei kann eine ‚relativistische‘ Perspektive interessante
Fragestellungen hinsichtlich des Untersuchungsgegenstandes aufwerfen, sowohl
hinsichtlich der Natur der Sprache als auch bezüglich des Prozesses ihrer Aneignung.

Beide Positionen sollen im weiteren Verlauf immer wieder herangezogen werden, um das grundlegende Erkenntnisinteresse der jeweiligen Gebiete zu beleuchten.

Ein weiterer wichtiger Aspekt ist, dass weder die Angewandte Linguistik noch die Fremdsprachendidaktik Felder sind, auf denen Wissen in gleichmäßiger Form gedeiht. Angesichts des kaum behebbaren Mangels an ‚harten' Fakten, wie sie in den Naturwissenschaften vorliegen, ist die wissenschaftliche Tätigkeit häufig bestimmt von Trends und Moden, die – oft nur wegen der gelungenen PR-Arbeit ihrer jeweiligen Wortführer – für eine gewisse Zeit eine Monopolstellung, eine Erklärungshoheit, inne haben. Da es sich aber über weite Strecken eher um Glaubensbekenntnisse handelt als um ‚gesicherte' Wissensbestände, ist die Auseinandersetzung mit Andersgläubigen, wie in solchen Situationen nicht unüblich, oft von Intoleranz und einer gewissen abschätzigen Grundhaltung geprägt.

Illustrieren lässt sich das sehr schön an der Einschätzung der ‚Drills', also jener repetitiven, gerne auch stumpfsinnigen, Übungsformen, die über einen beträchtlichen Zeitraum als die *ultima ratio* in der Sprachvermittlung galten. Sie sind, salopp gesagt, mega out.

Dabei wird leider übersehen, dass diese Art von Übung in bestimmten Bereichen, Aussprache z. B., unverzichtbar sind. Kommunizieren ist gut und schön, sollte auch das Ziel eines jeden Sprachlern- oder -erwerbsprozesses sein, aber wenn die Aussprache – wie es bei Sprechern fernöstlicher Sprachen im Englischen z. B. nicht selten ist – meilenweit von der zielsprachlichen Norm entfernt bleibt, dann hilft auch ein reichhaltiger Wortschatz und eine gepflegte Syntax nicht viel weiter.
Kurz: Die hier vorgestellten Bereiche sollen kritisch, aber positiv hinsichtlich dessen, was sie geleistet haben, gewürdigt und nicht aus der angeblich überlegenen retrospektiven Sicht abgekanzelt werden.

Sich in einen Bereich erfolgreich einzuarbeiten bedeutet, sich mit ihm aktiv und initiativ auseinanderzusetzen. Es reicht nicht, nur zur Kenntnis zu nehmen, was andere zu sagen haben, man muss auch eigene Standpunkte finden und versuchen, diese zu formulieren und zu begründen. Die Literaturtipps und Aufgaben am Ende der jeweiligen Kapitel sollen dabei helfen.

Beim Bearbeiten der letzteren kommt es weniger darauf an, eine ‚richtige' Lösung zu finden, sondern es geht eher darum, sich argumentativ mit den Problemen auseinanderzusetzen. Auf einen Lösungsschlüssel wurde daher bewusst verzichtet.

Dublin, im Juli 2006   *Theo Harden*

Inhalt

1 Einleitende Bemerkungen zur Sprache, Linguistik und Fremdsprachendidaktik

Die folgenden Kapitel beschäftigen sich mit den an sich bereits sehr komplexen Feldern ‚Sprache', ‚Linguistik' und ‚Fremdsprachendidaktik' und ihrer noch komplexeren Interaktion. Das, was jeweils als Konzept von Sprache das gerade vorherrschende Paradigma ist, beeinflusst natürlich ganz entscheidend, wie man sich dem Gegenstand nähert, also die Linguistik, und natürlich auch, wie man sich die Vermittlung sinnvoll vorstellen kann.

Dabei ist keineswegs beabsichtigt, einen umfassenden Überblick zu geben, sondern nur, bestimmte eher grundsätzliche und immer wiederkehrende Probleme aufzuzeigen.

1.1 Sprache?

Das Fragezeichen in der Kapitelüberschrift deutet es an: Hier wird etwas problematisiert. Wir sind ständig von Sprache umgeben, benutzen sie, ohne groß darüber nachzudenken, was wir da genau tun. Ja, selbst wenn wir dazu aufgefordert werden, haben wir Schwierigkeiten, uns dem Sachverhalt zu nähern. Sprache ist eben da und sie funktioniert in aller Regel auch, ohne dass man sich tiefer mit ihr beschäftigt. Dass das Wesen der Sprache, was sie ist, woher sie kommt und was man mit ihr machen kann, aber schon seit geraumer Zeit immer wieder zu tiefgründigen Überlegungen Anlass geboten hat und als ein nicht unproblematisches Phänomen der menschlichen Existenz gesehen wurde, zeigt bereits ein Blick in die Bibel.

Denn Sprache wird gerade in der Bibel als eine zutiefst menschliche Errungenschaft betrachtet. Der Mensch darf den Geschöpfen Namen geben, sie sind nicht von Gott schon im Vorgriff festgelegt worden (vgl. Genesis 2, 19f). Damit wird eine ausgesprochen wichtige Funktion der Sprache thematisiert: das Verweisen auf Objekte unserer Umwelt (in Adams Fall die des Paradieses). Interessant ist, dass zu diesem Zeitpunkt der Mensch noch allein und ohne Gefährtin ist, also eigentlich auch keine Namen für die Dinge bräuchte. Mit wem sollte er darüber sprechen? Womit eine weitere wichtige Funktion der Sprache angedeutet wird: die des Mit-anderen-über-etwas-Sprechens. Aber auch dies geschieht in der Bibel, allerdings mit schwerwiegenden, bis heute spürbaren Folgen. Der erste kommunikative Akt im Paradies findet nämlich zwischen Eva und der Schlange statt und stellt den Anfang einer Verschwörung gegen die von Gott gewollte Ordnung dar (vgl. Genesis 3, 1ff). Danach kommuniziert Eva mit ihrem Mann und das Drama nimmt unaufhaltsam seinen Lauf.

Durch Kommunikation wird also etwas in Gang gebracht, das der Mensch ganz allein zu verantworten hat, was in diesem Falle schrecklich ist, was den Menschen aber auch in eine, man könnte fast sagen, emanzipierte Position bringt. Das Versprechen der Schlange war ja auch, dass sie würden wie Gott.

Ein weiteres kommunikativ geprägtes biblisches Menschheitserlebnis ist der Turmbau zu Babel. Das gewagte Unternehmen, einen Turm bis in den Himmel zu bauen und dadurch Gott sein Territorium streitig zu machen, konnte ja nur in Angriff genommen werden, weil die Menschen sich in der Lage sahen, mithilfe der kommunikativen Funktion der Sprache (bis zu diesem Zeitpunkt gab es nur die eine Sprache) die gewaltigen logistischen Probleme, die ein solcher Bau mit sich bringt, erfolgreich in den Griff zu bekommen.

Bekanntermaßen setzt Gott ja auch genau hier an und verwirrt die Sprachen, Kommunikation findet entweder gar nicht oder nur mit großen Schwierigkeiten statt, das Projekt wird aufgegeben (vgl. Trabant 2003: 16-24).

Seit dieser Zeit also müssen Fremdsprachen gelernt werden. Weit wichtiger aber ist, dass die Bibel hier überhaupt die Existenz verschiedener Sprachen zur Kenntnis nimmt. Ein Position, die über einen langen Zeitraum hinweg eine eher untergeordnete Rolle spielte.

Die griechische – und im Anschluss daran – die römische Tradition hat mit Fremdsprachen wenig zu schaffen. Einerseits wurden diese kaum als ‚Sprachen' angesehen, denn diejenigen, die nicht Griechisch sprachen, wurden als *barbaroi* angesehen, also als solche, die einfach nur Laute (bababa) von sich gaben, während die Römer politisch in der Lage waren, das Latein als verbindliche Verkehrssprache zu etablieren.

Hinzu kommt, dass nach der aristotelischen Auffassung die Verschiedenheit der Sprachen eher oberflächlicher Natur, aber das, was jedem menschlichen Sprechen zu Grunde liegt, jedoch gleich ist.

> Nun sind die (sprachlichen) Äußerungen unserer Stimme ein Symbol für das, was (beim Sprechen) unserer Seele widerfährt, und das, was wir schriftlich äußern, (ist wiederum ein Symbol) für die (sprachlichen) Äußerungen unserer Stimme. Und wie nicht alle (Menschen) mit denselben Buchstaben schreiben, so sprechen sie auch nicht alle dieselbe Sprache. Die seelischen Widerfahrnisse aber, für welche dieses (Gesprochene und Geschriebene) an erster Stelle ein Zeichen ist, sind bei allen (Menschen) dieselben; und überdies sind auch schon die Dinge, von denen diese (seelischen) Widerfahrnisse Abbildungen sind, (für alle) dieselben. (Aristoteles, *De interpretatione* 16a, 4-8. Übersetzt von H. Weidemann 1994: 3).

Diese Stelle bei Aristoteles hat das Sprachdenken über Jahrhunderte grundlegend geprägt und die dort vertretene Auffassung ist für die Wahrnehmung von Fremdsprachen von entscheidender Bedeutung, denn es wird ja eine Identität des Denkens und Erfahrens bei allen Menschen postuliert, wobei der Sprache lediglich die Funktion zugeschrieben wird, das Erfahrene und Gedachte hörbar und sichtbar zu machen.

Eine andere, ja geradezu entgegengesetzte, Auffassung ist von Wilhelm von Humboldt vertreten worden. Nicht nur von ihm, aber er ist sicherlich einer ihrer prominentesten Verfechter. Eine zentrale und immer wieder zitierte Aussage findet sich in seinem ersten Vortrag in der Preußischen Akademie der Wissenschaften mit dem Titel *Ueber das vergleichende Sprachstudium in Beziehung auf die verschiedenen Epochen der Sprachentwicklung* und dort lesen wir:

> Durch die gegenseitige Abhängigkeit des Gedankens und des Wortes von einander leuchtet es klar ein, dass die Sprachen nicht eigentlich Mittel sind, die schon erkannte Wahrheit darzustellen, sondern weit mehr, die vorher unerkannte zu entdecken. Ihre Verschiedenheit ist nicht eine von Schällen und Zeichen, sondern eine Verschiedenheit der Weltansichten selbst (Humboldt IV: 27).

Und einige Seiten zuvor schreibt Humboldt:

> Das Denken ist aber nicht bloß abhängig von der Sprache überhaupt, sondern, bis auf einen gewissen Grad, auch von jeder einzelnen bestimmten (Humboldt IV: 21).

Auf Fremdsprachen bezogen bedeutet dies natürlich, dass wir nicht, wie im ersten Fall nur neue Schälle und Zeichen lernen müssen, um das, was wir ohnehin bereits sehr gut denken können, auszudrücken, sondern hier geht es um eine grundlegend neue Weise, zu denken, zumindest „bis auf einen gewissen Grad".[1]

Die folgenden Graphiken illustrieren noch einmal die Unterschiede zwischen der universalistischen und der relativistischen Auffassung.

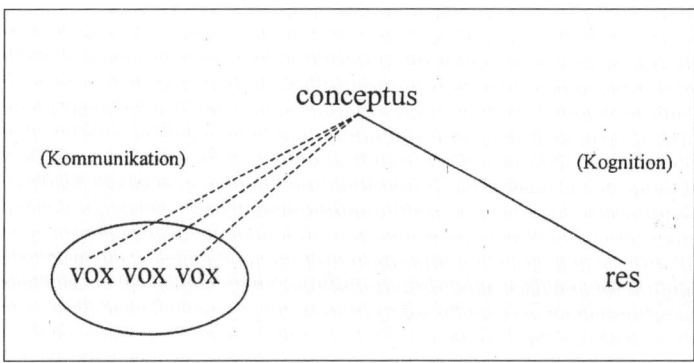

Abbildung 1.1: Universalistische Sprachkonzeption. Über die Kognition werden die Konzepte von den Dingen (*res*) gebildet und dann in der Kommunikation durch die verschiedenen Sprachen (*vox*, *voces*) thematisiert (aus Trabant 1998: 160)

---

[1]   Die Termini Relativismus und Universalismus und die entsprechenden Adjektive haben hier wirklich ausschließlich illustrativen Charakter und schließen nur sehr vage an die philosophische Diskussion an.

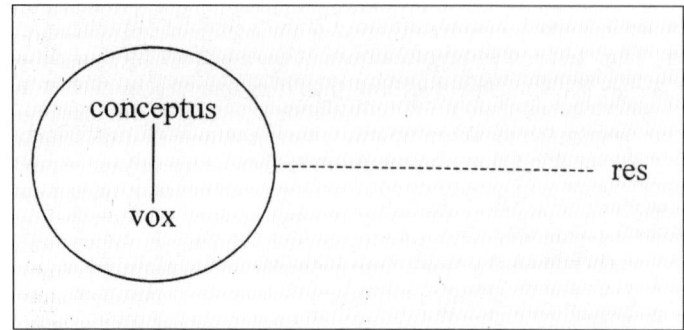

Abbildung 1.2: Relativistische Sprachkonzeption: Konzepte und Sprache werden als
Einheit gesehen, die je nach Sprache verschieden sind. D. h. von den gleichen
Dingen (res) existieren unterschiedliche, von den jeweiligen Sprachen abhängige
Konzepte (aus Trabant 1998: 161).

Wenn die philosophische Frage nach dem Wesen der Sprache für die Praxis vielleicht ein wenig zu weit hergeholt erscheint, dann sollte man sich eher beschränken und das Problem von einer anderen Warte angehen, z. B. aus der Perspektive dessen, was man mit der Sprache letztlich machen kann und auch macht. Auch hier kann auf einen Klassiker zurückgegriffen werden, dessen Einteilung der Funktionen der Sprache zwar häufig erweitert und revidiert worden ist, dessen Modell aber nach wie vor eines der elegantesten und umfassendsten ist.

Karl Bühler, von Haus aus Psychologe, nahm drei grundsätzliche Funktionen des sprachlichen Zeichens an: Darstellung, Appell und Ausdruck. In Bühlers Organonmodell (*organon* griech. Werkzeug, in Anlehnung an Platons *Kratylos*) werden die Verhältnisse dabei folgendermaßen gesehen (vgl. Bühler 1999: 24-33):

- Die Darstellungsfunktion bezieht sich auf die Dinge oder Sachverhalte, die in Rede stehen. Die sprachlichen Zeichen werden hier als Symbole interpretiert.

- Die Appellfunktion stellt die Beziehung zum Angesprochenen her und sprachliche Zeichen werden in diesem Zusammenhang als Signale verstanden, mit denen irgendeine Reaktion beim Angesprochenen ausgelöst werden soll.

- Die Ausdrucksfunktion beschreibt das, was als Einstellung des Sprechers zum jeweiligen Sachverhalt, aber auch zum Hörer bezeichnet werden kann, und das sprachliche Zeichen ist hier als Symptom zu interpretieren.

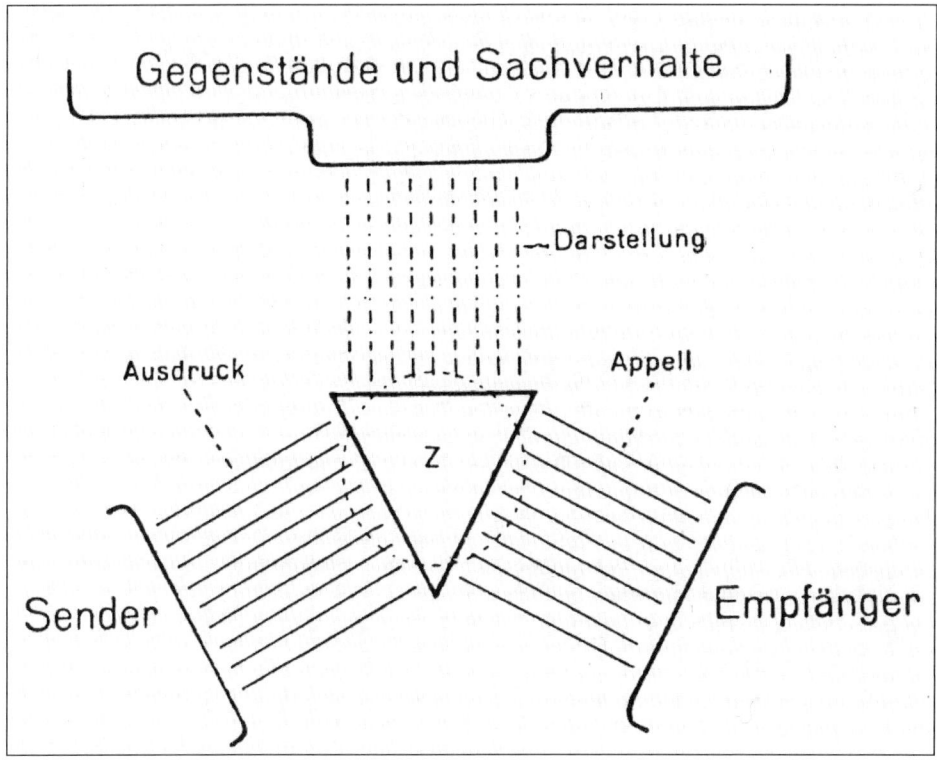

Abbildung 1.3: Das Organonmodell von Karl Bühler (aus Bühler 1999: 28)

Alle drei Funktionen sind im Prinzip ständig präsent, wenn auch nicht immer mit gleicher Gewichtung. Bezüglich des Lernens und Lehrens von Fremdsprachen stellt sich nun die wichtige Frage, welcher der drei Funktionen der Vorrang eingeräumt wird. In seinem einflussreichen, wenn auch hin und wieder scharf kritisierten, Artikel *Linguistik und Poetik*, in dem das Bühlersche Modell erweitert und mit eigener Terminologie versehen wird, nimmt Roman Jakobson (1971) noch weitere Funktion an, zu denen auch die phatische gehört. Deren Aufgabe ist es, die Kommunikation aufrechtzuerhalten, ohne dass dabei substantielle Informationen ausgetauscht werden. Nach Malinowski, bei dem sie als ,phatic communion' bezeichnet wird, nimmt diese Funktion der Sprache schon rein quantitativ gesehen einen enormen Raum ein. Mit anderen Worten, vieles, wenn nicht sogar das meiste, was wir so über den Tag von uns geben, hat mit Informationsaustausch und –übermittlung herzlich wenig zu tun. Es dient einzig und allein dem Erhalt des sozialen Klimas.

Wie verhält es sich nun mit dieser Funktion und ihrem Stellenwert in der Fremdsprachendidaktik? Oder entzieht sie sich einer Formalisierung und Operationalisierung? Auf diese Fragen und auch auf die oben kurz angerissenen werden wir im weiteren Verlauf immer wieder zurückkommen müssen, ohne dass unbedingt eine Antwort erwartet werden kann. Der Zweck dieses Kapitels liegt dementsprechend auch nur darin, einige sehr grobe Umrisse verschiedener Aspekte, die das Phänomen ‚Sprache' betreffen, zu skizzieren. Dadurch soll eine (möglicherweise nicht immer ganz präzise) Verortung der im folgenden zu behandelnden Ansätze, Richtungen, Theorien, Hypothesen (und in welchem Gewand auch sonst immer die jeweiligen Forschungsinteressen und Forschungsergebnisse präsentiert werden) erleichtert werden.

Literaturtipps

Zur generellen Thematik dieses Kapitels:

Jäger, Ludwig (1993), ‚Language, whatever that may be'. Die Geschichte der Sprachwissenschaft als Erosionsgeschichte ihres Gegenstandes. In: *Zeitschrift für Sprachwissenschaft* 12/1: 77-106.

> Polemischer Aufsatz, der sich vor allem mit dem Sprachverständnis der Chomsky Schule im weitesten Sinne und der daraus resultierenden Ausrichtung der Linguistik auseinandersetzt.

Trabant, Jürgen (1998), *Artikulationen. Historische Anthropologie der Sprache*. Frankfurt/M.: Suhrkamp.

> Sehr eingängige Auseinandersetzung mit dem Universalismus und Biologismus in der Sprachwissenschaft. Vor allem Kapitel 1, indem einige grundsätzliche Fragen klar und anschaulich thematisiert werden.

Trabant, Jürgen (2003), *Mithridates im Paradies. Kleine Geschichte das Sprachdenkens*. München: Beck.

> Ausgesprochen lesenswert und – was nicht immer selbstverständlich ist – sehr lesbar. Gibt, wie der Titel verspricht, einen ausgezeichneten Überblick über die Sprachphilosophie. Besonders Kapitel 6., das die Beschäftigung mit Sprache vom 19. Jahrhundert bis zur Gegenwart nachzeichnet.

Zum sprachlichen Universalimus:

Pinker, Stephen (1996), *Der Sprachinstinkt. Wie der Geist die Sprache bildet*. München: Kindler. (Engl. Original (1994), *The Language Instinct. The New Science of Language and Mind*. New York: Morrow.

> Sehr lesenswert. Gibt eine ausgezeichnete Verortung der nativistischen Sicht auf Sprache.

Zur sprachlichen Relativität:

Werlen, Ivar (2002), *Sprachliche Relativität*. Tübingen: Francke.

> Die beiden ersten Kapitel geben einen ausgezeichneten Überblick über den aktuellen Stand der Diskussion, aber auch über die mit der sprachlichen Relativität prinzipiell verknüpften Fragestellungen.

Zum Organonmodell

Bei Hadumod Bußman (2002), findet sich im Lexikon der Sprachwissenschaft eine knappe, aber sehr informative Darstellung mit einer Reihe von Querverweisen.

Wer es genauer wissen will, sollte bei Bühler, Karl (1999 [1934]), Sprachtheorie. Stuttgart: Lucius & Lucius, vor allem (24-33) nachschauen.

Aktivitäten

1. Die Debatte zwischen Universalisten und Relativisten ist nicht neu. Woran liegt es Ihrer Meinung nach, dass sie immer wieder aufflammt?

2. Für den Fremdsprachenlehrer- und -lerner ist es ja eigentlich ohne Belang, welche Position vertreten wird. Oder stimmt dies so nicht? Inwieweit könnte sich das Vorgehen bei der Vermittlung je nach Perspektive unterscheiden?

3. Diskutieren Sie die möglichen Konsequenzen des folgenden Zitats von Noam Chomsky für die Fremdsprachendidaktik.

   > The general conclusion that seems to come to the fore, [...] is that language is designed as a system that is ‚beautiful', but in general unusable. It is designed for elegance, not for use, though with features that enable it to be used for the purposes of normal life (Chomsky 1991b: 49).

1.2   Muttersprache (L1), Fremd-, Zweit-, Drittsprache (L2, L3, etc.)

Der Erstspracherwerb wird seit Menschengedenken als etwas Faszinierendes empfunden. Wie gelangt die Sprache in das Kind, was geschieht im Verlauf dieses Prozesses, in welchen Stadien verläuft er etc., Fragen, die auch bis heute nur in Ansätzen beantwortet werden können.

Beispiele aus den Zeiten, als Herrscher noch nach Belieben schalten und walten konnten und ihre Untertanen ihnen weitgehend ausgeliefert waren, zeigen, dass diese Fragen bereits damals ein forschungsleitendes Interesse geweckt haben. So wird uns von Herodot ein Versuch überliefert, den angeblich Pharao Psammetichos im 7. Jahrhundert v. Chr. durchführen lassen hat.

Die Versuchsanordnung war denkbar einfach: Zwei Kinder wurden von Schäfern aufgezogen, die strikte Anweisung hatten, nicht mit ihnen zu sprechen. Der wissensdurstige Pharao wollte feststellen, welche Sprache diese Kinder nun letztendlich sprechen würden. Seine Annahme war, dass es die älteste aller Sprachen sein müsste, denn die Kinder würden ja die Anfänge der Menschheit sozusagen unter Laborbedingungen nachvollziehen (vgl. Marx 1996: 541). Ob historisch wahr oder nur eine (etwas grausame) Anekdote ist hier nicht weiter von Belang. Interessant ist vielmehr, dass Psammetichos davon ausging, dass die Kinder tatsächlich irgendwann diese ‚adamische‘[2] Sprache sprechen würden. Umwelteinflüsse werden also als Faktoren nicht weiter in Betracht gezogen. Sprache liegt, so ganz offensichtlich die Annahme, in der Natur des Menschen. Womit wir bei einer der zentralen Streitfragen des Muttersprachenerwerbs (und auch des Fremdsprachenerwerbs) wären: ‚nature‘ oder ‚nurture‘, wie es im Englischen pointiert formuliert wird.

Die Frage also, ob es eine von der Natur gegebene, zum Menschen gehörende Fähigkeit gibt, eine Sprache zu erwerben und sich ihrer zu bedienen, oder ob die Umwelt mit ihren Reizen und Einflüssen als Reaktion den Spracherwerb sozusagen provoziert. Zwischen diesen beiden extremen Positionen gibt es natürlich noch eine unüberschaubare Menge von Möglichkeiten eines ‚sowohl – als auch‘. Aus diesem Grunde soll das Problem an dieser Stelle auch nicht weiter vertieft werden. Es durchzieht in der einen oder anderen Form die gesamte Diskussion bis zum heutigen Tage und taucht in den folgenden Kapiteln immer wieder auf.

Für die Fremdsprachendidaktik ist dabei eher von Interesse, ob es zwischen dem Erstspracherwerb und dem einer weiteren Sprache Parallelen gibt. Ob der Erwerb der zweiten Sprache ähnlich verlaufen könnte oder sogar sollte wie der der ersten, oder ob es sich hier um zwei grundsätzlich verschiedene Phänomene handelt, die – wenn überhaupt – nur oberflächliche Vergleichspunkte aufweisen.

Der Erwerb der Muttersprache (im Folgenden auch L1), so wird vielfach argumentiert, ist ein einzigartiger Vorgang, der mit dem Lernen oder Erwerben einer

---

[2]   ‚Adamisch‘ wird, wie der Name schon andeutet, die Sprache genannt, die Adam sprach. Da er der erste Mensch war, muss diese Sprache logischerweise die älteste überhaupt sein. Die ‚Mutter aller Sprachen‘ im Wortsinne.

weiteren Sprache – zumindest im Erwachsenenalter – eigentlich kaum verglichen werden könne, auch wenn dies hin und wieder behauptet und als ‚Identitäts-hypothese' postuliert würde (vgl. z. B. die Arbeiten von Burt/Dulay 1974). Dass es sich um grundsätzlich unterschiedliche Verfahren handle, werde unter anderem schon dadurch angedeutet, dass die zweite oder fremde Sprache nur in ganz seltenen Fällen bis zur ‚native speaker competence' oder auch bis zur ‚near native speaker competence' beherrscht wird, ein Phänomen, das einschlägig als ‚Fossilisierung' bekannt ist.

Eine solche Position lässt sich auch nur auf einer strikt ‚universalistischen' Grundlage verteidigen, also auf einer, die das Konzept von Sprache strikt auf die „Schälle und Zeichen" reduziert. Das Ringen mit der materiellen Seite der Sprache kann dann durchaus bei erwachsenen L2-Lernern und bei Kindern, die ihre Muttersprache lernen, gewisse Ähnlichkeiten aufweisen. Ob diese aber auf vergleichbare mentale Prozesse zurückzuführen sind, soll hier nicht weiter thematisiert werden. Ein salopper Vergleich kann aber die Problematik solcher Annahmen beleuchten: Auf die Entfernung und bei schlechten Lichtverhältnissen sieht eine Deutsche Dogge eher einem Pony ähnlich als einem Dackel, erst bei näherem Hinsehen stellt man dann fest, dass diese Ähnlichkeit wirklich nur sehr oberflächlicher Natur ist. Eine Mischung zwischen Dackel und Dogge ist ja (theoretisch) durchaus möglich, zwischen Dogge und Pony aber (bislang jedenfalls) nicht.

Auf der anderen Seite finden wir die Positionen, die in der einen oder anderen Form die Umwelt sowohl in den L1-Erwerb als auch in den L2-Erwerb integrieren und ihr einen entscheidenden Einfluss einräumen. Vor diesem Hintergrund ist die Annahme einer Identität zwischen den Erwerbsprozessen natürlich kaum sinnvoll, da die Perspektive völlig unterschiedlich ist und außerdem eine Größe mitberücksichtigt wird, die im ersten Fall nur eine recht untergeordnete Rolle spielt: der Lerner als handelndes Subjekt. Denn im Gegensatz zum Kind muss der erwachsene Lerner die Sprache auch wirklich lernen wollen, d. h. er hat eine Alternative, die das Kind nicht hat[3] (vgl. dazu auch Kapitel 5.).

Hinsichtlich der zu Grunde liegenden Prozesse wird daher – wenn auch nicht immer mit der wünschenswerten Klarheit – zwischen dem Erwerb einer Sprache, der sich eher unbewusst und ungesteuert vollzieht, und dem Lernen einer Sprache, bei dem sowohl von Seiten der Lernenden bewusst verfahren wird als auch von Seiten der Umwelt (Schule etc.) eine deutlich wahrnehmbare Steuerung vorliegt, unterschieden. Was bei der Muttersprache geschieht, ist klar als ‚Erwerb' erkennbar, bei der Fremd- oder Zweitsprache liegen die Verhältnisse nicht ganz so klar (dazu ausführlicher Kapitel 5). Parallel zur weitestgehend akzeptierten Unterscheidung zwischen Fremdsprache als einer, die außerhalb der Zielkultur

---

[3] Eben darauf, dass diese Alternative fehlt, beruht ja auch die Wirkung des Kalauers, in dem ein Kind zur Verzweiflung seiner Eltern einfach nicht spricht. Bis es eines Morgens sehr klar und recht ungnädig sagt: „Wo ist denn die Marmelade?" Die Eltern sind natürlich über-glücklich. „Mein Gott, wie schön, du kannst ja sprechen! Warum hast du denn bisher nichts gesagt?" „Bisher", antwortet das Kind, „bisher war ja auch immer Marmelade da."

gelernt wird (z. B. Französisch an einem deutschen Gymnasium) und Zweitsprache als einer, die im jeweiligen Land gelernt?, erworben? wird, soll im Folgenden zwischen ungesteuertem und gesteuertem Erwerb unterschieden werden, wobei der erstere im Falle der Zweitsprache durchaus auch Elemente der Steuerung aufweisen kann. Um umständliche Formulierungen zu vermeiden, wird jedoch auf jede zweite Sprache – gleichgültig, wie der Erwerbsprozess sich gestaltet – als L2 Bezug genommen.

An diese kurz skizzierten Fragen schließt sich neuerdings verstärkt diejenige nach dem Einfluss und der Wirkung einer bereits gelernten Fremdsprache, also einer L2, auf den Lernprozess der jeweils nächsten, also L3, L4, usw. an. Die Forschung steckt noch in den Anfängen und über die konkrete Natur solcher Einflüsse lässt sich bislang noch nichts Genaueres sagen. Eine Alltagserfahrung scheint aber zu sein, dass der Erwerb einer L3 etc. nicht mehr so mühevoll ist wie der der L2.

Wenn auch der Erwerbsverlauf zwischen L2 und L3 nicht unbedingt identisch ist, der Einfluss der Muttersprache auf die L2 ist wohl kaum zu leugnen. Auch hier besteht aber noch keineswegs Einigkeit in der Einschätzung, welcher Art denn nun dieser Einfluss ist. In den Kapiteln 2.1.2 und 2.2f wird dies ausführlicher erörtert.

Festzuhalten bleibt, dass es durchaus Beziehungen zwischen L1 und L2 gibt und dass möglicherweise bestimmte Prozesse, die den L1-Erwerb steuern, auch bei der L2 eine gewisse Rolle spielen. Dennoch wird die L2 im Normalfall immer die ‚schwächere' Sprache bleiben. Selbst ‚echte' bilinguale Sprecher, also solche, die mit zwei Sprachen aufgewachsen sind, geben zu, dass sie nicht in beiden zu jeder Zeit die gleiche Kompetenz haben. Deshalb wird im weiteren Verlauf der Diskussion auch immer wieder die Frage gestellt werden müssen, welchen Status man einer L2 sinnvoll zuschreiben kann.

Literaturtipps

Berger, Peter L./Luckmann, Thomas (1974), *Die gesellschaftliche Konstruktion der Wirklichkeit*. Frankfurt/M.: Fischer.

Sehr wichtige Arbeit, die auch heute noch (oder wieder) sehr aktuell ist. Eine Art Basislektüre, die ausgesprochen hilfreich ist beim Verständnis der Diskussion der letzten dreißig Jahre innerhalb der Geisteswissenschaften.

Butzkamm, Wolfgang (1973), *Aufgeklärte Einsprachigkeit. Zur Entdogmatisierung der Methode im Fremdsprachenunterricht*. Heideldberg: Quelle & Meyer.

Eine der ersten kritischen Stimmen zur seinerzeit im Fremdspracheunterricht geforderten Einsprachigkeit. Die Eingangskapitel geben zudem einen sehr guten, kompakten Überblick über die Geschichte der Fremdsprachendidaktik.

Butzkamm, Wolfgang (2002), *Psycholinguistik des Fremdsprachenunterrichts. Natürliche Künstlichkeit: Von der Muttersprache zur Fremdsprache*. 3. Auflage. Tübingen: Francke.

In eingängiger Form werden Spracherwerb-, -lernen und -vermitteln ausführlich diskutiert. Eines der wirklich wichtigen Bücher in diesem Bereich und für jeden, der sich mit diesem Problemkreis beschäftigt eigentlich ein Muss.

Butzkamm, Wolfgang/Butzkamm, Jürgen (2004), *Wie Kinder sprechen lernen. Kindliche Entwicklung und die Sprachlichkeit des Menschen*. 2. Auflage. Tübingen: Francke.

Sehr umfang- und materialreiche Studie zu fast allen Aspekten des Mutterspracherwerbs. Sehr empfehlenswerte Lektüre, vor allem das Kapitel ‚Weltbemächtigung durch Wörter' (73-138).

Dulay, Heidi/Burt, Marina/Krashen, Stephen (1982), *Language two*. Oxford : Oxford University Press.

Ein zu seiner Zeit ausgesprochen einflussreiches Buch. Inzwischen von der Diskussion z. T. überholt, aber hinsichtlich der Auseinandersetzung zwischen Nativisten und anderen Strömungen immer noch sehr interessant.

Marx, Otto (1996), Die Geschichte der Ansichten über die biologische Grundlage der Sprache. In: Lenneberg, Erik H. (Hg) (1996), *Biologische Grundlagen der Sprache*. 3. Auflage. Frankfurt/M.: Suhrkamp, 541-574.

Präziser, knapper und gut lesbarer Überblick über genau das, was der Titel verspricht. In diesem Band findet sich auch ein Beitrag von Chomsky, ‚Die formale Natur der Sprache' (483-539), der zwar nicht den aktuellsten Stand wiedergibt, aber eine gute Einführung in die ‚Denke' der Chomsky-Schule bietet. Lennebergs Anthologie ist eines jener Standardwerke, an denen man wirklich nicht vorbeikommt. Es lohnt sich, etwas länger zu verweilen.

Wandruszka, Mario (1969), *Sprachen, vergleichbar und unvergleichbar*. München: Piper.

Sehr reich mit Beispielen illustrierte Abhandlung über die Verschiedenheiten der Sprachen einerseits und der Einheitlichkeit von Sprache andererseits. Kapitel 8 (Wortbildung) ist als Einstieg in die vom Autor intendierte Diskussion besonders erhellend.

Wandruszka, Mario (1979), *Die Mehrsprachigkeit des Menschen*. München: Piper. Deutscher Taschenbuch-Verlag.

Anschaulich geschrieben beleuchtet das Buch das Phänomen ‚Mehrsprachigkeit' von verschiedenen Perspektiven. Instruktiv sind vor allem Kapitel 8 und Kapitel 12.

Weisgerber, Leo (1957), *Die Muttersprache im Aufbau unserer Kultur*. Düsseldorf: Schwann.

Weisgerber ist – nicht ganz zu Unrecht – häufig wegen seiner eher romantischen bis ins Schwärmerische gehenden Behandlung der Muttersprache kritisiert worden. Seine auf Humboldt gründenden Ausführungen sind jedoch nach wie vor recht anregend und reizen möglicherweise zum Widerspruch, was ja durchaus positiv zu bewerten ist.

Aktivitäten

1. Im folgenden Auszug aus Berger/Luckmann wird eine ziemlich deutliche Position hinsichtlich der Funktion der (Mutter-) Sprache bezogen. Welche Unterschiede zur Position Chomskys können Sie identifizieren? Finden Sie Textstellen, die Ihre Ansicht stützen.

> Sprache, ein System aus vokalen Zeichen, ist das wichtigste Zeichensystem der menschlichen Gesellschaft. Ihre Grundlage ist natürlich die dem menschlichen Organismus innewohnende Fähigkeit zu vokalem Ausdruck. Aber Sprache beginnt erst, wo der vokale Ausdruck vom unmittelbaren ‚Hier und Jetzt' isolierter subjektiver Befindlichkeit ablösbar geworden ist. Knurren, Grunzen, Heulen, Zischen sind noch nicht Sprache, wenngleich sie, in verbindliche Zeichensysteme integriert, versprachlicht werden können. Die allgemeinen und gemeinsamen Objektivationen der Alltagswelt behaupten sich im wesentlichen durch ihre Versprachlichung. Vor allem anderen ist die Alltagswelt Leben mit und mittels Sprache, die ich mit den Mitmenschen gemein habe. Das Verständnis des Phänomens Sprache ist also entscheidend für das Verständnis der Wirklichkeit der Alltagswelt (Berger/ Luckmann 1974: 39).

> Die Sprache hat ihren Ursprung in der Alltagswelt und bezieht sich primär auf diese, und zwar vor allem auf jene Wirklichkeit, welche ich in vollwachem Zustand erlebe.

> Wir erinnern uns: Diese vollwach erlebte Wirklichkeit wird von pragmatischen Motiven bestimmt, jenem Bündel von Bedeutungen, das direkt zu gegenwärtigen oder zukünftigen Tätigkeiten gehört. Ich teile diese Wirklichkeit mit anderen und halte sie mit ihnen für gewiß. Obwohl Sprache auch für andere Wirklichkeiten zuständig ist [...], bleiben ihre Wurzeln immer in der Alltagswelt (ibid.: 40).

2. Wie ließe sich unter der Annahme, dass Mutter- und Fremdsprache prinzipiell den gleichen Status haben, erklären, dass die fremdsprachliche Kompetenz selten an die muttersprachliche heranreicht?

1.3 Linguistik: angewandt und theoretisch

Angewandte Linguistik ist zumindest so alt wie die ersten Versuche, Sprache schriftlich oder in irgendeiner anderen Form zu fixieren, vielleicht auch schon deutlich älter. Praktische Probleme in der Auseinandersetzung mit Sprache und Sprachen, wie die eben erwähnte Verschriftlichung, führen zwangsläufig zu Reflexionen, die nicht im Allgemeinen verharren können, sondern lösungsorientiert sind. Das klassische Trivium, also die Grundausbildung der einkommensstärkeren Schichten in Griechenland und im Römischen Reich, beinhaltet bereits zwei Bereiche, die im weiteren Sinne den Arbeitsfeldern der Angewandten Linguistik zugeordnet werden können: Grammatik und Rhetorik (das dritte Element ist die Dialektik).

Auch Bereiche wie z. B. Übersetzung existieren schon sehr viel länger als die Angewandte Linguistik als sprachwissenschaftliche akademische Disziplin. Mit anderen Worten: Die Angewandte Linguistik, wie wir sie heute kennen, kann zwar in Teilbereichen bereits auf eine recht ansehnliche Tradition zurückblicken, als Disziplin der Sprachwissenschaft mit einem eigenständigen forschungsleitenden Interesse, der Plural ‚Interessen' wäre hier angemessener, ist sie allerdings noch relativ jung, ein Kind der 1960er Jahre, und ihre Entwicklung geht einher mit der seinerzeit weit verbreiteten Frustration hinsichtlich der sich immer klarer abzeichnenden Praxisferne linguistischer Forschung. Nicht zu unterschätzen ist hierbei auch der Impuls, der von der *Ordinary Language Philosophy* [4] ausging.

Der Name ‚Angewandte Linguistik' impliziert zweierlei: dass es so etwas wie ‚Linguistik' gibt und dass sie auf etwas angewandt werden kann. In Pit Corders Worten: „I am enough of a purist to believe that applied linguistics presupposes linguistics; that one cannot apply what one does not possess" (1973: 7).

Kaum jemand wird bezweifeln wollen, dass es ‚Linguistik' gibt, schwierig wird es allerdings, wenn die Frage nach ‚der' Linguistik gestellt wird. Nimmt man irgendeine beliebige Definition aus einem einschlägigen Lexikon, z. B. Bußmann (2002), dann weiß man immerhin, dass ‚die Linguistik' die wissenschaftliche Beschäftigung mit Sprache als Anliegen hat.

Was dies jedoch bedeuten kann, hat jeder, der eine Erstsemestereinführungsveranstaltung besucht oder eine der vielen ‚Einführungen in die Linguistik' in der Hand gehabt hat, erfahren. Eine schlecht überschaubare Vielfalt von Möglichkeiten, sich dem Gegenstand ‚Sprache' zu nähern, entfaltet sich da, und gerade für Novizen ist nicht immer klar, in welcher Beziehung diese zueinander stehen.

Diese Vielfalt ist unter anderem darin begründet, dass, im Gegensatz zu den Naturwissenschaften, innerhalb der Geisteswissenschaft die unterschiedlichsten Paradigmen und Traditionen nebeneinander existieren und dementsprechend oft

---

[4]   Ordinary Language Philosophy (dt. Philosophie der Alltagssprache) macht, im Gegensatz zur Philosophie der Idealen Sprache, die tatsächlich gebrauchte Umgangssprache zur Grundlage der Analyse philosophischer Probleme.

selbst Werke mit fast identischen Titeln zumindest auf den ersten Blick wenig miteinander zu tun haben.

Was aber ist nun Angewandte Linguistik? Es gibt einen generellen Konsens hinsichtlich dessen, was sie **nicht** ist, aber keineswegs eine zufrieden stellende, allgemein akzeptierte Definition. Nach Ansicht einiger Autoren (z. B. Spillner 1999: 18f) ist vor allem kennzeichnend für die Angewandte Linguistik, dass sie „mit nichtlinguistischen Disziplinen interdisziplinär kooperiert" und dass sie „zwischen Theorie und Praxis vermittelnd […] an der Problemlösung in all denjenigen menschlichen Praxisfeldern mitwirkt, an denen Sprache beteiligt ist." Dementsprechend „interagiert (sie) – in beiden Richtungen – zwischen Theorie und Anwendungsbereich menschlicher Kommunikation" (ibid.).

Spillner als langjährigem Vorsitzenden der ‚Gesellschaft für Angewandte Linguistik' müsste man vertrauen können. Tatsächlich umreißt seine Definition auch recht klar, was gemeinhin unter Angewandter Linguistik verstanden wird. Aber der Vollständigkeit halber sollen noch einige weitere Meinungen hier zu Gehör gebracht werden.

Bei Davies (1999: 3f) z. B. werden eine ganze Reihe von Sichtweisen der ‚applied linguistics' diskutiert. Ist sie ein Zweig der Linguistik im Allgemeinen, ebenso wie Medizin in der Praxis die Anwendung der Ergebnisse medizinischer Forschung ist? Oder verhält es sich genau umgekehrt? Ist Linguistik eher ein Teilbereich der Angewandten Linguistik, da theoretische Forschung ja weitestgehend durch die sich in der Praxis stellenden Probleme motiviert ist?

Andererseits könnte man sich natürlich ebenfalls auf den Standpunkt stellen, und dies klingt bei Spillner mit seiner Erwähnung des notwendigerweise interdisziplinären Vorgehens der Angewandten Sprachwissenschaft ja auch an, dass Angewandte Sprachwissenschaftler in Wirklichkeit eigentlich nur Linguisten sind, die sich einfach zu weit in Bereiche vorgewagt haben, in denen ihnen das Fachwissen fehlt und die deshalb bei anderen (Psychologen, Soziologen, Anthropologen usw.) borgen müssen (vgl. Davies 1999: 4).

Die bereits genannten Positionen gehen durchgehend von einer engen Beziehung bzw. ständigen und notwendigen Bezugnahme der theoretischen und angewandten Bereiche der Sprachwissenschaft aus. Es gibt jedoch auch Stimmen, die die Angewandte Linguistik als ein ganz eigenes und eigenständiges Forschungsfeld betrachten. Die Begründung dafür wird in den spezifischen Aufgabenstellungen gesehen, deren Bewältigung eben mehr erfordert als Anwendung linguistischer Theorien und Anleihen bei anderen Wissenschaften. Zwar informiert sich die Angewandte Linguistik bei allen ihr relevant erscheinenden Bezugswissenschaften, ihre Erkenntnisse und die darauf aufbauenden Methodologien sind aber ganz eindeutig auf die Bewältigung und Lösung realer sprachlicher Probleme der Alltagswirklichkeit ausgerichtet (vgl. Ingram 1980: 54, Brumfit 1997: 93).

Ein sehr wichtiges, vielleicht das wichtigste Moment, ist der Stellenwert, der empirischer Forschung eingeräumt wird. Brumfit (1997: 90) sieht hier ein Umkehrverhältnis: Während theoretische Linguistik von der Theorie ausgeht und dann empirische Validierung sucht, ist es bei der Angewandten Linguistik das genaue Gegenteil, denn sie geht von empirischen Fakten und Daten aus und versucht diese dann in einen theoretischen Rahmen zu stellen. Davies (1999: 5f) geht sogar noch einen Schritt weiter und behauptet, dass – egal was theoretische Linguistik jeweils im Einzelnen treibt – der gemeinsame Nenner immer die Weiterentwicklung der Theorie bleibt, während das Anliegen der Angewandten Linguistik die Lösung institutioneller Probleme, bei denen Sprache eine Rolle spielt, ist. Fortschritte in der Theoriebildung sind dabei nicht intendiert, können aber durchaus, als Nebenprodukte sozusagen, gemacht werden.

Es kann eigentlich, wie aus den vorangegangenen Ausführungen hervorgeht, von Angewandter Linguistik in diesem vereinheitlichenden Sinne kaum die Rede sein, vielmehr handelt es sich um Angewandte Linguistiken, deren kleinster gemeinsamer Nenner allenfalls in der Tatsache liegt, dass sie mit Sprache oder Sprachen im weitesten Sinne einerseits und mit etwas, was außerhalb der Sprache als solcher liegt – eben der Bereich, auf den sie angewandt werden – zu tun haben. Das, worauf Linguistik (oder ihre Teilbereiche) angewandt werden kann, ist nun kaum weniger vielfältig als das Spektrum der Linguistik selbst. Man kann sich also, wenn man möchte, die möglichen Kombinationen ausrechnen.

Weitestgehend etabliert sind aber die in der Abbildung angeführten Bereiche.

SPRACHE UND GESELLSCHAFT	SPRACHE UND INDIVIDUUM	SPRACHE UND SPRACHE
SOZIOLINGUISTIK DIGLOSSIE UND POLYGLOSSIE SPRACHPOLITIK ZWEITSPRACH-ERWERB	PSYCHOLINGUISTIK KLINISCHE LIN-GUISTIK ERSTSPRACHERWERB ZWEITSPRACH-ERWERB	KONTRASTIVE LINGUISTIK ÜBERSETZUNGS-WISSENSCHAFT ZWEITSPRACH-ERWERB FEHLERANALYSE
SPRACHVERMITT-LUNG UND SPRACHERWERB		SPRACHVERWEN-DUNG UND SPRACHGEBRAUCH
CURRICULUM-PLANUNG TESTENTWICKLUNG FEHLERANALYSE ZWEITSPRACH-ERWERB		TEXTANALYSE DISKURSANALYSE MEDIENSPRACHE RHETORIK ZWEITSPRACH-ERWERB

Abbildung 1.4: Forschungsfelder der Angewandten Linguistik.

Für die Fremdsprachendidaktik sind alle Bereiche von Interesse. Der Schwerpunkt liegt aber naturgemäß im Bereich Sprachvermittlung und Spracherwerb, aber auch die psycholinguistische Forschung, durchaus auch unter Einbeziehung der klinischen Linguistik, haben wichtige Erkenntnisse beizusteuern.

Das gilt auch für die Kontrastive Linguistik und die Übersetzungswissenschaft, wobei deren Einfluss gegenüber den 1960er und 1970er Jahren deutlich nachgelassen hat.

Der gesamte Bereich der Soziolinguistik, der in der Abbildung nur sehr grob strukturiert ist, hat innerhalb der jeweiligen Muttersprache, aber auch der Fremdsprachendidaktik immer wieder, zumindest in der akademischen Diskussion, eine große Rolle gespielt, auch wenn dies in der Praxis nicht immer deutlich geworden ist.

Die wissenschaftliche Beschäftigung mit Sprachverwendung und Sprachgebrauch oder anders, die Frage nach dem Einsatz und der Wirkung von sprachlichen Mitteln scheint zwar auf den ersten Blick auch ein wichtiges Feld zu sein, ist aber, solange es sich nicht um die schlichte Klassifizierung von Sprechakten oder Kommunikationsintentionen handelt, meist auf einer Ebene angesiedelt, die dem Nicht-Muttersprachler, ungeachtet seines Kompetenzgrades, nicht so recht zugänglich ist.

Die große Zeit der so genannten Bindestrich-Linguistiken waren die 60er und 70er Jahre des 20. Jahrhunderts. Soziolinguistik, Psycholinguistik, Textlinguistik, aber auch Pragmatik und, *last but not least*, der gesamte Bereich der Sprachlehr- und -lernforschung, sowohl für den Erst- als auch für den Zweitspracherwerb dominierten den Diskurs.

Die Verbindung zwischen dem letztgenannten Forschungsfeld, der ,language acquisition research', und der Angewandten Linguistik im Allgemeinen ist so eng, dass sie verschiedentlich sogar gleichgesetzt werden (z. B. bei Spolsky), eine Tatsache, die dem Umstand Rechnung trägt, dass es sich bei der Sprachlehr- und -lernforschung um einen Bereich handelt, der auch außerhalb der akademischen Diskussion von vitaler Bedeutung ist. Sprachpolitik im weitesten Sinne bezieht sich in vielen Punkten auf Ergebnisse und theoretische Erwägungen, die hier formuliert wurden. Zudem sind große Teile der Bevölkerung (z. B. Schüler, Eltern, Lehrer) direkt von der dort geführten Diskussion betroffen.

Die Soziolinguistik war jedoch der erste Zweig der Angewandten Linguistik, der auf ein breites allgemeines Interesse stieß.

Zwei Richtungen, die von unterschiedlichen Hypothesen bezüglich der Erklärung und Evaluierung sozial determinierter sprachlicher Varietäten ausgehen, standen einander gegenüber: auf der einen Seite die Defizithypothese, deren Grundlage auf die Arbeiten von Basil Bernstein zurück geht, und die Differenzhypothese, die eng mit dem Namen William Labov verknüpft ist.

Soziolinguistik allgemein beschäftigt sich mit den Unterschieden im Sprachgebrauch, die auf soziale Faktoren wie z. B. Schichtzugehörigkeit, Bildung, Einkommen etc. zurückzuführen sind.[5]

Durch die Verbindung zwischen Sprachpraxis und einem lebensweltlichen Element, hier eben z. B. soziale Schicht, hat das erkenntnisleitende Interesse der Soziolinguistik eine gewisse Ähnlichkeit mit dem der Dialektologie, die ja auch

---

5 Die in der Unschärfe dieser Begriffe begründeten Probleme sollen, obwohl nicht ohne Bedeutung, hier nicht weiter in Betracht gezogen werden.

Sprachverwendung mit außersprachlichen Faktoren, geographischen, in Beziehung setzt. Für beide stellt sich die Frage, wie und bis zu welchem Grad Abweichungen von einer – wie auch immer definierten – sprachlichen Norm als Funktion dieser Faktoren interpretiert werden können. Die wichtigsten Strömungen innerhalb dieser Forschungsrichtung werden in Kapitel 3 vorgestellt und in ihrem Bezug zur Fremdsprachendidaktik diskutiert.

Die Psycholinguistik ist von ihrem Interessenfeld her betrachtet noch deutlich älter und war zeitweilig in der Diskussion ähnlich populär wie die Soziolinguistik. Im Gegensatz zu dieser ist sie jedoch von fundamentaler Bedeutung für den Fremdsprachenunterricht, was sich schon daran zeigt, dass bestimmte Schulmeinungen der Psychologie und der ihr nahe stehenden Psycholinguistik auf Theorie und Praxis des fremdsprachlichen Unterrichts einen enormen Einfluss ausgeübt haben und nach wie vor ausüben. Jedoch auch Erkenntnisse der klinischen Linguistik, deren Arbeitsfelder ja Sprachstörungen und Sprachprobleme im weitesten Sinne sind, sind für die Fremdsprachendidaktik nicht ohne Bedeutung, da sie wertvolle Beiträge zur Erforschung der Sprachproduktion und -rezeption geliefert haben und grundlegende Einsichten in deren Abläufe vermitteln konnten. Diese Arbeiten werden in Kapitel 4 detaillierter dargestellt und diskutiert.

Die Kontrastive Linguistik, die bereits in den einleitenden Bemerkungen zur Fremdsprachendidaktik erwähnt wurde, war der Versuch, Forschungsergebnisse der strukturalistisch arbeitenden Linguistik der 1950er Jahre auf den Fremdsprachenunterricht anzuwenden. Die Idee war, dass wenn die Strukturen bzw. die Unterschiede zwischen diesen in den verschiedenen Sprachen hinreichend klar erkannt sind, der Lerner in der Lage sein müsste, Fehler, die eben auf Grund der strukturellen Verschiedenheit auftraten, zu vermeiden. Die Vorstellung war mehr oder weniger die, dass der Lerner im System der Fremdsprache herumtappt wie in einem dunklen, unbekannten Keller. Naturgemäß stößt er überall an und fühlt sich unsicher und unwohl. Hat er aber einen Eindruck von der Organisation dieses Kellers, dann besteht zumindest die Möglichkeit, einige der Hindernisse elegant zu umgehen und eben nicht ständig dagegen zu laufen.

Die kontrastive Linguistik und die ihr sehr nahe stehende Fehleranalyse sind jedoch nach verhältnismäßig kurzer Zeit ins Kreuzfeuer heftiger Kritik geraten, unter anderem auch deshalb, weil die Erwartungen und die eigenen Ansprüche allzu hoch gesteckt waren. Genauer wird die Kontrastive Linguistik in Kapitel 2 vorgestellt.

Die Übersetzungswissenschaft, die mehr oder weniger *per definitionem* eine Art angewandter kontrastiver Linguistik ist, zumindest in bestimmten Bereichen, wurde und wird von Diskussionen geprägt, deren Reichweite und Inhalt den Bereich des Linguistischen weit überschreiten. Vor allem die jeweils aktuellen Paradigmen der Literaturwissenschaft spielen hier eine gewichtige Rolle. Zwar würde es zu weit führen, in diesem Rahmen detaillierter darauf einzugehen, aber da das Übersetzen an sich möglicherweise eines der ältesten Betätigungsfelder ‚angewandter' Linguistik ist, soll es, zumal es ja auch im Fremdsprachenunterricht lange Zeit eine der bevorzugten Übungs- und Prüfungsformen war, in Kapitel 2.1.1 kurz mitbehandelt werden.

Der gesamte Komplex der Sprachvermittlung und des Spracherwerbs ist natürlich für die Fremdsprachendidaktik der wichtigste. Er ist aber leider auch, wenn man es positiv ausdrücken möchte, der bunteste. Eine Fülle von Theorien, Ansätzen, Modellen, Hypothesen etc. tummeln sich dort, machen einander z. T. Konkurrenz, bauen z. T. aufeinander auf oder haben z. T. hinsichtlich ihrer methodischen Grundlagen kaum etwas miteinander zu tun. Je nach bildungspolitischer Wetterlage oder Attraktivität bekommt die eine oder andere Richtung ein Übergewicht und wird dann, mit curricularen Weihen versehen, auf die Praxis losgelassen. Das kann einen ausgesprochen positiven Effekt auf diese haben, es kann aber auch in völlig unsinnigen und dementsprechend in der Praxis kaum umzusetzenden Anforderungen münden.

Da die eher technischen Bereiche wie Curriculumsplanung, Testentwicklung und Fehleranalyse in ganz entscheidender Weise von dem jeweils zu Grunde liegenden theoretischen Ansatz abhängen, ist die jeweilige Wahl des letzteren natürlich von enormer Bedeutung für das gesamte Bildungswesen und die damit zusammenhängende Bildungsindustrie. Wird der Prozess des Erwerbs einer zweiten Sprache in einer bestimmten Weise gesehen, dann müssen die Lehrpläne diesem Umstand in angemessener Form Rechnung tragen, was wiederum zu bestimmten Testverfahren und -inhalten führt. Ebenso verhält es sich mit der Einschätzung dessen, was einen Fehler ausmacht bzw. wie er zu bewerten ist. Ist das Ziel die ‚kommunikative Kompetenz‘, dann wird man den falschen Artikel schon mal übersehen. Sind die Lernziele aber an den Kapiteln der Grammatik ausgerichtet, dann geht dies eben nicht.

Literaturtipps

Corder, S. Pit (1973*), Introducing Applied Linguistics.* Harmondsworth: Penguin.

Einer der Klassiker der Angewanden Linguistik. Allerdings mit ganz deutlichem Fokus auf ‚language learning‘ und ‚language acquisition‘. Dessen ungeachtet kommt man an diesem Werk eigentlich nicht vorbei, denn es hat eine enorme Fülle von Anstößen gegeben.

Davies, Alan (1999), *An Introduction to Applied Linguistics.* Edinburgh: Edinburgh University Press.

Eine exzellente Einführung in die globalen Fragestellungen der Angewandten Linguistik. Flott geschrieben und sehr übersichtlich strukturiert.

Ebneter, Theodor (1976), *Angewandte Linguistik: eine Einführung.* München: Fink.

Nicht mehr ganz taufrisch, aber nach wie vor sehr informativ, allerdings ein wenig sperrig.

Knapp, Karlfried (Hg) (2004), *Angewandte Linguistik: ein Lehrbuch.* Tübingen: Francke.

Das derzeit wohl aktuellste Standardwerk im Bereich Angewandte Linguistik, in dem mehr oder weniger alle Bereiche komplett abgedeckt werden. Für vertiefende Lektüre absolut unverzichtbar.

Raasch, Albert (Hg) (1999), *Angewandte Linguistik und Sprachlehrforschung: entdecken, erfahren, erleben*. Saarbrücken: Saarbrücker Schriften zur angewandten Linguistik und Sprachlehrforschung 16.

Der Band enthält eine Reihe von z. T. sehr persönlich gehaltenen Beiträgen zur Angewandten Linguistik. Informativ insofern, als sie die Gemütsverfassung der Zunft widerspiegeln. Besonders zu empfehlen ist der Aufsatz von Bernd Spillner: Was ist und zu welchem Zweck betreibt man Angewandte Linguistik (11-22).

Schmitt, Norbert (Hg) (2002), *An introduction to applied linguistics*. London: Arnold.

Eine der neueren Anthologien. Das Schwergewicht liegt eher auf 'language acquisition' im weitesten Sinne. Der 'overview' ist ausgesprochen empfehlenswert. Insgesamt eine Fundgrube für Informationen zu verschiedenen Bereichen der Angewandten Linguistik.

Seidlhofer, Barbara (Hg) (2003), *Controversies in applied linguistics*. Oxford: Oxford University Press.

Vorzügliche Sammlung von Originaltexten zu den unterschiedlichen Positionen innerhalb der Angewandten Linguistik. Die 'Kontroversen' werden eingehend kommentiert und geschickt kontextualisiert. Ausgezeichnetes Übungsmaterial zur Gewöhnung an den Diskurs und die dahinter stehenden Fragestellungen. Vor allem Sektion 4 und 5 sind interessant für die Thematik dieses Kapitels.

Stubbs, Michael (1986), *Educational Linguistics*. Oxford: Blackwell.

In angelsächsisch-lockerer Form bringt Stubbs Praktikern (Lehrern) bestimmte Felder (z. B. Diskursanalyse) der (theoretischen) Linguistik nahe und beschreibt ihre Relevanz für die Unterrichtsrealität. Sehr informativ und sehr gut lesbar.

Aktivitäten

1. Finden Sie vier bis fünf weitere Definitionen von 'Angewandter Linguistik' und diskutieren Sie dann, was wohl im Gegensatz dazu das Erkenntnisinteresse und Arbeitsfeld der 'theoretischen Linguistik' wäre.

2. Der folgende Auszug aus Wilhelm Grießhabers Artikel *Sprachlehrforschung – eine besondere deutsche Disziplin im internationalen Rahmen* beschreibt das Verhältnis zwischen Linguistik und Fremdsprachendidaktik. In welcher Beziehung sieht er die beiden Disziplinen? Wie beschreibt er ihr Aufgabenfeld? Welche Art von Hierarchie möchte er vermieden wissen?

> Für das Verhältnis von Linguistik und Sprachlehrforschung lassen sich aus diesem Rückblick wichtige Erkenntnisse ableiten. Die Fremdsprachvermittlung benötigt eine solide

linguistische Basis zur Analyse des Vermitt-
lungsobjekts Zielsprache unter dem Aspekt
ihrer Vermittlung.

Die jeweilige Vermittlungskonstellation, d. h.
die Vorausetzungen, die die am Vermitt-
lungsprozeß Beteiligten einbringen, ihre bio-
graphischen Hintergründe, ihre Sprach-
kenntnisse, Sprachlernerfahrungen, Hand-
lungsziele, sowie die institutionellen Bedingungen der Vermittlung erfordern eine je
neue analytische Aufbereitung des Lehr-
Lernobjekts Zielsprache.

Dabei kann die Sprachlehrforschung sich
weder auf vorliegende Beschreibungen noch
auf linguistische Modelle verlassen, sondern
muß von den Vermittlungsbedingungen ausgehend und auf sie bezogen sowohl eigene
Sprachanalysen vornehmen als auch theoretische Aspekte diskutieren.

Kurzum, die Sprachlehrforschung braucht
solide linguistische Kenntnisse. Das Verhältnis der Linguistik zur Sprachvermittlung ist
also nicht das eines Rohstoff- und Verfah-
rensflieferanten, dessen Produkte in einem
Filterungsprozeß für die Zwecke der Sprachvermittlung raffiniert werden.

Dieses Modell der Didaktischen Grammatik
präsupponiert eine Unzuständigkeit der
Sprachlehrforschung in linguistischen Fragen
und überantwortet der Linguistik die Zustän-
digkeit des Lehr-Lern- Objekts. Corder (1973)
spitzt dies als Vertreter der angewandten
Linguistik sogar auf die These zu, daß es
keine Theorie der Fremdsprachvermittlung
gebe. Seiner Meinung nach handelt es sich
um eine Aktivität, die von Theorien Gebrauch macht, indem sie sie anwendet.

In diesem Sinne werden wissenschaftliche
Erkenntnisse der Linguistik - und anderer
Disziplinen - auf den Fremdsprachenunterricht appliziert. In einer Abfolge hierarchisch
strukturierter Operationen, die auf Kenntnissen über die Sprache, die Lernprozesse und
ihrer Funktionen für das Individuum und die
Gesellschaft beruhen, wird ein Syllabus mit

zugeordneten Lehrmaterialien erarbeitet, die durch Tests validiert werden.

Gegenüber diesem untergeordneten Verhältnis der Sprachlehrforschung zur Linguistik ist ein integratives anzunehmen. Die Sprachlehrforschung bezieht linguistische Erkenntnisse und Verfahren auf das Lehren und Lernen von Fremdsprachen und bringt umgekehrt die Erfahrungen und Ergebnisse dieser Anwendung in die Linguistik ein. Das legitimiert die Zusammenfassung von Sprachforschung und Sprachlehrforschung [...].

Das Prisma Sprachvermittlung fächert in der einen Richtung die Linguistik in ihre Teilgebiete auf und vereinigt sie umgekehrt wieder im Brennpunkt (Grießhaber 1995: 132).

1.4 Sprachen lehren und lernen

Das Lehren von Fremdsprachen war und ist mehr als alle anderen Bereiche der Wissensvermittlung Gegenstand heftiger und z. T. kontroverser Debatten. Dies liegt u. a. daran, dass das Konzept ‚Sprache' unter den verschiedensten Gesichtspunkten gesehen werden kann, die dann natürlich die entsprechenden Auswirkungen darauf haben, was denn nun zu lehren und lernen sei. Hinzu kommt, dass das Vermitteln und das Aneignen einer Sprache, wenn sie denn mit dem Ziel gelehrt und gelernt wird, sie auch tatsächlich zu sprechen, d. h. in ihr erfolgreich kommunizieren zu können, nicht nur eine Ansammlung von so genanntem ‚deklarativen Wissen' ist, also eine Kenntnis von Fakten über die Sprache, sondern vielmehr ein ‚prozedurales Wissen', d. h. die Fähigkeit und Fertigkeit, bestimmte Verfahren angemessen einzusetzen. (Zu den Termini ‚prozedural' und ‚deklarativ' mehr in Kapitel 5.1.2).

Diese Verfahren sind auf allen Ebenen ungemein komplex. Schon auf der untersten Analyseebene, der Phonetik, treten die ersten Probleme auf. Die Sprechwerkzeuge sollen Laute produzieren, die sie normalerweise nicht hervorbringen müssen. Das Ohr muss Unterscheidungen treffen, die in der Muttersprache keine Bedeutung haben. Wörter müssen in einem neu angelegten Lexikon gefunden und dann nach Maßgabe völlig ungewohnter Regeln kombiniert werden etc. etc. (vgl. dazu Kapitel 4.3 und folgende).

Sprachunterricht im modernen Sinne muss all dies leisten, häufig in großen Gruppen und mit relativ wenig verfügbarer Zeit.

Dass die Ergebnisse für alle Beteiligten oft enttäuschend sind, darf vor diesem Hintergrund nicht weiter verwundern. Das Gefühl, trotz aller Mühe immer noch meilenweit vom Ziel entfernt zu sein, kennt jeder, der eine Fremdsprache gelernt hat. Wobei das Stichwort ‚Ziel' wegen seiner subjektiven und objektiven Wichtigkeit einer genaueren Betrachtung bedarf.

Institutionen wie Schulen oder private Bildungseinrichtungen sind ihrer Klientel gegenüber auskunftspflichtig, d. h. sie müssen angeben können, welches Wissens- oder Fertigkeitsniveau nach Absolvieren eines bestimmten Pensums erreicht werden soll und in der Regel auch erreicht werden kann. Für den Bereich der staatlichen Bildungseinrichtungen gilt dies auch in einem weiteren Rahmen. Was gelehrt, gelernt und dementsprechend dann geprüft werden soll, liegt landesweit fest. Die Lehrpläne und Curricula sind verbindlich für den Unterricht, Lehrende und Lernende haben hinsichtlich der Ausgestaltung nur begrenzte Eingriffsmöglichkeiten. Die Ziele liegen also fest, d. h. es wird auf Grund von Erfahrungswerten stipuliert, dass z. B. nach dem ersten Jahr Englisch die Lernenden in der Lage sein sollen, die Aufgaben X, Y, und Z in dieser Sprache zu meistern. Ob das Ziel erreicht worden ist, verraten die Leistungsnachweise. Damit ist die Institution aus dem Schneider, zumindest dann, wenn es ihr gelingt, die statistisch erwartbare Anzahl von Lernenden auf das geforderte Niveau zu bringen.

Wie sieht es aber bei den Lernenden aus? Diese haben ja keineswegs die gleichen oder auch nur vergleichbare Erwartungen an den Fremdsprachenunterricht in dem Sinne, dass auch sie klar definierte Teilziele formulieren und anstreben.

Wer eine Fremdsprache lernt, hat meist die globale Erwartung, diese Sprache auch irgendwann zu ‚können'. Und darin liegt das oben erwähnte Frustrationspotential. Denn unter diesem ‚Können' wird tief im Herzen verstanden, die Sprache so zu können wie ein muttersprachlicher Sprecher.

Inwieweit es gelungen ist, sich dem ‚Können' anzunähern, darüber geben Testergebnisse aber nur begrenzt Auskunft. Die Fremdsprachendidaktik steht also hinsichtlich ihrer Bemühungen vor einem kaum lösbaren Problem: Sie muss einerseits den Forderungen der Institutionen nach operationalisierbaren und nachprüfbaren Inhalten und Verfahren Rechnung tragen und darf andererseits, wenn sie es ehrlich meint, nicht aus den Augen verlieren, dass all dies nur eine wie gut auch immer begründete Auswahl aus dem ist, was die ‚Sprache' ausmacht. Oder anders: Eine gute Note, sowohl in einer Geographiearbeit als auch in einem Sprachtest zeigt an, dass der Kandidat den im Unterricht präsentierten Stoff beherrscht. Jenseits der Geographiearbeit gibt es jedoch nicht mehr allzu viel, während jenseits des Sprachtests das Leben erst beginnt.

Die Konzentration der Lehrenden und der Institutionen wie z. B. der öffentlichen Schulen und privaten Bildungseinrichtungen auf den Aspekt des Lehrens und Vermittelns ist zwar verständlich, vernachlässigt aber den wichtigen Faktor ‚Lerner',[6] denn der ist zwar von Seiten der Vermittelnden das Objekt ihrer z. T. frustrierenden Bemühungen, er ist aber auch Subjekt und von daher nicht einfach ohne Weiteres zu manipulieren, denn auf Manipulation läuft das Vermitteln von Kenntnissen gegen den Widerstand oder doch zumindest ohne die ausdrückliche Unterstützung derjenigen, denen sie vermittelt werden sollen, hinaus. Zuckerbrot, Peitsche oder auch die weniger offensichtlichen Verfahren, die hier angewandt werden können, mögen durchaus in Fächern wie Geographie oder Biologie begrenzt erfolgreich sein, beim Vermitteln einer Fremdsprache müssen sie versagen und es kommt nicht von ungefähr, dass zeitweilig die Lehrbarkeit von Sprachen überhaupt in Frage gestellt wurde. Dennoch lernen ständig unzählige Menschen mit mehr oder weniger großem Erfolg eine Fremdsprache. Liegt der relative Erfolg nun vor allem an der Didaktik oder Methodik der Vermittlung, oder müssen in diesem Bereich andere Faktoren zur Erklärung herangezogen werden?

Dass der Lerner mit all seinen individuellen Zügen stärkere Beachtung verdient, ist seit geraumer Zeit ein Allgemeinplatz. Aber bis zu welchem Punkt ist dies innerhalb der institutionellen Zwänge überhaupt möglich?

Die systematische Vermittlung von Fremdsprachen im Rahmen einer allgemeinbildenden Schule ist eine relativ neue Erscheinung innerhalb der im weitesten Sinne curricular gesteuerten Erziehungsprozesse. Fremdsprachenkenntnisse hatten zwar vermutlich zu allen Zeiten eine gewisse Bedeutung, aber erst seit Mitte des 19. Jahrhunderts gewannen sie rapide an Prestige, was wohl

---

6   Hiermit ist nicht gemeint, dass die Bedürfnisse der Lernenden nicht berücksichtigt werden, sondern eher, dass zwischen dem, was Schule vermitteln kann, und dem, was Lernende (möglicherweise) erwarten, eine ziemliche Kluft bestehen kann. Der so genannte ‚autonome Lerner' ist in staatlichen Bildungseinrichtungen eine eher seltene Spezies, auch wenn immer mal wieder das Gegenteil behauptet wird (vgl. z. B. Little 1997).

auch mit den sich rasant internationalisierenden politischen und wirtschaftlichen Bedingungen zusammenhängt.[7]

Zwar lernten schon die jungen wohlhabenden Römer Griechisch, aber die Grundlagen dürften sie sich weniger in einer der Grammatikschulen angeeignet haben, als vielmehr zu Hause im direkten Kontakt mit dem griechischen Hauspersonal. Auch im Mittelalter war Latein in dem Sinne keine ‚Fremdsprache‘, sondern eher die *lingua franca* vor allem der Kleriker und der Wissenschaftler, was zu dieser Zeit in der Regel dasselbe war. Danach waren Fremdsprachenkenntnisse, insbesondere die Kenntnis einer Fremdsprache, des Französischen, vor allem Kennzeichen der europäischen Aristokratien. Als unabdingbarer Bestandteil einer ‚höfischen‘ Erziehung waren sie jedoch Teil eines umfassenden Bildungsprogramms und eher Mittel zum Zweck. Es ging nicht unbedingt um das Französische als Sprache, sondern eher darum, das in der ohnehin international orientierten Aristokratie einzig akzeptierte Medium gepflegter Konversation zu beherrschen. Eine Fertigkeit vergleichbar mit Reiten, Fechten oder Tanzen, häufig ungesteuert im Kontakt mit Gouvernanten etc. erworben und eher ein Nachweis der Zugehörigkeit zu einer bestimmten Klasse als eine Qualifikation im heutigen Verständnis. Dementsprechend waren die Zielsetzungen, so sie denn überhaupt explizit formuliert wurden, recht vage und für Methoden – jenseits des ständigen Übens – bestand kaum Bedarf.

Dies änderte sich in der zweiten Hälfte des 19. Jahrhunderts gründlich und seither ist die Debatte um das (richtige) Lehren und Lernen von Fremdsprachen nicht mehr abgerissen.

Die Grammatik-Übersetzungs-Methode

Bis ungefähr 1870 orientierte sich die Vermittlung moderner Fremdsprachen strikt am Muster des Grammatik- und Übersetzungsunterrichts für Latein und Griechisch. Texte, meist literarische, wurden hin- und herübersetzt, grammatische Regeln und Wortschatz gepaukt, das Sprechen spielte kaum eine Rolle. Es war insgesamt eher eine Konzentration auf deklaratives Wissen. Trifft man auf Personen, die diese Art von Unterricht durchlaufen haben (es gibt sie auch heute noch) dann verblüffen sie oft mit Regelkenntnissen der jeweiligen Sprache, die jeden muttersprachlichen Sprecher vor Neid erblassen lassen. Auch sind sie in der Lage, nach langem Nachdenken fehlerfreie Sätze zu bilden, aber wie gesagt, nach langem Nachdenken.

Genau gegen diese Art von Sprachbeherrschung lief die so genannte Reformbewegung Sturm. Mit einigem Erfolg. Aber dessen ungeachtet ist die Grammatik-Übersetzungs-Methode nach 1870 mitnichten verschwunden. Was häufig als ‚kommunikative Wende‘ bezeichnet wird, nämlich die recht radikale Neuorientierung in den 1970er Jahren, war ja ein massiver Angriff unter anderem auf diese Art von Unterricht, die z. B. in Großbritannien zu der Zeit immer noch das herrschende Paradigma war. Aber, wie gesagt, fast einhundert Jahre zuvor

---

[7]   Sehr interessant hierzu sind die Ausführungen von Maas (1976).

wurde bereits ziemlich vehement Unmut über diese Art der Sprachvermittlung geäußert.

Die direkte Methode

Wilhelm Viëtor, der 1882 unter dem Pseudonym Quousque Tandem[8] einen äußerst polemischen Beitrag gegen die herrschende Lehre veröffentlicht hatte, der in Hüllen (1979) wieder veröffentlicht wurde, ist wohl die entscheidende Figur der so genannten Reformbewegung, der es vor allem darum ging, den modernen Fremdsprachenunterricht von den engen Fesseln des Geschriebenen zu befreien. Viëtor unterstrich den Primat der gesprochenen Sprache und den Vorrang des Lautes vor dem Buchstaben. Außerdem sei sie eben nicht eine Ansammlung von Wörtern und (logischen) Kombinationsregeln für diese, sondern ein lebendiges, sich ständig veränderndes Phänomen, welches in seiner Gesamtheit gelehrt und gelernt werden müsse. Nicht das Lernen von isolierten Vokabeln und ebenso aus dem Zusammenhang gerissener Regeln, sondern der Satz und der Text, und zwar auf der Grundlage des Hörens und erst in zweiter Linie des Lesens, sollten das Vehikel der Vermittlung und Aneignung sein. Dies führe auch zu einer induktiven Herangehensweise der Lerner, denn diese müssten sich die ja durchaus vorhandenen Regeln aus den Daten erschließen.

Wenn auch Viëtors kühner Vorstoß bei weitem nicht den durchschlagenden Erfolg gehabt hat, den man ihm vielleicht hätte wünschen mögen, so ist sein Verdienst doch vor allem darin zu sehen, dass er eine breite und anhaltende Diskussion in Gang gebracht hat, im Verlaufe derer eine ganze Anzahl auch heute noch lebendiger methodischer Verfahren in ihren Grundzügen entwickelt wurden. Zudem löste er den gesamten Komplex aus seiner Erstarrung und öffnete ihn für immer radikalere Ansätze, wie z. B. die so genannte direkte Methode.

Diese Methode basiert, wie ihr Name bereits vermuten lässt, auf einer direkten Konfrontation des Lernenden mit der Fremdsprache. Vorbild ist dabei der Erwerb der Muttersprache, der ja, wie die Reformer völlig zu Recht immer wieder betonten, auch ohne Regelwissen und ohne den Umweg über die Schriftsprache stattfindet. Dieser Prozess wurde, z. T. in Ermangelung anderer Modelle, z. T. aber auch um gegenüber den eher traditionell ausgerichteten Praktikern eine entsprechend klar konturierte Position definieren zu können, als sozusagen von der Natur verbindlich vorgegeben gesehen. Kennzeichnend für dieses Modell ist, heute ein Allgemeinplatz, die Besinnung auf die elementaren Komponenten und Funktionen der Sprache. Nicht komplexe Syntagmen, sondern Laute, Lautkombinationen und einfache alltagsprachliche Äußerungen bilden die Grundlage. Und es kommt darauf an, sprechen zu lernen.

Diese Erkenntnisse im Unterricht anzuwenden erforderte allerdings eine Reihe von Techniken, die erst noch entwickelt werden mussten, die aber bis heute

---

8   Nach dem berühmten Anfang von Ciceros Rede gegen Catilina: Quousque tandem abutere, patientia nostra Catilina , ... wie lange noch, Catilina ...

Bestandteile des fremdsprachlichen Unterrichts geblieben sind: Betonung des Mündlichen im Unterricht durch systematische phonetische Schulung, Bezugnahme auf sinnvolle, zusammenhängende Texte und ein ganzes Arsenal von mehr oder weniger ‚natürlichen' Sprechanlässen, damit die Lernenden auch tatsächlich motiviert würden, die fremde Sprache zu benutzen.

Auch in Bezug auf die Techniken der Bedeutungsvermittlung unter Umgehung der Muttersprache können die Leistungen, die in dieser Phase erbracht wurden, nicht hoch genug eingeschätzt werden. Bilder, Objekte, Mimik und Gestik als Vehikel dieser Vermittlung fanden so ihren Weg ins Klassenzimmer.

Bei der Vermittlung grammatischer Regeln wurde das induktive Verfahren bevorzugt, also das Erschließen der Regeln aus dem vorliegenden Material sowie Memorieren von Mustersätzen an Stelle der oft wenig eingängigen Regeln selbst.

Der Schwachpunkt der direkten Methode war interessanterweise auch ihre Stärke: die Betonung des Mündlichen, die tendenziell von Anfang an eine Überbetonung war, und die damit einhergehende relative Inhaltsleere der Texte bzw. die Unterordnung von Inhalten unter das Ziel der Sprechfertigkeit. Das heißt, dass Texte immer nur die Sprechanlässe zu liefern hatten und ihr Verständnis nur insofern relevant war, als es eben dazu diente, mündliche Äußerungen zu motivieren. Sprechen als Selbstzweck, sozusagen, egal, was gesagt wird: Wichtig ist, dass etwas gesagt wird. Der Fremdsprachenunterricht hatte sich allerdings damit ein Korsett zugelegt, das hinsichtlich der Enge vergleichbar war mit dem der vorangegangenen Grammatik-Übersetzungs-Methode.

Die Kulturkundebewegung

Neue Anstöße kamen denn auch recht bald in Gestalt der so genannten Kulturkundebewegung. Diese muss vor dem Hintergrund der sich am Anfang des 20. Jahrhunderts vollziehenden Trennung der Geisteswissenschaften vom naturwissenschaftlichen Forschungsparadigma gesehen werden.

Kultur bedeutete in diesem Zusammenhang nun vor allem Nationalkultur, in diesem Falle die deutsche, die im Unterricht vermittelt werden soll. Zitate aus der Zeit sind in ihrer Diktion und in ihrem Tenor von solchen aus der Phase des Nationalsozialismus kaum zu unterscheiden. Dennoch war das Anliegen berechtigt: das Vermitteln von Ideengeschichte, deutscher, englischer, französischer. Nicht dass damit in der Praxis unbedingt klar gewesen wäre, was das denn nun sei und wie man hinsichtlich des Stoffes eine sinnvolle Auswahl hätte treffen können, aber immerhin war ein Ansatz vorhanden, den Fremdsprachenunterricht aus der neuerlichen Öde der direkten Methode zu befreien.

Die audio-linguale und audio-visuelle Methode

Als ein weiterer Meilenstein in der Entwicklung der Fremdsprachendidaktik muss die Audio-Linguale Methode gesehen werden, nicht nur, weil sie durch die Nutzung der inzwischen recht weit entwickelten Tonaufzeichnungstechnik eine (vorgeblich) neue Dimension in den Unterricht brachte, sondern auch, weil hier zum ersten Mal eine Bezugswissenschaft, nämlich vor allem der taxonomische Strukturalismus amerikanischer Prägung einen ganz entscheidenden Einfluss auf die Wahrnehmung des Phänomens ‚Sprache‘ hatte. Diese linguistische Ausrichtung hatte entscheidende Konsequenzen für die praktische Unterrichtsgestaltung, die von dem in der Lernpsychologie dominierenden Paradigma des Behaviourismus noch verschärft wurden.

Anlass und Auslöser für ihre Entwicklung waren der 2. Weltkrieg und die sich daran anschließende Aufspaltung der Welt in Blöcke, deren ideologische Spannungen sich in einer Reihe von ‚heißen‘ und ‚kalten‘ Konflikten entluden. Die eher isolationistischen Vereinigten Staaten, deren Bevölkerung bis heute fremden Sprachen gegenüber grundsätzlich nicht sonderlich aufgeschlossen ist, stand vor dem Problem, in kurzer Zeit eine relativ große Anzahl von kompetenten Sprechern fremder Sprachen ausbilden zu müssen. Zuerst Deutsch, dann aber Russisch, Koreanisch etc., eine Aufgabe, die man den immer noch vorhandenen Sprachlehrern nicht recht zutraute, da sie laut Bloomfield, dem führenden Vertreter der amerikanischen Linguistik jener Jahre, keine Ahnung von Sprache und auch keine Ahnung vom Unterrichten hatten.

> When our country faced a troublesome emergency in the use of foreign languages, the Army, through the American Council of Learned Societies, turned to the Linguistic Society and obtained the best professional guidance that its members were able to give. […] The basic teaching of our schools, in reading and writing, in standard languages and composition (and in their incredible courses on „general language"), is dominated still by educationists who, knowing nothing about language, waste years of every child's time, and leave our community semi-literate (Bloomfield 1946: 493f).

Die für diese Erfordernisse entwickelte Methode, *army-method* oder auch *mimicry-memorization-method* (kurz: *mim-mem*) genannt, war der Vorläufer eben jener audio-lingualen Methode, die in den 1950er Jahren mit großem Enthusiasmus in die Schulen getragen wurde. Ähnlich wie die direkte Methode betonte die audio-linguale Methode den Vorrang der gesprochenen Sprache vor der geschriebenen. Grundlegend anders war jedoch der Stellenwert, der der Grammatik eingeräumt wurde. Vergessen wir nicht, dass der Strukturalismus die wichtigste Bezugswissenschaft war. Grammatik wurde aber konzeptuell anders gesehen als bei der klassischen Grammatik-Übersetzungs-Methode, denn diese versuchte ja, den Lernenden Kenntnisse über die Grammatik zu vermitteln.

Die Vertreter der audio-lingualen Methode hatten aber das Ziel, Kenntnisse der Grammatik zu vermitteln, ausgehend von der durchaus richtigen Erkenntnis, dass jeder, der eine Sprache benutzt, auch deren Grammatik benutzt. Auf der Grundlage des bereits erwähnten behaviouristischen Ansatzes kam nun der *pattern drill* in den Unterricht. Dieser darf nicht mit den für die Entwicklung jeder Fertigkeit unerlässlichen Wiederholungsübungen verwechselt werden, obwohl er oberflächlich betrachtet diesen sehr ähnlich ist. Der Status des *pattern drill* ist ein grundsätzlich anderer, denn mithilfe dieses Verfahrens sollte im weiteren Rahmen des behaviouristischen *stimulus-response*-Modells die Grundstruktur der

Sprache erlernt werden, deren Grammtik eben. Dabei war es unerheblich, ob die Sequenzen irgendeinen Sinn machten oder nicht, entscheidend war allein die Struktur.

Hinzu kommt, dass bei einem solchen Vorgehen der zu bewältigende Stoff in kleine und kleinste Einheiten zerlegt und dann im so genannte Vierphasendrill (Stimulus, Response, Verstärkung, Wiederholung) verabreicht werden muss. Dieses extrem aufwendige Verfahren wäre in einer normalen Unterrichtssituation für alle Beteiligten schon nach recht kurzer Zeit unerträglich geworden. Das Sprachlabor wurde also fast zwangsläufig zu einem unverzichtbaren Bestandteil des Lern- bzw. viel eher des Lehrprozesses.

Nicht nur hatten diese ‚Labors‘ den Anstrich des technisch Modernen und streng Wissenschaftlichen, sie transformierten den Unterricht auch in eine Versuchsanordnung, bei der die Lernenden als Probanden hinsichtlich ihrer Eingriffs- und Mitwirkungsmöglichkeiten ähnlich beschränkt waren wie ihre tierischen Leidensgenossen in anderen Labors. Der Lehrer als Versuchleiter hatte nicht nur die Gewalt über die einzelnen Plätze, er konnte auch – allgewaltig wie *big brother* – in das, was dort jeweils geschah, hineinhören und lobend oder strafend eingreifen. („Von Ihnen habe ich noch gar nichts gehört, Stefanie.")

Die angestrebte Automatisierung der *responses* und deren Einsatz außerhalb der jeweiligen Minimalkontexte der Übungen, d. h. die Verwandlung der *patterns* in normales, spontanes sprachliches Verhalten, wurde allerdings selten erreicht, trotz des ausgefeilten Arsenals an Drills (Wiederholung, Substitution, Transformation etc.).

Über einen recht langen Zeitraum hin wurde dies aber weniger als Defizit der Methode schlechthin interpretiert, sondern eher auf die unangemessene oder mangelhafte Anwendung im Einzelfall zurückgeführt.

Die Öde und Monotonie eines Sprachunterrichts dieser Prägung ist im Anschluss an den Niedergang der audio-visuellen Methode immer wieder thematisiert und auch kritisiert worden. Von Motivationsverlust wurde geredet, von Manipulation der Lernenden. Was seltener zur Sprache kam, war, dass erst die audio-linguale Methode das Methodenbewusstsein auch außerhalb der Fachkreise geweckt hat. Lernen war nicht mehr ein mühseliges Unterfangen, das weitestgehend in der Eigenverantwortung des Lernenden lag, sondern es gab die Möglichkeit, sich in einen von Fachleuten gesteuerten Prozess zu begeben, an dessen Ende man eine Fremdsprache beherrschte. Prinzipiell schuf dies eine Haltung, wie sie auch bei Gewichtsreduzierung immer und immer wieder anzutreffen ist: Man vertraut sich lieber einer Methode an, als sich auf das weniger attraktive – allerdings nach wie vor wirksame – Einschränken bei der Nahrungsaufnahme zu verlassen.

Zusammenfassend lässt sich sagen, dass der wissenschaftliche Anspruch der audio-lingualen Methode, den sie auf Grund ihrer Verankerung in den beiden Kernwissenschaften Linguistik und Psychologie erhob, zwar in der Realität oft nicht eingelöst werden konnte, aber dazu beitrug, sie über einen längeren Zeitraum als die *ultima ratio* erscheinen zu lassen (kritische Diskussion der Methode

z. B. bei Wyler 1967, Arndt 1970, Gester 1972, Olbert/Schneider 1972, Helbig 1973, Segermann 1974, Vielau 1976, Kühlwein 1979).

Ihre Weiterentwicklung – vor allem in Frankreich – zur audio-visuellen Methode soll hier nur äußerst knapp behandelt werden, da sich grundsätzlich nur wenig änderte. Auf den ersten Blick mag das Einbeziehen visuellen Materials als eine Ausdehnung der audio-lingualen Methode auf eine weitere Sinnesebene erscheinen. Es war jedoch mehr und hierin liegt auch ein Unterschied zum audio-lingualen Ansatz.

Das Bild war nicht nur als zusätzlicher Stimulus, sondern als Informationsträger ganz besonderer Art konzipiert: Es gab sehr viel detaillierter Auskunft über den situativen Kontext, innerhalb dessen die sprachlichen Äußerungen, die den Lernstoff bildeten, verankert waren. Bildergeschichten, Dias, später auch Videos bildeten den Hintergrund ‚typischer‘ Situationen, innerhalb derer in bestimmter Weise sprachlich agiert werden musste: Abendessen im Familienkreis, Gespräch mit Nachbarn beim Bäcker, Probleme im Restaurant etc. Die Stereotypisierung, die dabei unvermeidlich ist, führt natürlich potentiell zur Schaffung von Vorurteilen: Aha, so sieht es also in englischen, französischen, spanischen Familien, Freundschaften, Restaurants etc. aus. Die sehr viel prägendere Kraft des Bildes darf dabei nicht unterschätzt werden.

Hinsichtlich der verbalen Aktivitäten überwiegt der Dialog. Mit Sicherheit ansprechender als der sinnentleerte Drill, aber in seiner ‚Natürlichkeit‘ nicht immer überzeugend, vor allem dann nicht, wenn er als Muster und Vorlage für Eigenproduktionen in vergleichbaren Situationen dienen soll. Mir persönlich sind noch ganze Sequenzen in verschiedenen Sprachen unauslöschlich ins Gedächtnis gebrannt, die ich so nie wieder gehört, geschweige denn benutzt habe.

Bis in die 1970er Jahre hinein war die Diskussion ziemlich deutlich auf die jeweils richtige oder falsche Methode beschränkt. Kaum berücksichtigt wurde die Tatsache, dass es den ‚Lerner‘ als solchen ja nicht gab und dass die zu lernende Sprache letztendlich den Benutzer in die Lage versetzen sollte, in ihr zu kommunizieren (kritische Darstellungen z. B. bei Schiffler 1973, Coste 1975, Firges 1975, Rattunde 1979). Dies änderte sich nun gründlich. In der Auseinandersetzung mit der Diskussion um die Methode fand die ‚kommunikative Wende‘ statt, innerhalb derer auch der Lerner als der entscheidende Faktor des Lernprozesses entdeckt und in den Vordergrund gerückt wurde.

Der kommunikative Ansatz

Außer dem Zeitgeist ganz allgemein gab es noch einige andere Quellen, aus der die kommunikative Wende ihre Impulse bezog. Da war zum einen Dell Hymes (vgl. Hymes 1968, Hymes 1972a, Hymes 1972b), dessen Konzept der ‚kommunikativen Kompetenz‘ in Auseinandersetzung mit dem als zu einseitig empfundenen Kompetenzbegriff der Generativen Grammatik die soziale Dimension des Sprechens, oder besser, sprachlichen Handelns betonte (ausführlicher in den Kapiteln 1.5 und 3.3). In Deutschland wesentlich einflussreicher bei der Popularisierung war jedoch Jürgen Habermas, mit den *Vorbereitenden Bemerkungen zu einer Theorie der kommunikativen Kompetenz* (vgl. Habermas/ Luhmann 1971).

Hinzu kam, dass die Sprechakttheorie sich einer enormen Beliebtheit in Linguistenkreisen erfreute. Im Fremdsprachenunterricht sollte, so die Forderung, nicht mehr nach Maßgabe bestimmter Methoden **an** Sprache gearbeitet werden, sondern es sollte **mit** Sprache gearbeitet werden. Die Lerner sollten von Anfang an in die Lage versetzt werden, etwas mit der Fremdsprache zu tun, der Unterricht sollte ihnen zeigen *how to do things with words* (vgl. dazu z. B. Weber 1973, Raasch 1974, Hüllen 1979, Rattunde 1979, Neuner/Krüger/Grewer 1981, kritisch äußert sich Melenk 1977).

Dabei kann die Interpretation dessen, was denn nun unter ‚kommunikativer Kompetenz' zu verstehen ist, von eher praxisorientierter Dürftigkeit geprägt sein, in dem Sinne, dass die Lernenden den Alltag sprachlich weitgehend reibungsfrei bewältigen sollen, oder aber von einem eher wirklichkeitsfernen Anspruch, dem Lernenden die Möglichkeit der Selbstverwirklichung auch in der Fremdsprache zu geben. In jedem Falle wurde jedoch Sprachrichtigkeit als für die erfolgreiche Kommunikation sekundär empfunden. Ein Indiz dafür ist, dass z. B grammatische Erläuterungen in den Lehrwerken dieser Phase entweder ganz fehlten oder lieblos in einem Anhang untergebracht waren. Auf Seiten der Lehrenden ließ sich eine deutlich konturierte und mit missionarischem Eifer vertretene Ablehnung von Grammatik feststellen, die fast als Feindin der Kommunikation betrachtet wurde. Im Überschwang des revolutionären Eifers wurden einige grundlegende Faktoren übersehen, z. B., dass sich Kommunikation nicht so einfach anordnen lässt, dass die Kommunikation zwischen Lehrenden und Lernenden ganz eigentümliche Züge hat und dass sich Lernziele in diesem Bereich, wenn man es ernst meint mit der kommunikativen Kompetenz und nicht doch letztendlich Aussprache, Morphologie und Syntax prüft, nicht so leicht operationalisieren lassen.

Der interkulturelle Ansatz

‚Interkulturell' ist seit Anfang der 1980er Jahre insofern eine Art Schibboleth[9] der Fremdsprachendidaktik geworden, als niemand, der etwas auf sich hielt, nicht auf jeden Fall irgendwie interkulturell ausgerichtet war bzw. interkulturelle Kommunikation als das letztendliche Ziel aller didaktischen Bemühungen postulierte. Aber, so Henrici (1994: 520)

> Außer der Hervorhebung der gezielten Betrachtung von Unterrichtsprozessen und
> -inhalten aus der Fremd- und Eigenperspektive bedeutet die interkulturelle Methode

---

[9] Bei der Schibboleth-Episode in der Bibel (Richter 12, 5-6) geht es um Folgendes: Die Gileaditer hatten die Ephraimiter geschlagen. Diese waren nun auf der Flucht. Die Gileaditer wollten aber keine potentiell weiterhin feindlichen Ephraimiter übriglassen. Um diese zu identifizieren, ließen sie alle, die an einer Furt den Jordan überqueren wollten, das Wort *Schibboleth* aussprechen. Wer es falsch aussprach – nämlich *Sibboleth* – war als Feind identifiziert und wurde erschlagen. Schibboleth ist also das Identifizierungsmerkmal der Insider, derjenigen, die dazugehören.

> nichts grundsätzlich Neues. Sie ist eine Fortsetzung der kommunikativen Methode mit der genannten Spezifik. Die theoretischen Begründungen sind bis auf die linguistischen eher vage und modisch aufgeputzt [...].

Das im Kern nach wie vor interessante und wichtige Projekt hat durch den inflationären Gebrauch der einschlägigen Termini viel von seiner Substanz verloren und auch hier hat leider eine eher von gut gemeintem Eifer als von disziplinierter Diskussion getragene Haltung eine ziemliche Unschärfe und Beliebigkeit bewirkt.

Deshalb ist auch nie ganz klar, was denn genau mit interkultureller Kommunikation oder interkultureller Kompetenz, die es im Sprachunterricht angeblich zu erreichen gilt, gemeint ist. Weitestgehend Einhelligkeit besteht allerdings darüber, dass Missverständnisse, von denen man annimmt, das sie häufiger auftreten oder gravierender sind, wenn Mitglieder unterschiedlicher Sprach- oder Kulturgemeinschaften miteinander kommunizieren (müssen), vermieden werden sollen.

Erreicht werden kann dies, indem die Lerner einer Fremdsprache sich eben nicht nur die Sprache, sondern auch die damit verbundene Perspektive, die Weltansicht sozusagen, aneignen. Die engere Interpretation resultiert häufig in einer Art ,Kochbuch' mit Rezepten für die jeweiligen ,dos and don'ts' in der Zielkultur. (Eine deutsche Einladung zum Abendessen für acht Uhr heißt acht Uhr, eine brasilianische dagegen heißt eher zehn Uhr oder später). So nützlich diese Kenntnisse im Einzelfall sein mögen, so haben sie doch nur oberflächlich mit dem zu tun, was Fantini (1995: 143f) als Lernziel beschreibt:

> The goal then, of intercultural competence, concerns both language and intercultural areas. With rare exception, interculturalists often overlook (or leave it to language teachers) the task of developing language competence, just as teachers overlook (or leave it to interculturalists) the task of developing intercultural abilities despite wide acknowledgement that language and culture are dimensions of each other, interrelated and inseparable.

So richtig und wichtig dies auch sein mag und so sehr man insgesamt mit dieser Position auch sympathisiert, so wenig ist doch die Frage geklärt, ob ein solches Ziel innerhalb eines institutionell gesteuerten Lernprozesses wirklich erreicht werden kann. Der Eindruck, dass man sich damit etwas zu viel vorgenommen hat, ist recht stark und die Kritik geht daher auch nicht selten genau in diese Richtung. Damit soll keineswegs das Anliegen des interkulturellen Ansatzes, wie immer vage es auch auftreten mag, als nicht ernst zu nehmen abqualifiziert werden. Ganz im Gegenteil: Die Hinwendung zu den unterschiedlichen ,Weltansichten' ist ja ein durchaus wichtiger Schritt. Die Problematik ergibt sich eher daraus, dass sich, wie schon beim kommunikativen Ansatz bemerkt, die Aneignung bestimmter Fähigkeiten und Fertigkeiten der Vermittlung im Klassenzimmer entzieht (ausführliche Darstellungen z. B. bei Knapp/Knapp-Potthoff 1990, Buttjes 1991, kritisch unter anderem bei Edmondson/ House 1998, Harden 1989).

Welche Sicht auf Sprache haben nun diese kurz skizzierten Ansätze? Und wie sieht es hinsichtlich der Funktionen (wir erinnern uns: Darstellung, Ausdruck und Appell) aus?

Die Grammatik-Übersetzungs-Methode, die ja zumindest im Prinzip die ‚Verschiedenheit des menschlichen Sprachbaus' ständig problematisiert, betrachtet Sprache, wenn auch nicht explizit, durchaus von der Warte der ‚Verschiedenheit der Weltansichten'. Sie beschränkt sich aber ganz eindeutig auf die Darstellungsfunktion. Ausdruck und Appell werden schon wegen des sehr geringen mündlichen Anteils kaum berücksichtigt.

Bei der direkten und der audio-visuellen/audio-lingualen Methode verhält es sich genau umgekehrt. Beide gehen hinsichtlich der Unterschiede zwischen den Sprachen weitestgehend davon aus, dass es sich um unterschiedliche ‚Schälle' handelt. Das heißt, dass die Überlegung, in welchem Verhältnis Sprache und Denken und vor allem Fremdsprache und Denken zueinander stehen, kaum thematisiert wird.

Zudem kommt die Darstellungsfunktion etwas zu kurz, denn die Grundannahme legt bereits ein Übergewicht auf Ausdruck und Appell. Wichtig ist erst mal, dass etwas gesagt wird, um die Inhalte kümmern wir uns später.

Beim kommunikativen Ansatz und verstärkt beim interkulturellen Ansatz tritt nun die Fremdheit, die ‚otherness' und damit die Verschiedenheit der ‚Weltansichten', wieder mehr in den Vordergrund.

Hinsichtlich der Funktionen wird im Prinzip versucht, ein Gleichgewicht zu finden, denn das Konzept der kommunikativen Kompetenz beinhaltet ja, dass man (idealerweise) alle Bereiche abdecken kann.

Das letzte Wort in der Debatte ist, auch wenn es hin und wieder so erscheint, noch nicht gesprochen. Man darf sich auf weitere interessante Ansätze freuen. Ob sie, die ketzerische Bemerkung sei erlaubt, wirklich in den Klassenzimmern etwas bewegen und bewirken, das darf nach Maßgabe der Erkenntnisse, die wir heute haben, bezweifelt werden.

Derzeit scheint das Lernen einer Fremdsprache trotz aller Bemühungen nach wie vor eine mühsame Plackerei zu sein, die vom Lerner selbst geleistet werden muss. Nur wenige haben die bemerkenswerte Auffassungsgabe eines Goethe, der in *Dichtung und Wahrheit* darüber berichtet, wie leichtfüßig er Italienisch gelernt habe.

> Mein Vater lehrte die Schwester in demselben Zimmer Italienisch, wo ich den Cellarius auswendig zu lernen hatte. Indem ich nun mit meinem Pensum bald fertig war und doch still sitzen sollte, horchte ich über das Buch weg und faßte das Italienische, das mir als eine lustige Abweichung des Lateinischen auffiel, sehr behände auf.

Goethe ist aber nicht ohne Grund eine Ausnahmeerscheinung. Für den Rest gilt vermutlich auch noch in nächster Zeit: üben, üben, üben. Die Fremdsprachendidaktik, wie solide sie auch immer fundiert sein mag, kann dieses Element allenfalls erleichtern oder interessant gestalten, ersetzen kann sie es nicht.

Literaturtipps

Allgemeine einführende und historische Darstellungen

Bausch, Karl-Richard/Christ, Herbert/Krumm, Hans-Jürgen (Hgs) (2003), *Handbuch Fremdsprachenunterricht*. 4. Auflage, Tübingen: Francke.

Butzkamm, Wolfgang (1973), *Aufgeklärte Einsprachigkeit. Zur Entdogmatisierung der Methode im Fremdsprachenunterricht*. Heidelberg: Quelle & Meyer. (Siehe Literaturtipps 1.2.)

Henrici, Gert (1994), Kleine Geschichte der Fremdsprachenlehr- und -lernmethoden. In: Henrici/Riemer (Hgs): *Einführung in die Didaktik des Unterrichts Deutsch als Fremdsprache mit Videobeispielen*. Band 2. Baltmannsweiler: Schneider, 506-522.

Knappe und übersichtliche Darstellung der historischen Methodendiskussion.

House, Juliane (Hg) (1996), *Wie lernt man Sprachen – wie lehrt man Sprachen. 20 Jahre Sprachlehrforschung am Zentralen Fremdsprachinstitut der Universität Hamburg*. Hamburg: Zentrales Fremdspracheninstitut.

Heterogene, aber sehr interessante und informative Sammlung von Artikeln zu den verschiedensten Aspekten und Perspektiven des Fremdsprachenlernens.

Neuner, Gerhard/Hunfeld, Hans (1992), *Methoden des fremdsprachlichen Deutschunterrichts*. Berlin. Langenscheidt.

Didaktisch sehr gut aufbereitete Einführung mit vielen Beispielen und Aufgaben.

Schröder, Konrad (Hg) (1992), *Fremdsprachenunterricht 1500 – 1800*. Wiesbaden: Harrassowitz.

Eine recht heterogene Ansammlung von Artikeln zu verschiedenen historischen Aspekten des Fremdsprachenunterrichts. Es lohnt sich ein wenig zu blättern und hier und dort zu verweilen.

Titone, Renzo. (1968), *Teaching Foreign Languages – A Historical Sketch*. Washington: Georgetown University Press.

Interessante und übersichtliche Darstellung der Entwicklung des Fremdsprachenunterrichts.

Zur Grammatik-Übersetzungs-Methode

Kwakernaak, Erik (1996*), Grammatik im Fremdsprachenunterricht: Geschichte und Innovationsmöglichkeiten am Beispiel Deutsch als Fremdsprache in den Niederlanden*. Amsterdam: Rodopi.

Zwar befasst sich diese Studie in erster Linie mit der Situation des Fremdsprachenunterrichts in den Niederlanden, Kapitel 2 (76-135) bietet jedoch darüber hinaus einen sehr fundierten Überblick über die allgemeinen Ziele und Prinzipien der Grammatik-Übersetzungs-Methode.

Zur direkten Methode und zur Kulturkundebewegung

Hübner, Walter (1979), Die englische Lektüre im Rahmen eines kulturkundlichen
    Unterrichts. In: Hüllen, Werner (Hg) (1979), *Didaktik des Englischunterricht*s: 110-
    143.

> Illustriert sehr eingängig die Anliegen der Kulturkundebewegung.

Litt, Theodor (1979), Gedanken zum ‚kulturkundlichen' Unterricht. In: Hüllen,
    Werner (Hg) (1979), *Didaktik des Englischunterrichts*: 144-180.

> Kritische, z. T. polemische Auseinandersetzung mit der Kulturkundebewegung.

Viëtor, Wilhelm (1979), Der Sprachunterricht muß umkehren. In: Hüllen, Werner (Hg)
    (1979), *Didaktik des Englischunterrichts*: 9-31.

> Furiose Polemik, sehr empfehlenswert.

Zur audio-visuellen/audio-lingualen Methode

Strack, Wolfgang (1973), *Fremdsprachen audiovisuell*. Bochum: Kamp.

> Ein sehr informatives Büchlein, das nicht nur eine klare Standortbestimmung der
> audio-visuellen Position bietet, sondern auch den Zeitgeist recht anschaulich
> widerspiegelt.

Zum kommunikativen Ansatz

Heringer, Hans-Jürgen (1978), *Arbeitsgruppe Kommunikativer Unterricht: Handbuch zum
    kommunikativen Sprachunterricht*. Weinheim: Beltz.

> Praxisorientiertes Handbuch mit Unterrichtsvorschlägen. Sehr materialreich und
> an Sprechhandlungen (Beurteilen, Bewerten etc.) orientiert. Obwohl etwas
> angejahrt, immer noch recht anregend.

Neuner, Gerhard (1982), *Übungstypologie zum kommunikativen Deutschunterricht*. Berlin:
    Langenscheidt.

> Ein Handbuch für Praktiker, das einen kompakten Überblick über die verschiede-
> nen Methoden bietet und den kommunikativen Ansatz innerhalb dieser
> Diskussion klar positioniert.

Schocker von Ditfurth, Marita (1992), *Neue praxis- und teilnehmerorientierte Fortbil-
    dungskonzepte für den kommunikativen Fremdsprachenunterricht*. Freiburg:
    Pädagogische Hochschule. Dissertation.

> Dissertation, die eigentlich die Lehrerfortbildung zum Gegenstand hat.
> Aufschlussreich für den kommunikativen Ansatz im Allgemeinen sind dessen
> ungeachtet Kapitel 2.1 und 2.2 (49-57) sowie das gesamte Kapitel 3 (58-80), das sich
> kritisch mit Anspruch und Wirklichkeit des kommunikativen Unterrichts
> auseinandersetzt.

Zimmermann, Rainer (1984), *Pragmalinguistik und kommunikativer Fremdsprachenunter-
    richt*. Heidelbert: Groos.

> Die Studie setzt sich hinsichtlich der Fachdidaktik vor allem mit dem kommunika-
> tiven Ansatz Piephos auseinander. Sie geht von dort aus über zu einer Diskussion

des pragmalinguistischen Bezugsrahmens, an die sich eine Analyse der unterrichtlichen Konsequenzen des kommunikativen Paradigmas anschließt. Sehr empfehlenswert für eine fundierte Auseinandersetzung mit den Prinzipien des Konzepts.

Zum interkulturellen Ansatz

Bredella, Lothar/Delanoy, Werner (Hg) (1999), *Interkultureller Fremdsprachenunterricht.* Tübingen: Narr.

Umfangreiche Anthologie, in der die Problematik des interkulturellen Konzepts aus verschiedenen Perspektiven diskutiert wird. Als Einstieg zu empfehlen ist der Beitrag von Bredella ‚Zielsetzungen interkulturellen Fremdsprachenunterrichts' (85-120) sowie der von Tenberg ‚Theorie und Praxis bei der Vermittlung ‚interkultureller' Kompetenz' (65-84).

Edmondson, Willis/House, Juliane (1998), Interkulturelles Lernen: ein überflüssiger Begriff. *Zeitschrift für Fremdsprachenforschung* 9/2: 161-188.

Kritische bis polemische Auseinandersetzung mit dem Konzept des Interkulturellen im Fremdsprachenunterricht.

Kramsch, Claire (1993), *Context and culture in language teaching.* Oxford: Oxford University Press.

Ein wichtiges, locker geschriebenes und sehr anregendes Buch. Besonders interessant ist Kapitel 3 ‚Teaching the spoken language', in dem sich die Autorin mit der praktischen Anwendung und Durchführung kommunikativer und interkultureller Einsichten auseinandersetzt.

Roche, Jörg (2001), *Interkulturelle Sprachdidaktik: eine Einführung.* Tübingen: Narr.

Sehr gut didaktisierte Einführung in den Bereich der interkulturellen Sprachvermittlung.

Aktivitäten

1. Versuchen Sie, mithilfe der angegebenen Literatur zu einer Definition von ‚interkultureller Kompetenz' zu gelangen. Prüfen Sie dann anhand dieser Definition, wie es um Ihre eigene ‚interkulturelle Kompetenz' z. B. im Englischen bestellt ist.

2. Die wechselnden Methoden waren ja immer als ‚Fortschritt' gegenüber der jeweils vorangegangenen konzipiert. Diskutieren Sie, in welchen Punkten tatsächlich ein Fortschritt zu verzeichnen war (z. B. bei der direkten Methode gegenüber der Grammatik-Übersetzungs-Methode etc.) und wo nicht.

3. Nehmen Sie ein Lehrbuch einer ‚wirklich' fremden Sprache (Türkisch, besser noch Koreanisch oder Japanisch). Versuchen Sie festzustellen, welchem Ansatz es verpflichtet ist. Arbeiten Sie die ersten zwei, drei Seiten durch und überlegen Sie dann, wie weit Sie hinsichtlich Ihrer Kompetenz vermutlich kommen, wenn Sie dem Buch bis zum Schluss folgen. Überlegen Sie auch, welche Schwierigkeiten, außer denen, die

bereits auf den ersten Seiten auftreten, sonst noch auf Sie zukommen könnten.

4. Die folgenden Seiten stammen aus dem Lehrwerk *L'Allemand Pratique* von Gustave Bettex von 1897. Sehen Sie sich das Inhaltsverzeichnis an und vergleichen Sie es mit einem aktuellen Lehrbuch für Deutsch als Fremdsprache. Was ist anders? Gibt es grundlegende Unterschiede? Wo würden Sie das Werk methodisch einordnen und warum?

5. Die Seite mit den Übungen enthält allerlei Kurioses und der Eindruck entsteht, dass vor allem der angemessen ungnädige Umgang mit dem Dienstpersonal das Lernziel ist. Abgesehen davon: Wenn Sie diese Seite mit neueren Lehrwerken vergleichen, welche Unterschiede stellen Sie fest? Vor allem aber: Gibt es nicht doch eine ganze Menge Gemeinsamkeiten?

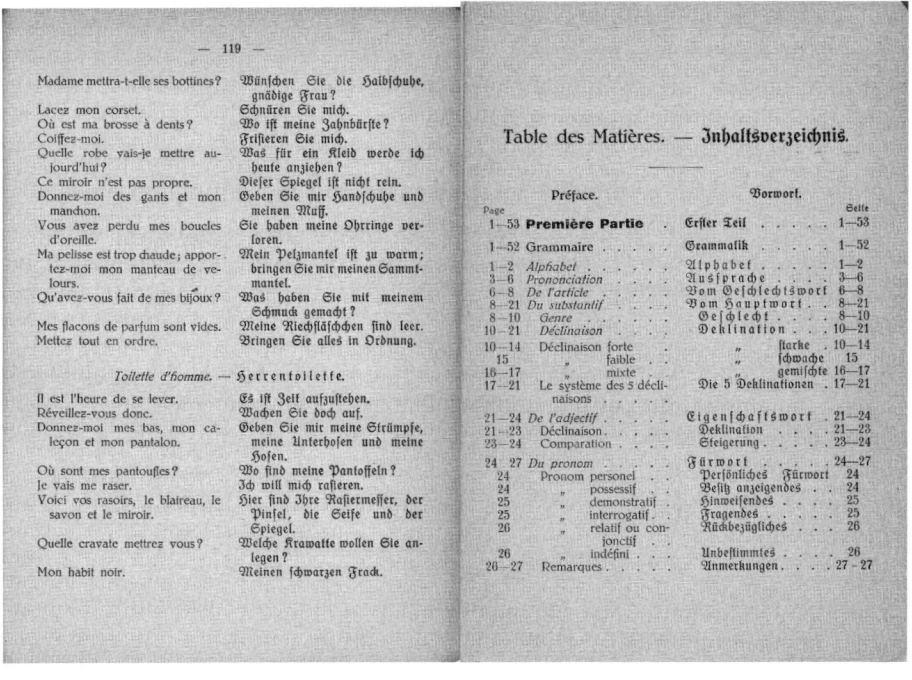

Abbildung 1.4: Auszug aus *L'Allemand Pratique*.

1.5   Kommunikative Kompetenz

Man kann wohl ohne Übertreibung sagen, dass das Konzept der kommunikativen Kompetenz innerhalb von der Fremdsprachendidaktik nachgerade euphorisch aufgenommen und adaptiert wurde. ‚Kommunikative Kompetenz‘ entwickelte sich zu einer Art Schlachtruf der Generation von Linguisten und Didaktikern, die sich in den frühen 1970er Jahren anschickte, die ‚überholten‘ Methoden hinwegzufegen.

Dabei ist erstaunlich, dass nicht in erster Linie die Ethnographie des Sprechens (siehe auch 3.3), sondern die Pragmatik als theoretischer Bezugspunkt gilt. Die sich rasch etablierende Pragmadidaktik, die weniger eine homogene Methode als vielmehr eine Ansammlung z. T. recht unterschiedlicher Verfahren war, beruft sich allerdings hinsichtlich ihrer Lernzielbestimmungen und –formulierungen durchaus auf die Art von Kompetenz, wie sie von Hymes und auch Habermas entworfen wurde.

Verzerrungen, die sich beim Übertragen auf die Praxis ergaben, wurden dabei billigend in Kauf genommen und von den vier von Hymes angenommenen Wissensbeständen oder Kompetenzbereichen (siehe auch Kapitel 3.3) blieb im Grunde nur einer übrig: die *appropriateness*.

Was heißt das nun für den Fremdsprachenunterricht? Folgt man z. B. Melenk (1977), dann bleibt das Programm ausgesprochen dürftig, denn

> [...] mit Ausländern erfolgreich zu kommunizieren, sich im Kontakt mit ihnen situationsangemessen zu verhalten, [...] an der Kommunikation zwischen native-speakers teilzunehmen [...] Kenntnisse der landesspezifischen Verhaltensweisen zu erwerben

sind als Programm nicht so revolutionär, dass man damit die ‚kommunikative Wende‘, der man gerne auch ein kopernikanisches Element unterstellte, rechtfertigen könnte. Obwohl die zitierten Ziele von jedem Fremdsprachenlerner bei Erreichen durchaus als Erfolg gewertet würden, sind sie in der ausgesprochen produktiven Fachdiskussion eher als Untergrenze des Wünschenswerten gesehen worden.

Kommunikative Kompetenz, sowohl die muttersprachliche als auch die fremdsprachliche, sollte mehr sein, als die bloße Fähigkeit, sich halbwegs angemessen mitteilen zu können.

Sie war ein Moment der Emanzipation, das es erlaubte, Sprache als eines der Instrumente der Repression zu entschleiern, mit dessen Hilfe Herrschaftsverhältnisse durchgesetzt und verfestigt werden. Endziel ist also die Erziehung zur Mündigkeit, was im Fremdsprachenunterricht nur heißen kann, das die Lerner im Prinzip all das leisten sollen, was sie in der Muttersprache letztlich auch leisten müssen.

Dabei war man gerne bereit, zumindest in der Theorie, der kommunikativen Angemessenheit den Vorzug vor der Sprachrichtigkeit zu geben, denn laut Piepho (1979: 120) ist das Gelingen von Kommunikation nur z. T. von den zur

Verfügung stehenden Redemitteln abhängig und der Inhalt ist meist wichtiger als die formale Kodierung.

Das durch diese Umgewichtung der Prioritäten in den Unterricht eindringende Element der Freiheit für die Lernenden muss natürlich in angemessener Weise genutzt werden. Wenn der Lernende schon reden soll, wie ihm der Schnabel gewachsen ist und die Interlanguage es zulässt, dann muss er auch Gelegenheit dazu bekommen. Vorgestanzte Dialoge sind dafür ganz offensichtlich nicht das geeignete Vehikel. Fast zwangsläufig geriet also dadurch das Rollenspiel als Mittel der Kommunikationsstimulation in den Vordergrund. Bei Neuner (1979: 105ff) finden sich dazu die folgenden Ausführungen und Vorschläge

> Dem engeren Kommunikationsbegriff zuzuordnen sind im Fremdsprachenunterricht alle jene künftigen oder außerschulischen Rollen, in denen der Schüler als „Fremdsprachenbenützer" auftritt. Charakteristisch für diese Rollen – z. B. die Rolle „Tourist" – ist, daß für die Dauer der Verwendung der Fremdsprache als Kommunikationsmittel sich eine Art durch die „Umstände" bestimmte „Zwischenidentität" einstellt: man versucht „wie ein Engländer" zu reden und weiß doch, daß man dabei „Deutscher" bleibt. Solche pragmatisch definierten Rollen können sein:

1.Tourist im Ausland
1.1. privater Bereich: Gast/ Besucher/ Freund
1.2. beruflicher Bereich: Geschäftsmann/ Angestellter/ Partner
1.3. öffentlicher Bereich: Verkehrsteilnehmer/ Reisender/ Patient/ Benützer öffentlicher Einrichtungen/ Käufer etc.
1.4. Freizeitbereich: Gast in Hotels etc./ Benützer von Informationsdiensten/ Theaterbesucher, Kinogänger, Museumsbesucher etc.
2. Einheimischer im Kontakt mit Ausländern
2.1. privater Bereich: Gastgeber/ Betreuer/ Freund
2.2. beruflicher Bereich: Geschäftspartner
2.3. öffentlicher Bereich/Freizeitbereich: Verkehrsteilnehmer (ortskundig/ ortsunkundig)/ Polizist/ Personal bei: Verkehrseinrichtungen/ Informationsdiensten/ kulturellen Institutionen/ Vergnügungsbetrieben/ Hotels/ Versorgungseinrichtungen wie: Krankenhaus/ Geschäft/ Restaurant/ Friseur/ Tankstelle etc.
3. Einheimischer im Kontakt mit fremdsprachlichen Medien
3.1. als Leser fremdsprachlicher Texte (Zeitungen/ Prospekte/ Gebrauchsanweisungen/ Verpackungsaufschriften/ Briefe/ Literatur etc.)
3.2. als Hörer fremdsprachlicher Texte (Rundfunk/ Schallplatte/ Tonband)
als Informationsträger: Berichte/ Kommentare/ Nachrichten/ Schlagertexte/ etc.
3.3. als Fernsehteilnehmer/ Kinogänger

So gut gemeint nun diese Anregungen auch sein mögen und so interessant sich Unterricht auf dieser Basis auch gestalten mag, so wenig realistisch ist aber eine Umsetzung in die Praxis, die nicht auf einen *pattern-drill* auf höherer Ebene hinausläuft. Warum dies fast zwangsläufig so sein muss, wird klar, wenn man sich das von Canale/Swain (1980) und Canale (1983) vorgeschlagene Modell der kommunikativen Kompetenz für die zweite Sprache ansieht.

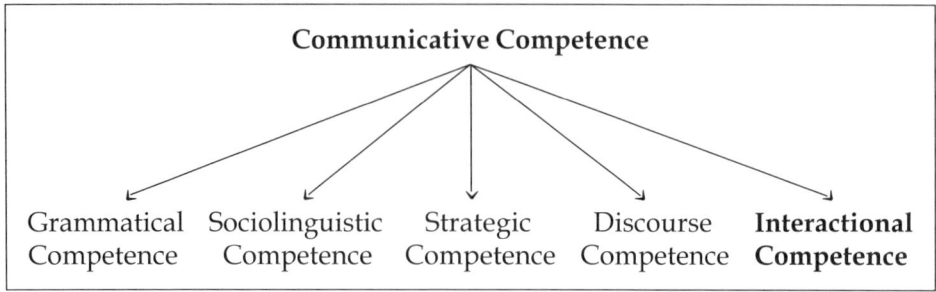

Abbildung 1.5: Modell der kommunikativen Kompetenz von Canale und Swain
(aus Johnson 2004: 98)

Wir finden hier also die *grammatische Kompetenz*, die nach Canale/Swain (1980: 29) in der Kenntnis des Lexikons, der morphologischen und syntaktischen Regeln, der Semantik und der Phonologie besteht.

Anders ausgedrückt: Wenn ich etwas sagen will, und das gilt sowohl für die Fremd- als auch für die Muttersprache, dann muss ich über den Wortschatz verfügen, die Regeln, nach denen die Wörter zusammengestellt werden, kennen und ich muss all dass auch verständlich aussprechen können. Das ist bereits eine Ebene, auf der es mit der Kompetenz oft nicht zum Besten bestellt ist.

Der nächste Bereich ist die *soziolinguistische Kompetenz*, also die Kenntnis des Regelapparates, der bestimmt, was unter welchen Umständen überhaupt sagbar ist. Hierzu gehört u. a. auch, dass ich eine Vorstellung von der sozialen Position meines Gegenübers habe, wie die Situation von den anderen Beteiligten definiert wird und vieles mehr. Soziolinguistische Kompetenz ist ein Bereich, der auch muttersprachlichen Sprechern nicht unbedingt in seiner Gesamtheit zur Verfügung steht, für einen Lerner ist es fast unmöglich, jenseits klar markierter und oft auch stereotypisierter Charakteristika, tiefe Kenntnisse zu erwerben, zumal dann nicht, wenn die Informationsbasis der Unterricht ist.

Die *strategische Kompetenz* dagegen lässt sich mit einigen Modifikationen durchaus in die zweite Sprache hinüberretten, denn es handelt sich hierbei nach Canale/Swain (1980: 30) um verbale und non-verbale Strategien, auf die zurückgegriffen werden kann, wenn die Kommunikation wegen Defiziten in anderen Kompetenzbereichen in eine Krise gerät.

Die *Diskurskompetenz* ist von ähnlich allgemeiner Beschaffenheit, denn sie wird in Anlehnung an die Arbeiten von Halliday/Hasan (1976) definiert als die Fähigkeit, Kohäsion und Kohärenz innerhalb eines Textes (im weitesten Sinne) zu schaffen.

Greifen wir vor diesem Hintergrund eine der oben vorgeschlagenen Rollen, z. B. die im Zitat auf S. 43 unter 1.1 angeführte des ,Gastes' heraus. Was macht einen ,Gast' aus? Welche Redemittel benutzt ein ,Gast' (außer ,Guten Abend' oder ,War sehr nett bei Ihnen')? Allgemeiner: Über welche grammatische Kompetenz muss speziell ein Gast verfügen, um seiner Rolle gerecht zu werden? Es ist nicht einfach, sich vorzustellen, wie diese Kompetenz im Unterricht vermittelt werden soll, ohne letztendlich doch auf eine Ansammlung von stereotypen

Floskeln zurückzugreifen. Auch wenn man grammatische Kompetenz nicht so situationsspezifisch vermittelt, bleibt die Frage, ab welchem Kompetenzniveau man ein halbwegs präsentabler ‚Gast' ist.

Und wie sieht es mit der sehr viel problematischeren soziolinguistischen Kompetenz aus? Befindet sich im Klassenraum überhaupt jemand, der diese vermitteln könnte? Ist es überhaupt möglich, diese Art von Kompetenz im Unterricht zu erwerben, ohne auch hier in z. T. wirklich gefährliche Stereotypisierungen zu verfallen?

Wenn dann in den beiden bereits genannten Bereichen die Kompetenzdefizite so gravierend werden, dass die Kommunikation zum Erliegen kommt, dann muss man eben auf die strategische Kompetenz zurückgreifen: Ein Lächeln hilft fast immer.

In der Diskurskompetenz liegt allerdings ein recht subtiles Phänomen vor, dem man kaum gerecht werden kann, wenn in den ersten beiden Kompetenzbereichen ein bestimmtes Niveau nicht erreicht wird. Kohäsion und Kohärenz in einen Text zu bringen, wenn man nur über begrenzte morphosyntaktische Mittel verfügt, ist nicht einfach und fordert vor allem auch den Hörer, der sich ja doch recht viel zusammenreimen muss.

Vermutlich geht das ‚Gastspiel' so aus, dass im Ernstfall auf Englisch zurückgegriffen wird, das als *lingua franca* einen Sonderstatus hat, und dass letztendlich alle erleichtert sind, wenn der Abend vorbei ist und kein größeres Unglück stattgefunden hat.

Das ist der Ernstfall, das Rollenspiel sieht ja anders aus. Es ist kürzer und man kann auch mal lachen, wenn etwas nicht so richtig klappt. Aber welchen Zuwachs an Erkenntnis haben die Lernenden? Wie wird ein guter Gast geprüft, ohne dass tatsächlich bestimmte vorgefertigte Versatzstücke abgefragt werden? In der Realität kann ich mich mit freundlicher Mimik, einigen lobenden Worten, zustimmendem Kopfnicken, auch wenn ich nichts verstanden habe, immer noch als passabler Gast verkaufen. Reicht das für die mündliche Prüfung?

Kommunikative Kompetenz ist ganz ohne Zweifel ein Lernziel, das unter allen Umständen angestrebt werden sollte. Fraglich ist jedoch, ob die Abwendung der Pragmadidaktik von der Sprache als System und ihre Hinwendung zu einer eher sozialwissenschaftlichen Auffassung von Sprache tatsächlich den erhofften kommunikativen Durchbruch bewirkt hat. Natürlich ist Sprache nicht nur System und im Alltag überwiegt mit Sicherheit die Strukturierung durch sprachliches Handeln. Aber es sollte vielleicht noch einmal betont werden: Der Begriff der kommunikativen Kompetenz wurde für den Gebrauch der Muttersprache entwickelt, in z. T. recht scharfen Auseinandersetzungen mit der generativen Grammatik.

Muttersprachler haben aber ein Problem nicht, eines, vor das Lerner immer wieder gestellt werden: die materielle, also lautliche Seite der Sprache in den Griff zu bekommen.

Sowohl bei der Produktion als auch bei der Rezeption treten Schwierigkeiten auf, die eine enorme Menge an Energie und Konzentration kosten, ganz gleich, wie grammatisch korrekt oder inkorrekt man sich äußert. Der Vorgang an sich ist bereits einer, der selbst bei guter Beherrschung der Sprache nie völlig automatisiert abläuft (vgl. dazu auch Kapitel 4.3.1 und folgende).

Konkret heißt dies für die Pragmadidaktik, dass sie sich mit dem Einüben verschiedener, nach Gesichtspunkten der Sprechakttheorie ausgewählter und klassifizierter verbaler Verhaltensmuster begnügen muss, die dann oft als unanalysierte Versatzstücke in das Repertoire der Lerner eingehen und dort fossilisiert abgespeichert werden. Zwar ist dieser Vorgang mit dem schlichten Stimulus-Response-Modell zumindest in der Theorie nicht zu vergleichen, die Resultate sind aber in der Praxis leider häufig recht ähnlich[10].

Kommunikative Kompetenz ist ein Konstrukt, das für die Analyse muttersprachlichen Verhaltens entwickelt wurde, als Messlatte für eine Fremdsprache ist es recht ambitioniert, vielleicht sogar zu ambitioniert.

Literaturtipps

Byram, Michael et. al. (eds) (1997), *Teaching and assessing intercultural communicative competence*. Clevedon: Multilingual Matters.

Anthologie, in der vor allem praktische Erwägungen bei der Vermittlung von interkultureller und kommunikativer Kompetenz diskutiert werden. Lesenswert sind die Beiträge von Eva Burwitz-Melzer 'Teaching Intercultural Communicative Competence through Literature' (29-43) und von Sheila Carel 'Students as Virtual Ethnographers: Exploring the Language-Culture-Connection' (146-161). Beide zeigen unter anderem, wie ausgesprochen schwierig die Vermittlung dieser Kompetenz ist.

Hampel, Frank (2003), *Kommunikative Kompetenz als realistisches Reformkonzept?* Frankfurt/M.: Lang.

Zwar handelt es sich hier um eine Untersuchung der kommunikativen Kompetenz von Politikern, die Eingangskapitel bieten aber einen interessanten Überblick über das Konzept als solches und seiner Operationalisierung in der empirischen Sozialforschung.

Heming, Ralf (1996), *Individuum, Soziogenese und kommunikative Kompetenz*. Sinzheim: Pro-Universiate-Verlag.

Etwas sperrige soziologische Arbeit, die sich vor allem mit dem Habermas'schen Theorieentwurf auseinandersetzt. Lesenswert und sehr informativ Kapitel 2.2 'Die Sprache als Apriori der Gattung' und Kapitel 5.3 'Die Entfaltung der Interaktion: Kompetenz als Schlüsselkategorie der Soziogenese'. Für das tiefere Verständnis des Konzepts der kommunikativen Kompetenz insgesamt durchaus empfehlenswert.

---

[10] Ein Teil der mündlichen Deutschprüfung an irischen Sekundarschulen ist das 'Sich-Vorstellen' bzw. 'Über-sich-Auskunft-Geben'. Auslöser ist dabei die Frage: 'Wie heißen Sie?' Die Situation wird im Unterricht offensichtlich bis zum Erbrechen gedrillt und so war es auch für mich kaum verwunderlich, dass auf die schlichte Frage nach dem Namen in einer mir unbekannten Seminargruppe der erste Teilnehmer bereitwillig nicht nur diesen, sondern auch Wohnort, Alter, Anzahl der Geschwister und Hobbys bekanntgab.

Kochan, Detlef C. (Hg) (1973), *Sprache und kommunikative Kompetenz*. Stuttgart: Klett.

Reader aus den Frühzeiten der Debatte um die kommunikative Kompetenz mit Beiträgen von u. a. Dell Hymes, Basil Berstein und M.A.K Halliday. Die Sammlung bietet einen guten Einstieg in die Anfänge der Diskussion.

Vielau, Axel (1997), *Methodik des kommunikativen Fremdsprachenunterrichts*. Berlin: Cornelsen.

Sehr umfangreiche Monographie, mit Schwerpunkt auf der Konzeption von kommunikativem Sprachunterricht. Vor allem Kapitel 3 (Wie lernt man fremde Sprachen?) ist lohnende Lektüre.

Aktivitäten

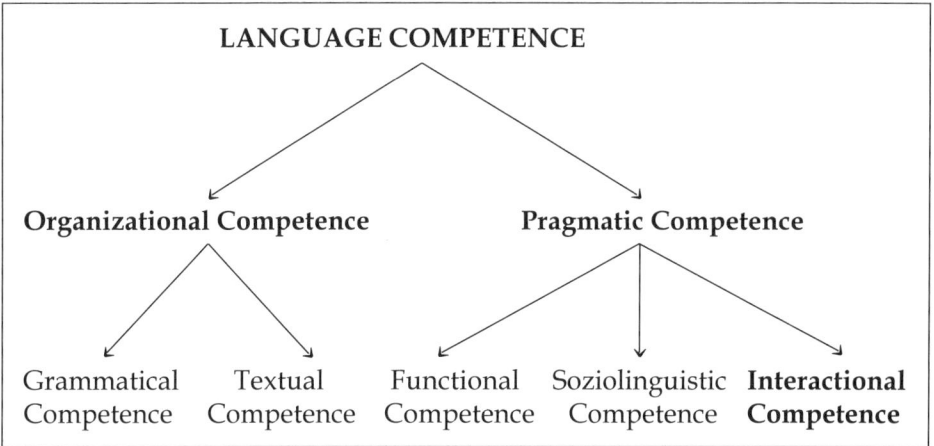

Abbildung 1.6: Das Modell der Sprachkompetenz von Bachman
(aus Johnson 2004: 98)

1. Sehen Sie sich das Schema an und definieren Sie mithilfe der angegebenen Literatur, welche Elemente genau in die einzelnen Kompetenzbereiche fallen, d. h. was muss man im Einzelnen können, um z. B. *grammatical competence* zu haben.

2. Überlegen Sie dann, wo Sie persönlich noch Lücken in der Fremdsprache (z. B. Englisch) haben.

3. Nehmen wir an, Sie sollen jemanden in Deutsch als Fremdsprache unterrichten. Wie würden Sie vorgehen, um z. B. *textual*, *functional*, oder *sociolinguistic* competence zu vermitteln. Was müssen die Lerner wissen, was müssen sie können?

1.6   Resümee

Die vorangegangenen Ausführungen sind relativ kritisch gewesen. Das heißt jedoch nicht, dass man einfach alles vergessen sollte, was die einschlägige Forschung in den letzten fünfzig Jahren produziert hat. Eher im Gegenteil: Da wir eigentlich immer noch nicht so recht wissen, wie der Mensch zur Sprache und vor allem zur Fremdsprache kommt, ist es eigentlich ungeheuer wichtig, dass die Forschung hier vorangetrieben wird. Sprache ist, von welcher Warte auch immer betrachtet, die wichtigste Grundlage menschlichen Handelns und Tuns. Fremdsprachenvermittlung wird, auch wenn Englisch sich als *lingua franca* bereits sehr erfolgreich durchgesetzt hat, ein wichtiger Bereich des Bildungssystems bleiben.

Man sollte aber, und die Komplexität des Gegenstandes legt das eigentlich nahe, nicht sofort aus ein paar empirischen Erhebungen gleich ableiten, dass nun eigentlich kaum noch Fragen offen sind. Will sagen: alles, was man zur Erweiterung der Wissensbestände beitragen kann, hat seinen Stellenwert, aber dieser darf auch nicht überbewertet werden.

Auch ist es ja keineswegs so, dass mit jeder neuen Tatsache, die wir über Sprache und Spracherwerb in Erfahrung bringen, gleich alle zuvor festgestellten nun keine Relevanz mehr hätten.

Dies gilt auch für die unterschiedlichen theoretischen Positionen, von denen man sich dem Gegenstand nähert. Die Annahme einer angeborenen Universalgrammtik z. B., beantwortet ja durchaus einige Fragen, aber andere bleiben eben noch offen. Auf der Grundlage von Modellen, die das Gehirn als einen Prozessor sehen, lassen sich spannende Aus- und möglicherweise auch Voraussagen machen, ob es sich tatsächlich so verhält, wie das Modell es nahe legt, ist eine andere Frage.

Es ist daher wichtig, alles, was an Ergebnissen vorliegt, erst einmal unvoreingenommen in Augenschein zu nehmen und dann mit den Gegebenheiten der Realität abzugleichen. Wahr oder nicht wahr ist zwar ein wichtiges Kriterium, aber es ist gerade in diesem Bereich nicht ganz einfach, eine Entscheidung darüber zu treffen.

2 Kontrastive Linguistik:
Sprachen als konkurrierende Systeme

Obwohl jeder Übersetzer, ob bewusst oder nicht, die Ausgangs- und die Zielsprache miteinander vergleichen muss, um überhaupt sinnvoll arbeiten zu können, ist der systematische wissenschaftliche Vergleich von Sprachen relativ jung. Vergleichen als Prinzip des Herangehens ist zudem historisch eher mit der vergleichenden diachronischen Sprachwissenschaft des 19. Jahrhunderts verknüpft. Diese Richtung, die im Unterschied zur synchronisch vorgehenden ‚kontrastiven' Linguistik, die in Kapitel 2.1. und folgende vorgestellt wird, auch ‚komparativ' genannte Sprachwissenschaft, hatte allerdings keinerlei pädagogisch-didaktisches Interesse. Ihr Hauptanliegen war vielmehr, durch den Vergleich zwischen verschiedenen Sprachzuständen den genetischen bzw. verwandtschaftlichen Beziehungen bestimmter Sprachen auf die Spur zu kommen und letztlich bestimmte allgemeine Entwicklungsgesetze der Sprachen zu formulieren.

Vor allem die Namen Friedrich von Schlegel, Franz Bopp, Rasmus Rask, Jacob Grimm und August Schleicher, also quasi ein *Who is Who* der Sprachwissenschaft des neunzehnten Jahrhunderts, sind mit diesen Forschungen verbunden.

Ein zentrales Konzept ist das der ‚Sprachfamilie'. An den romanischen Sprachen lässt sich dies ganz besonders gut illustrieren, weil die Beziehung zwischen der ‚Elternsprache' und den ‚Tochtersprachen' sehr augenfällig ist. Um die genetischen Verhältnisse zu zeigen, werden so genannte Basiswörter wie Zahlwörter oder Bezeichnungen für Verwandtschaftsgrade wie ‚Vater', ‚Mutter' etc. der verschiedenen Sprachen miteinander verglichen, wie das nachstehende Beispiel zeigt.

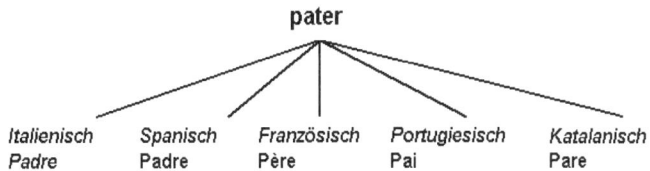

Abbildung 2.1: Beispiel für die indoeuropäische Sprachfamilie:
Das Wort ‚Vater' in einigen romanischen Sprachen.

Hier liegen also recht offensichtliche Verwandtschaftsverhältnisse vor. Aber auch zwischen Sprachen, die auf den ersten Blick relativ weit voneinander entfernt zu sein scheinen, lassen sich bestimmte genetische Beziehungen aufzeigen. Nimmt man z. B. das Zahlwort ‚drei' und vergleicht es mit den Entsprechungen in anderen europäischen Sprachen, dann stellt man in der Tat verblüffende Ähnlichkeiten fest.

Deutsch	Gothisch	Tschechisch	Lateinisch	Griechisch	Sanskrit	**Japanisch**
drei	thries	tri	tres	treis	tryas	**mittsu**

Abbildung 2.2 Zahlwörter in einigen indoeuroäischen Sprachen und im Japanischen

Zwischen Deutsch, Gothisch, Tschechisch, Lateinisch, Griechisch und Sanskrit bestehen also bestimmte Verwandtschaftsverhältnisse, die zwischen dem Japanischen z. B. und den anderen Sprachen eben nicht existieren. Die sechs Sprachen gehören zur indoeuropäischen Sprachfamilie, das Japanische dagegen zur ural-altaischen.

Die komparative Sprachwissenschaft hat, wie gesagt, keinerlei Interesse an einer praktischen Verwertbarkeit ihrer Ergebnisse. Sie soll hier auch nicht weiter behandelt werden, sondern nur als Beispiel für das Verfahren des Vergleichs dienen.

Bei der kontrastiven Linguistik, die sehr viel jünger ist, liegen die Verhältnisse genau umgekehrt. Ihr forschungsleitendes Interesse ist in weiten Bereichen von praktischen Erwägungen und direkter Anwendung der Ergebnisse motiviert worden.

2.1   Kontrastive Linguistik

Wie in Kapitel 1.4 bereits erwähnt, lehnte sich die audio-linguale Methode sehr stark an die damals vorherrschende Strömung in der Linguistik an: den Strukturalismus, vor allem den Strukturalismus amerikanischer Prägung, der sich durch seine rigiden Beschreibungsmethoden sowie durch eine klar akzentuierte Bedeutungsfeindlichkeit auszeichnete. Beide Merkmale haben zu ausgesprochen exakten Ergebnissen in der Sprachbeschreibung, allerdings auch zu einer drastischen Einschränkung der Interessengebiete, geführt.

Die enge Beziehung zwischen der Linguistik und der Fremdsprachendidaktik, die auf der Annahme basierte, dass eine möglichst vollständige Beschreibung von Sprachen das einzig sinnvolle Fundament eines erfolgreichen Fremdsprachenunterrichts ist, wurde mit Aufkommen der Kontrastiven Linguistik noch weiter vertieft.

Wenn man, so die seinerzeit euphorisch vertretene Auffassung, sowohl von der L1, also der jeweiligen Ausgangssprache, als auch von der L2, der Zielsprache, derartige Beschreibungen hätte, dann könnte man dort, wo die beiden Sprachen am wenigsten übereinstimmen und wo dementsprechend die größten Schwierigkeiten für den Lerner zu erwarten sind, gezielt eingreifen und Abhilfe schaffen. Der Anspruch war also, nicht nur adäquate Beschreibungen zu liefern, sondern darüber hinaus zutreffende Prognosen hinsichtlich der zu erwartenden Lernprobleme zu erstellen. Ein zu hoher Anspruch, wie sich recht bald herausstellte.

Kontrastivlinguistische Studien waren durch drei miteinander in einem gewissen Bezug stehende Faktoren motiviert. Einmal durch Forschungen im Bereich des Bilingualismus und Sprachkontakts wie z. B. die von Weinreich (1976), in denen vor allem das Phänomen der Interferenz, also der Übertragung bestimmter Regeln und Muster von einer Sprache in die andere, ausführlich untersucht wurde. Dann natürlich durch die seinerzeit dominierenden Lerntheorien, die durchgehend dem Behaviourismus verpflichtet waren und innerhalb derer vor allem das Element des positiven Transfers, also der Übertragung einer Fertigkeit aus einem Bereich in einen anderen, sowie das der Interferenz, des negativen Transfers, eine wichtige Rolle spielte. Schließlich auch durch die alltägliche, allerdings eher anekdotische, Beobachtung, dass bestimmte Fehler in einer Fremdsprache vorwiegend von Sprechern einer bestimmten Muttersprache gemacht werden und recht eindeutig auf den Einfluss eben dieser Sprache zurückzuführen sind.

Dies ist vor allem dann einleuchtend, wenn Lernen als ein Prozess des *habit formation* aufgefasst wird. Die alten (und für die Fremdsprache falschen und schlechten) Gewohnheiten der Muttersprache geraten dann natürlich ständig mit den neu zu lernenden der Fremdsprache in Konflikt. Je größer der Unterschied zwischen den *habits,* umso schwieriger die Aufgabe, diesen zu überwinden.[1]

---

1   Dazu Charles Fries im Vorwort zu Robert Lados *Linguistics Across Cultures* (1957: 1):
    „Learning a second language, therefore, constitutes a very different task from learning the

Wie bereits gesagt, war die der Kontrastiven Linguistik zu Grunde liegende Idee, auf der Basis einer exakten Beschreibung von Einzelsprachen, vor allem im Bereich der Phonetik, Phonologie und Morpho-Syntax, Vergleiche zwischen diesen Sprachen ziehen zu können, mithilfe derer es dann möglich würde, Probleme, die beim Lernen auftreten, bereits im Vorfeld zu identifizieren und Abhilfe zu schaffen. Zumindest anfänglich ging man davon aus, dass es umso schwieriger sein würde, eine Sprache zu erlernen, je mehr oder je größere Unterschiede zur Muttersprache bestehen. In Robert Lados Worten:

> […] the student who comes in contact with a foreign language [will find that] those elements that are similar to his native language will be simple for him, and those elements that are different will be difficult (1957: 2).

Kontrastive Analyse war weniger ein Instrument, mit dem der Prozess des Sprachenlernens theoretisch erklärt wurde, als vielmehr eines, das das Lehren in den Vordergrund stellte und bei der Erstellung von Curricula allgemein und von Unterrichtsmaterialien speziell zum Einsatz kam. Innerhalb der theoretischen Linguistik tat sich die Kontrastive Linguistik auch dementsprechend schwer, Anerkennung zu finden, da sie ein wenig als eine Art „Nebenprodukt der Theorien des Fremdsprachenunterrichts" angesehen wurde (Zabrocki 1970 zit. in Gnutzmann 1990: 7).

Weitestgehend wurde versucht, Charles Fries' Einsicht (1945: 9), dass das effektivste Lehrmaterial dasjenige sei, das auf einer wissenschaftlichen Beschreibung der zu lernenden Sprache verglichen mit einer ähnlichen der Muttersprache basierte, in die Tat umzusetzen. Das heißt, zwischen den Strukturen der jeweiligen L1 und L2 und der Schwierigkeit, die L2 zu lernen, wurde eine sehr starke Verbindung angenommen.

Hinsichtlich der Erstellung von Lernmaterialien hieß dies natürlich, dass man von der Idee international einsetzbarer Lehrwerke Abschied nehmen musste.

Ganz im Gegenteil: Die gesamte Struktur sollte bezüglich der Inhalte, Progression und der Betonung bestimmter Elemente und Strukturen auf die Muttersprache der jeweiligen Lerner abgestimmt sein. Über diese eher didaktischen Erwägungen hinaus wurde zudem gefordert, auch die Methodik, also die im Unterricht selbst angewandten Techniken der Präsentation, mit den Ergebnissen der kontrastiven Analysen in Einklang zu bringen (vgl. Nickel/Wagner 1968).

Eine interessante Konsequenz dieser Forderungen war, dass – ganz gegen den Glaubenssatz von Reiz und Reaktion in der behaviouristischen Lerntheorie – bestimmte kognitiv-analytische Verfahren auf Seiten der Lerner angewandt werden mussten, denn statt immer besser und schneller auf bestimmte Stimuli zu reagieren, wurde nun von ihnen erwartet, die Ähnlichkeiten und Unterschiede

---

first language. The basic problems arise not out of any essential difficulty in the features of the new language themselves but primarily out of the special ‚set' created by the first language habits. Robert Lado was the first to grasp the significance of these basic facts for the building of efficient valid measures of achievement and progress in mastering a foreign language."

zwischen den Sprachen nicht nur zu erkennen, sondern diese Erkenntnisse auch produktiv anzuwenden.

Bei allen Unterschieden, die sich im Laufe der Entwicklung ergeben haben, lässt sich doch ein gemeinsamer Nenner identifizieren, der in den beiden wichtigsten Konzepten seinen Ausdruck findet: *Äquivalenz* und *Differenz*. Auf den Lernprozess bezogen: *Transfer* und *Interferenz*.

Ob bei der Beschreibung der Unterschiede Detailliertheit und Vollständigkeit angestrebt wird (Rein 1983: 1) oder ob man sich mit den relevanten Teilbereichen der Systeme zufrieden gibt (Nickel 1980: 633) oder ob man sich, wie Weinreich (1976: 264) beides für jeweils unterschiedliche Fragestellungen vorstellen kann, ist dabei nicht weiter von Belang.

Problematisch ist hier vielmehr das Konzept des Vergleichs: Womit bzw. auf welcher Grundlage kann überhaupt verglichen werden? Was ist das *tertium comparationis*? Der Volksmund lehnt z. B. nicht ganz zu Unrecht den Vergleich zwischen Äpfeln und Birnen ab. Der direkte Vergleich ist ja auch nicht möglich. Auf der Ebene eines gemeinsamen Dritten, also der Tatsache, dass es sich bei beiden um Obst handelt, lassen sie sich aber durchaus vergleichen. Welche allgemeine Folie haben wir aber bei Sprachen? Auf welcher Grundlage vergleichen wir so unterschiedliche Sprachen wie Englisch und Türkisch miteinander?[2]

Äquivalenz und daher wahrscheinlich positiver Transfer sowie Differenz mit zu vermutender Interferenz sind dessen ungeachtet die Schlüsselbegriffe der Kontrastiven Linguistik, die sich nicht allein auf die Bedeutungsebene beziehen, sondern grundsätzlich auf alle Bereiche der Sprache.

Interferenz lässt sich am deutlichsten in der Phonetik und Phonologie erkennen, denn selbst wenn keine ,wirklichen' Fehler mehr gemacht werden, den mehr oder weniger starken ,Akzent', der sogar Laien in die Lage versetzt, die Herkunft des Sprechers zu orten, bekommt man, zumal als erwachsener Fremdsprachenbenutzer, kaum unter Kontrolle. Dieser Akzent ist aber in der Regel nichts anderes als die Übertragung muttersprachlicher Ausspracheregeln auf die Fremdsprache. Sei es die Auslautverhärtung bei Deutschen, die diese oft in alle anderen Sprachen hinüberretten (die britische Boulevardpresse charakterisiert dies meist hämisch mit ,phonetischer' Schreibweise wie z. B. *haf* (stimmlos deutsch) für *have* (stimmhaft englisch), seien es die fast unüberwindlichen Schwierigkeiten anglophoner Sprecher, das gewohnte retroflexe [r] durch das intermittierende im Deutschen zu ersetzen, die Einflüsse der Muttersprache sind nicht zu überhören.

Aber auch in anderen, sehr viel grundsätzlicheren Bereichen macht sich der Einfluss der L1 bemerkbar.

So existiert z. B. im Englischen – wenn man von der Pronominalisierung einmal absieht – kein Genus. Sprecher des Englischen, die Deutsch lernen, stehen also nicht nur vor der Schwierigkeit, das jeweilige grammatische Geschlecht (auswendig) lernen zu müssen, sondern auch vor dem Problem, ein sich in ihrer

---

2   Die Probleme, die bei der Identifizierung von äquivalenten Elementen in zwei Sprachen auftreten, werden im Exkurs zur Übersetzungswissenschaft etwas eingehender erörtert.

Muttersprache kaum vorhandenes Konzept aneignen zu müssen. Umgekehrt fällt es Sprechern des Deutschen nicht leicht, mit eben diesem Nichtvorhandensein klar zu kommen, da sie in ihrer Muttersprache gezwungen sind, jedem Substantiv ein Genus zuzuordnen. Dies fällt bei Entlehnungen auf: Heißt es *der Beach*, *die Beach* oder *das Beach*? Wie verhält es sich bei *Pub*?

Ziel der Kontrastiven Linguistik war es jedoch, nicht nur diagnostische, sondern vor allem prognostische Verfahren zu entwickeln, also nicht nur auftretende Fehler mit Bezug auf die Muttersprache zu erklären und zu therapieren, sondern vorherzusagen, in welchen Bereichen mit einer gewissen Wahrscheinlichkeit Schwierigkeiten bzw. Fehler auftreten könnten.

Das Ergebnis der kontrastivlinguistischen Forschung war u. a. eine große Anzahl kontrastiver Grammatiken, wobei vor allem Englisch eine der zu vergleichenden Sprachen war.

Die Erwartung bezüglich der Praxis war, dass diese Forschung durch das systematische Aufdecken jener Aspekte der Zielsprache, denen größere Aufmerksamkeit geschenkt werden musste, die Basis für effektiveres Lernen anhand sorgfältig konstruierter Drills liefern sollte (vgl. Alatis 1968).

Wie hat man sich dies nun vorzustellen? Man benötigt, das ist bereits erwähnt worden, eine recht detaillierte Beschreibung der jeweils miteinander zu vergleichenden Sprachen. Nehmen wir also an, dass diese vorliegen, und nehmen wir zudem an, dass das Problem des *tertium comparationis* geklärt ist. Wenn es sich bei den Sprachen um Deutsch und Englisch handelt, dann können wir z. B. folgende Unterschiede feststellen:

	Deutsch		Englisch
1.	Präsens ·		present
	0		present continous
2.	0		*do* als Träger der Tempusmarkierung
3.	grammatisches Geschlecht		kein grammtisches Geschlecht
4.	Adjektivdeklination		wird nur durch eine Form realisiert
5.	Pronomen der 3. Person *er, sie, es*		Pronomen der 3. Person *he, she, it*

Abbildung 2.3: Einige strukturelle Unterschiede im Deutschen und Englischen

Diese kleine Aufstellung in Anlehnung an eine Untersuchung von Stockwell/Bowen/Martin (1965) hat einzig und allein eine illustrierende Funktion und erhebt darüber hinaus keine weiteren Ansprüche. Sie deutet aber bereits eine Hierarchie der Lernschwierigkeiten an. In der Terminologie der damaligen Forschung handelt es sich

1. um einen *split*, das heißt, dass für eine Form in der Muttersprache, je nach Äußerungsabsicht, zwei Formen in der Fremdsprache existieren. In diesem Falle ist die Schwierigkeit, so wird vermutet, am größten und die Fehlerfrequenz am höchsten;

2. um den Fall der Abwesenheit einer Form in der L1 und ihr Vorhandensein in der L2, also etwas Neues und entsprechend Ungewohntes. Auch dies ist offensichtlich für den Lerner eine beachtliche Hürde;

3. um den als weniger problematisch angesehenen umgekehrten Fall, nämlich das Fehlen eines Merkmals in der Fremdsprache;

4. um das Zusammenfallen der deutschen Adjektivdeklination in nur einer einzigen Form im Englischen, was den Lerner nicht vor Schwierigkeiten stellt;

5. um das Wiederfinden völlig vertrauter und dementsprechend unproblematischer Strukturen.

Der Transfer ist im letzten Falle sozusagen unvermeidlich, während er im ersten höchst unwahrscheinlich ist, da dort die Interferenzen am häufigsten zu erwarten sind (vgl. Lee 1968: 180).

Dies liest sich alles recht plausibel. Leider stimmte es, wie man recht schnell feststellte, mit der Praxis nicht überein. Kontrastive Analysen dieser Art gerieten denn auch bald ins Kreuzfeuer einer z. T. sehr heftigen Kritik und man wandte sich enttäuscht von ihnen ab.

Auf der theoretischen Ebene wurde vor allem bemängelt, dass es kein universelles grammatisches Instrument gebe, das als das oben erwähnte *tertium comparationis* funktionieren könne, dass also der jeweils angestellte Vergleich selbst bereits fragwürdiger Natur sei. Hinzu kam, dass die empirischen Daten nicht zur Hypothese passten. Weder traten die Fehler immer in den vorausgesagten Bereichen auf, d. h. in vielen Fällen hatten die Lernenden keine Probleme, wo sie eigentlich welche hätten haben müssen – der negative Transfer bzw. die Interferenz fand nicht statt (vgl. Dulay/Burt 1974), noch ließ sich immer positiver Transfer feststellen, wo man ihn eigentlich erwartet hätte (vgl. Hyltenstam 1977).

Eine groß angelegte Untersuchung von Whitman/Jackson (1972) lässt die Autoren zu dem Schluss kommen, dass die Kontrastivhypothese nicht in der Lage ist, die Interferenzprobleme der Lerner vorauszusagen, und dass darüber hinaus der negative Transfer eine so unbedeutende Rolle spielt, dass keine Kontrastive Analyse, wie gut auch immer strukturiert, mit den erhobenen Sprachdaten korreliert (Whitman/Jackson 1972: 40).

Neben diesen eher technischen Mängeln, die bereits ausreichend Kritik hervorgerufen hatten, war für die recht radikale Ablehnung der Kontrastivhypothese ein weiteres, eher wissenschaftspolitisches und -geschichtliches Moment von Bedeutung: Der Behaviourismus wurde von verschiedenen Seiten scharf angegriffen (vgl. z. B. Noam Chomskys Rezension von Skinners *Verbal Behavior* von 1959) und verlor rasant an Boden. Er war ‚out' und mit ihm auch mehr oder weniger alles, was sich auf ihn gründete wie eben die Kontrastivhypothese.

Nicht, dass die Konzepte von Transfer und Interferenz gleich mit abgeschafft wurden, nur das prognostische Element wurde mit etwas mehr Skepsis betrachtet. Die Ansprüche wurden zurückgeschraubt, eine ‚schwache' Version der Kontrastivhypothese wurde eine Zeit lang aufrechterhalten, aber da sich das Projekt als letztlich undurchführbar erwies, konzentrierte man sich zu einem späteren Zeitpunkt weitestgehend auf die Analyse von Fehlern.

Dass sich die Kontrastive Linguistik in der Praxis nicht so recht bewährt hat, heißt aber nicht unbedingt, dass ihr Anliegen für den Fremdsprachenunterricht grundsätzlich irrelevant ist. Das Aufsuchen von Gemeinsamkeiten zwischen L1 und L2 und Feststellen von Unterschieden geschieht, bewusst oder unbewusst, immer dann, wenn man auf eine fremde Sprache trifft.

Aus diesem Grund soll hier eine kurze Expedition in das Gebiet der Angewandten Linguistik, deren tägliches Brot die Auseinandersetzung mit Differenz und Äquivalenz ist, nämlich in die Übersetzungswissenschaft, vorgenommen werden.

Literaturtipps

Zur komparativen Sprachwissenschaft

Anttila, Raimo (1989), *Historical and comparative linguistics*. Amsterdam: Benjamins
Schmitt-Brandt, Robert (1998), *Einführung in die Indogermanistik*. Tübingen: Francke.
Sternemann Reinhard/Gutschmidt, Karl (1989), *Einführung in die vergleichende Sprachwissenschaft*. Berlin: Akademie Verlag.
Szemerényi, Oswald (1989), *Einführung in die vergleichende Sprachwissenschaft*. Darmstadt: Wissenschaftliche Buchgesellschaft.

Zur kontrastiven Linguistik

Becker, Angelika (1994), *Lokalisierungsausdrücke im Sprachvergleich: Eine lexikalisch-semantische Analyse von Lokalisierungsausdrücken im Deutschen, Englischen, Französischen und Türkischen*. Tübingen: Niemeyer.

Interessante neuere Arbeit, bei der die Fragestellungen und Methoden kontrastiver Analysen sehr klar zum Ausdruck kommen. Seiten 1-11 und 135-141. Hat für ‚Laien' eher illustrativen Wert.

Gnutzmann, Claus (Hg) (1990), *Kontrastive Linguistik*. Frankfurt/M.: Lang.

Sechs Artikel zur kontrastiven Linguistik. Sehr instruktiv und gut lesbar Wolfgang Kühlwein (13-32) ‚Kontrastive Linguistik und Fremdsprachenerwerb – Perspektive und historischer Hintergrund'. Ein illustratives und interessantes Beispiel für kontrastive Analysen ist der Beitrag von Peter Erdmann (69-84) ‚Fokuskonstruktionen im Deutschen und Englischen'. Lesenswert und informativ ist auch der Artikel von Ekkehard König (117-131) ‚Kontrastive Linguistik als Komplement zur Typologie'.

Kniffka, Hannes (1995), *Elements of culture contrastive linguistics. Elemente einer kulturkontrastiven Linguistik*. Frankfurt/M.: Lang

Aufsatzsammlung, die als Grundthema Kultur- und Sprachkontraste hat. Als Einstieg ist das Kapitel Orientierung empfehlenswert. Sehr informativ der Beitrag Lückenkontrast (37-62). Insgesamt eher ‚interkulturell‘, lohnt die kursorische Lektüre der anderen Beiträge durchaus.

Aktivitäten

1. Mark Twain schrieb 1880 einen sehr witzigen und pointierten Essay über *The Awful German Language*, in dem er sich über die bis zur ‚Regellosigkeit‘ gehende verwirrende Komplexität der deutschen Sprache beschwert und dies, mit Beispielen illustriert, seinen amerikanischen Lesern nahe zu bringen versucht. Die kontrastivlinguistischen Elemente sind unverkennbar. Das Problem, das er im folgenden Auszug anspricht, ist nur zu bekannt. Welche Problemfelder des Deutschen könnte man auf vergleichbare Weise, also durch extreme Überspitzung, für Lerner transparenter machen?

   > The Germans have another kind of parenthesis, which they make by splitting a verb in two and putting half of it at the beginning of an exciting chapter and the **other half** at the end of it. Can anyone conceive of anything more confusing than that? These things are called „separable verbs.“ The German grammar is blistered all over with separable verbs; and the wider the two portions of one of them are spread apart, the better the author of the crime is pleased with his performance. A favorite one is **reiste ab**— which means departed. Here is an example which I culled from a novel and reduced to English:

   > ”The trunks being now ready, he **DE-** after kissing his mother and sisters, and once more pressing to his bosom his adored Gretchen, who, dressed in simple white muslin, with a single tuberose in the ample folds of her rich brown hair, had tottered feebly down the stairs, still pale from the terror and excitement of the past evening, but longing to lay her poor aching head yet once again upon the breast of him whom she loved more dearly than life itself, **PARTED**.”

2. Machen Sie selbst eine kleine kontrastive Analyse zur Anrede im Deutschen und Englischen. Als ‚Corpus‘ bieten sich Kriminalromane (z. B. die Wexford-Romane von Ruth Rendell) an, in denen es einen

Inspektor und seinen *side-kick* gibt. Welche Unterschiede (neben dem ganz offensichtlichen, dass es im Englischen kein ‚Sie' gibt) lassen sich sonst noch herausarbeiten? Welche Konsequenzen hat, z. B. bei der Übersetzung, die Wahl des ‚Du' oder des ‚Sie' für den gesamten Text und für das geschilderte Verhältnis zwischen den ‚Helden'?

3. Die folgenden (sehr kurzen) Bildbeschreibungen wurden von Sprechern mit Muttersprache Englisch produziert. Versuchen Sie die Fehler zu identifizieren, die auf Einflüsse der L1 zurückzuführen sind.

a. *das ist eine, ich vergesse die name, man isst es zu weihnachten, das ist eine Eier und von die Eier kommt ein chicken, und er wachst, und er bekommt, er ist ein hähn und dann ist er gekocht und man isst es*

b. *die vogel ist geboren und ist er aus dem eier gebrochen, dann ist er gewuchse und dann ist er auf dem tisch zu esse*

c. *hier ist eine ei und eine kleine vögel ist geboren, wenn diese hühne ist groß, man isst es zum Mittagesse*

4. Könnten Sie Auskunft darüber geben, welche Fehler Sie in einer Fremdsprache immer wieder machen, die auf Interferenz des Deutschen beruhen?

2.1.1   Exkurs: Übersetzungswissenschaft

Das Übersetzen fremdsprachiger Texte ist wohl der älteste Bereich der Angewandten[3] Linguistik und mit Sicherheit einer der kontroversesten und interessantesten, weil, anders als in den meisten anderen Bereichen, hier in der Tat ein greifbares Produkt und weniger die akademische Diskussion und Spekulation der bestimmende Faktor ist. In welcher Weise sich dieses oder jenes Phänomen beschreiben lässt, ist häufig nur für die interessierte Fachwelt von wirklichem Interesse, bei der Übersetzung geht es jedoch um handfeste Belange, die eigentlich jeden irgendwann einmal betreffen. Die kuriose und kaum verständliche Anleitung, die man zum preiswerten Radiowecker dazubekommt, kann noch ohne großen Schaden verschmerzt werden. Problematischer wird es selbst für den Normalverbraucher, wenn komplexere und teurere Geräte wie z. B. Computer betroffen sind.

Außerdem hat vermutlich jeder schon die Erfahrung mit jenen hastig übersetzten Krimis gehabt, die passagenweise nur dann zu verstehen sind, wenn man die Ausgangssprache kennt. Dies sind nur die Bereiche, die bereits im Alltag relevant sind. Hinzu kommt natürlich noch das äußerst heftig debattierte Feld der so genannten großen Literatur, denn eine Gebrauchsanweisung kann und sollte man wirklich präzise übersetzen, zumindest insofern, dass der betroffene Verbraucher letztendlich das jeweilige Gerät sachgemäß bedienen kann. Wie präzise lässt sich aber z. B. die Bibel, immerhin ein Buch, das die gesamte westliche Kultur maßgeblich beeinflusst hat, übersetzen? Wie sieht es bei einem Roman aus dem Japanischen aus? Oder, viel näher der Heimat, bei einem Shakespeare-Sonett?

Anders als bei der Gebrauchsanweisung kommt es hier nicht unbedingt auf die Präzision bei der Benennung der einzelnen Elemente und Verfahren an, was jedoch nicht heißt, dass nicht doch eine Genauigkeit in anderen Bereichen erforderlich ist. In der Bibel ist ja nicht irgendetwas geschrieben, sondern das Wort Gottes, und da können, leicht vorstellbar, Ungenauigkeiten, die sich aus der Übersetzung ergeben, weitreichende Folgen haben, was ja auch durchaus eingetreten ist.

Man könnte sich nun auf den Standpunkt stellen, dass zumindest im Bereich der schönen Literatur Übersetzungen im Grunde unmöglich sind. Dabei wäre man sich prominenter und sachkundiger Unterstützung sicher. Wilhelm von Humboldt z. B. äußert sich in einem Brief an A. W. Schlegel ausgesprochen skeptisch.

> Alles Übersetzen scheint mir schlechterdings ein Versuch zur Auflösung einer
> unmöglichen Aufgabe. Denn jeder Übersetzer muß immer an einer der beiden
> Klippen scheitern, sich entweder auf Kosten des Geschmacks und der Sprache

---

[3]   Für Catford (1965) zählt die Übersetzungswissenschaft ganz ohne Zweifel zur Angewandten Linguistik, Koller (1997: 132f) kritisiert diese Auffassung ziemlich scharf und weist auf die „unhaltbare Einschränkung" hin, die damit verbunden ist. Inwieweit dies zutreffend ist, soll hier nicht weiter erörtert werden, da Übersetzen mit oder ohne formalen theoretischen Überbau immer die Anwendung ‚sprachwissenschaftlicher' Erkenntnisse in der Praxis ist.

seiner Nation zu genau an sein Original oder auf Kosten seines Originals zu sehr an die Eigentümlichkeiten seiner Nation halten. Das Mittel hierzwischen ist nicht bloß schwer, sondern geradezu unmöglich. (Zit. nach Hartmann/Vernay 1970: 144)

Humboldt äußert sich an anderer Stelle (vgl. z. B. die *Einleitung zu Agamemnon* in Störig 1973) deutlich weniger ablehnend, jedoch niemals so optimistisch wie z. B. Leonard Bloomfield, der zumindest für die Übersetzung im Bereich der Denotation überhaupt keine Schwierigkeiten sieht und der die dennoch möglicherweise auftretenden für konnotationsbedingt hält. (vgl. Bloomfield 1935: 278)

Welche Kriterien können eigentlich für die Beurteilung, ob z. B. eine literarische Übersetzung gut oder schlecht ist, zu Grunde gelegt werden? Wie geht der Übersetzer vor und was übersetzt er?

Das italienische Wortspiel *traduttore, traditore*, also der Übersetzer als Verräter, fasst die Problematik kurz und knapp zusammen: Übersetzungen, die mehr als bloße Fakten, Vorschriften und Verfahren zum Thema haben, sind unzuverlässig. Genau dies zu beheben ist die Aufgabe der Übersetzungswissenschaft. Weil hier bereits einige der im Kapitel zur Kontrastiven Linguistik weiter vertieften Gebiete mit starkem Bezug auf die Praxis behandelt werden, sollen die Kernpunkte der Diskussion hier kurz vorgestellt werden.

Dass eine wortwörtliche Übersetzung ihr Ziel, nämlich Informationen im weitesten Sinne von einer Sprache in die andere zu transportieren, verfehlt, muss nicht weiter erörtert werden. Sprachlerner mit unzureichendem Lesetraining probieren dies hin und wieder mit häufig erheiternden Ergebnissen. Selbst wenn man tatsächlich für jedes Wort aus der Ausgangssprache das entsprechende in der Zielsprache gefunden hat, so kommt doch meist ein ziemlicher Blödsinn dabei heraus. Naive Sprachlerner fragen sich dann, wieso. Die Frage ist jedoch nur scheinbar naiv, denn sie berührt einen Grundpfeiler der Übersetzungswissenschaft, der zugleich auch Stolperstein ist: die Äquivalenz.

Von diesem Konzept sagt Leonardi (2000: 6f), dass es zweifelsohne das problematischste und kontroverseste überhaupt in der gesamten Übersetzungswissenschaft sei, da er trotz vergangener und wahrscheinlich auch zukünftiger heftiger Debatten, trotz Analysen aus den verschiedensten Perspektiven bisher nicht zufrieden stellend definiert worden ist.

Andere Autoren wie z. B. Snell-Hornby (1988: 22) gehen noch weiter und erklären das Konzept der Äquivalenz sogar für schädlich, da es die Symmetrie zwischen Sprachen nur vorgaukelt und dadurch von den eigentlichen Problemen des Übersetzens ablenkt.

Diese kritische Schärfe bei der Beurteilung ist jedoch relativ neu und über Jahrzehnte – vor allem im Rahmen der kontrastiven Sprachanalysen – war das Konzept als solches weitgehend unumstritten, wie es jedoch inhaltlich zu füllen und praktisch anzuwenden sei, allerdings nicht.

John Catford (1980: 61), einer der führenden Übersetzungstheoretiker der 1960er und 1970er Jahre sieht die Aufgabe des Praktikers darin, die äquivalenten Ausdrücke in der Zielsprache zu finden, und die des Theoretikers darin, ihre Natur und ihre Gebrauchsbedingungen zu definieren.

Die explizite Annahme ist also, dass es Äquivalenzen gibt. Catford schließt jedoch literarische Texte aus gutem Grund aus. Eugene Nida und Charles Taber sind in ihrer Einschätzung deutlich vorsichtiger, aber dessen ungeachtet von der Existenz der Äquivalenz überzeugt, denn so ihr Argument mit Blick auf die Bibelübersetzung, die Autoren der Bibel haben auch eine klar festgelegte Bedeutung intendiert und nicht mehrere. Dies müsse natürlich auch in der Übersetzung berücksichtigt werden (vgl. Nida/Taber 1969: 7).

Im Gegensatz zu Catford, der sich recht einseitig auf die linguistischen Aspekte festlegt, gehen Nida/Taber jedoch einen Schritt weiter, indem sie einen Prioritätenkatalog vorschlagen, der folgende Punkte beinhaltet:

1. Kontextuelle Konsistenz hat Vorrang vor verbaler Konsistenz.
2. Dynamische Äquivalenz hat Vorrang vor formaler Korrespondenz.
3. Die Lautgestalt der Sprache hat Vorrang vor dem Schriftbild.
4. Gebräuchliche Formen haben Vorrang vor denen mit traditionell höherem Prestige (vgl. Nida/Taber 1969: 14).

Vor allem die Konzepte der formalen und der dynamischen Äquivalenz[4] spielten und spielen innerhalb der Theorie und Praxis der Übersetzung eine wichtige Rolle. Die erstere bezieht sich auf die Mitteilung, die ‚message' sozusagen, als solche, auf ihren Inhalt und ihre Mitteilungskraft, die letztere auf die Bewahrung des im Original intendierten Effekts.

Der Schritt, der hier vollzogen wird, ist klar: Zwar gibt es nicht unbedingt auf der linguistischen Ebene Äquivalenzen, aber für das Gemeinte liegen sie durchaus vor. Einerseits geht Nidas und Taberts Argumentation damit natürlich in Richtung auf den gesamten Text und seiner angenommenen intendierten Wirkung, andererseits vernachlässigt er jedoch dabei die ungeheure Menge an ästhetischen Faktoren und auch an Informationen, die in der jeweiligen Sprache selbst bereits angelegt sind und vermittelt werden. Dies ist um so erstaunlicher, als ja gerade der Text als solcher die Autorität ist, d. h. Manipulation wird da, wo sie nach Maßgabe der oben aufgelisteten Prioritäten geboten scheint, nicht nur in Kauf genommen, sondern sogar gefordert, solange die ‚reine' Botschaft erhalten bleibt. Die Annahme ist dementsprechend, dass so etwas wie ein von der Sprache unabhängiges Gemeintes in den Texten existiert. Eine Position, die, implizit zumindest, Denken und Sprache dissoziiert.

Im Gefolge der poststrukturalistischen Diskussion in den Geisteswissenschaften allgemein, wurden die oben kurz skizzierten Positionen in den 1980er und 1990er Jahren jedoch verworfen.

Die Rolle des Übersetzers als Manipulator (z. B. Hermans 1985), was immer ein wenig negativ klingt, bzw. als ‚erster' Leser[5] und kreativer Gestalter, dessen

---

[4]   Eine andere Konzeption (Skopostheorie) wurde von Reiß/Vermeer (1984) vorgeschlagen.
[5]   Der Aufsatz *Der Tod des Autors* von Roland Barthes (1967) ist nach wie vor ein Meilenstein innerhalb der literaturwissenschaftlichen Diskussion. Leicht zugänglich in Jannidis (2000: 185-193).

Lesart Kraft seiner Position nun eine gewisse Verbindlichkeit erhielt, wurde unterstrichen und die Autorität des Textes allgemein geringer bewertet. Die in der Tat interessante Debatte soll hier nicht weiter ausgebreitet werden, denn festzuhalten ist für die hier zu verhandelnden Belange, dass sich die Übersetzungstheorie und noch viel mehr die Praxis mit folgenden Grundproblemen immer wieder konfrontiert sehen: Das Auffinden von Äquivalenzen ist bereits auf der Ebene der Wortsemantik äußerst problematisch denn selbst für ein so alltägliches Wort wie ‚Schrank' gibt es z. B. im Englischen kein wirkliches Äquivalent, da hier immer spezifiziert werden muß, um welche Art von Schrank es sich jeweils handelt, also ‚Küchenschrank', ‚Kleiderschrank' ‚Wohnzimmerschrank' etc. (vgl. dazu auch Friedrich 1983). Umgekehrt sind englischsprachige Deutschlerner oft fassungslos, wenn sie mit dem Verb ‚wählen' konfrontiert werden, da hier so grundverschiedene Dinge wie eine Telefonnummer, eine Regierung, ein passendes Hemd zum Anzug sozusagen in einen Topf geworfen werden.

Natürlich finden sich in der Praxis in allen Fällen ‚Äquivalente', aber diese sind aus der Wortbedeutung selbst nicht zu erschließen, sondern nur durch den jeweiligen Ko- und Kontext. Zusammengefasst stellen sich beim Übersetzen die folgenden Probleme:

1. Auf jeder höheren Ebene werden die Verhältnisse komplexer und komplizierter. Das spezifische deutsche Phänomen der Satzklammer z. B. erlaubt Konstruktionen von einer ausgesprochen hohen Informationsdichte. Bei der Übersetzung in andere Sprachen müssen diese z. T. sehr kunstvollen Gebilde zerstört werden, da eine gleichartige Struktur von den Regeln dieser Sprache nicht zugelassen wird. Thomas Manns Werke verlieren z. B. im englischen ungemein, weil im Englischen bestimmte Restriktionen vorliegen, die es im Deutschen nicht gibt und eine bestimmte Form der Periodisierung nicht möglich ist.

2. Dessen ungeachtet scheint es jedoch möglich zu sein, Botschaften von einer in die andere Sprache zu übertragen.

3. Dies bedeutet jedoch, dass etwas Nicht-Sprachliches als der gemeinsame Nenner angenommen werden muß.

4. Die Kunst bzw. die Aufgabe der Übersetzung und des Übersetzers liegt dann darin, diesen nicht-sprachlichen Gehalt im ausgangssprachlichen Text aufzuspüren und ihm die angemessene Gestalt im Zieltext zu verleihen.

Aber selbst diese Auffassung von Äquivalenz, die sich im Grunde auf eine wie auch immer geartete menschliche Grundkonstante reduziert, ist bei genauerer Betrachtung nicht unproblematisch. So ist beispielsweise der Witz als Textsorte intensiv untersucht worden mit dem Ergebnis, dass man so etwas wie eine Grundstruktur annehmen kann, die unabhängig von der jeweiligen sprachlichen

Realisierung ist. Oder anders: Ein Witz gehorcht bestimmten universellen Regeln. Sein Ziel ist es, Heiterkeit hervorzurufen.

Nun ist es aber hinreichend bekannt, dass der beste Witz (im Sinne der erforderlichen Witzstruktur), wenn er nicht ‚richtig‘ oder ‚gut‘ erzählt wird, keineswegs das beabsichtigte Ergebnis hat, sondern im Gegenteil, eine peinliche Situation erzeugt.

Mit anderen Worten: Selbst wenn ein äquivalentes ‚Was‘ gefunden ist, bleibt das Problem des äquivalenten ‚Wie‘, auf das es – wie das obige Beispiel zeigen sollte – in entscheidendem Maße ankommen kann.

Die Suche nach Äquivalenz ist, wie auch immer man die letztere fassen mag, in der Tat ausgesprochen schwierig, zumindest wenn der Konzept ‚Äquivalenz‘ im Sinne einer wie auch immer beschaffenen ‚Gleichwertigkeit‘ – denn das bedeutet ja die Übersetzung von *aequi valere* – verstanden wird. Dass es dabei immer nur Annäherungen geben kann, scheint selbstverständlich.

Im Fremdsprachenunterricht ist Übersetzen seit geraumer Zeit verpönt, obwohl sich hier und dort ein Sinneswandel abzeichnet, denn als Sensibilisierungstraining sind derartige Übungen ja keineswegs unbrauchbar. Man sollte nur den Prozess, also das ‚Ringen‘ mit den Äquivalenten und Differenzen in den Vordergrund stellen und weniger das Ergebnis. Mit anderen Worten: Lernende sollen sich auf der Ebene bewusster Reflexion mit den Unterschieden, dem Kontrast, auseinandersetzen und so versuchen, der Fremdsprache ihre ‚Geheimnisse‘ zu entlocken.

Dabei geht es weniger um Kategorien wie ‚richtig‘ und ‚falsch‘ als vielmehr um Plausibilität, Angemessenheit und um die Einsicht, dass die fremde Sprache möglicherweise doch mehr ist als nur eine Ansammlung fremder ‚Schälle‘.

Literaturtipps

Arntz, Reiner/Thome, Gisela (Hgs) (1990), *Übersetzungswissenschaft: Ergebnisse und Perspektiven. Festschrift für Wolfram Wilss zum 65. Geburtstag*. Tübingen: Narr.

 Es handelt sich bei dem Band um eine Festschrift. Dementsprechend heterogen ist auch das Spektrum der Beiträge. Es lohnt sich aber, einige zumindest anzulesen. Als Überblick z. B. den von Franciszek Grucza (9-18) ‚Zum Forschungsgegenstand und -ziel der Übersetzungswissenschaft'. Der Artikel von Katharina Reiss (40-54) ‚Das Mißverständnis vom „eigentlichen" Übersetzen' bietet eine sehr dichte und gut lesbare Diskussion einiger Grundprobleme des Übersetzens. Ebenso Werner Koller (19-30) ‚Zum Gegenstand der Übersetzungswissenschaft'. Siehe dazu auch sein Standardwerk (1979, 5. Auflage 1997) *Einführung in die Übersetzungswissenschaft*.

Koller, Werner (1997), *Einführung in die Übersetzungswissenschaft*. Wiesbaden: Quelle & Meyer.

 Wohl die Einführung in die Übersetzungswissenschaft im deutschen Sprachraum.

Snell-Horby, Mary (Ed) (1988), *Translation Studies: An Integrated Approach*. Amsterdam: John Benjamins.

 Eine der Standardanthologien der Übersetzungswissenschaft. Für die Thematik dieses Kapitels besonders relevant Paul Kußmaul (206-229) ‚Übersetzen als Entscheidungsprozess. Die Rolle der Fehleranalyse in der Übersetzungsdidaktik'.

Aktivitäten

1. In seinem ausgesprochen lesenswerten Essay *Glanz und Elend der Übersetzung* äußert sich Ortega y Gasset zum Problem der literarischen Übersetzung wie folgt:

> Die Tätigkeit des Schriftstellers bringt es mit sich, daß er fortwährend kleine Einbrüche in das Gefüge der Grammatik, des festgelegten Gebrauchs und der gültigen Normen der Sprache vornimmt. Es ist ein Akt dauernder Rebellion gegen die Umwelt, eine Art Umsturz. [...] Nun pflegt aber der Übersetzer eine zur Unterordnung neigende Persönlichkeit zu sein. [...] Da steht er nun vor dem gewaltigen Polizeiapparat der Grammatik und ihrer schwerfälligen Anwendung. Was wird er mit dem rebellischen Text beginnen? Ist es nicht zuviel von ihm verlangt, daß auch er, und dazu noch für fremde Rechnung, rebellisch sein soll? Er wird seine Scheu überwinden und, statt den Vorschriften der Grammatik zuwiderzuhandeln, wird er gerade das Gegenteil tun: er wird den über-

setzten Autor in das Gefängnis der normalen
Sprache sperren, d. h. er wird ihn verraten –
traduttore, traditore (Ortega y Gasset 1973:
153).

Worin besteht nach Ortega y Gasset das Dilemma des Übersetzers?

2. Sind Sie mit der Übersetzung von Christian Morgensterns Gedicht *Der
    Werwolf* einverstanden? Was hätten Sie eventuell anders gemacht?
    Warum? Begründen Sie Ihre eigenen Vorschläge vor dem Hintergrund
    dessen, was in diesem Kapitel kurz zur Übersetzung dargelegt wurde.

Der Werwolf	The Banshee (An approach)
Ein Werwolf eines Nachts entwich	One night, a banshee slunk away
von Weib und Kind, und sich begab	from mate and child, and in the
an eines Dorfschullehrers Grab	gloom
und bat ihn: Bitte, beuge mich!	went to a village teacher's tomb,
[…]	requesting him: „Inflect me, pray."
	[…]
„Der Werwolf", - sprach der gute Mann	„The banSHEE, in the subject's place
„des Weswolfs, Genitiv sodann,	the banHERS, the possessive case.
dem Wemwolf, Dativ, wie man's nennt	The banHER, next, is what they call
den Wenwolf, - damit hat's ein End'."	objective case – and that is all."

Aus Koller (1997: 265)

3. Übersetzen im Sprachunterricht ist seit geraumer Zeit verpönt.
    Überlegen Sie, ob es nicht doch eine Rechtfertigung für diese Art von
    Aktivität gibt. Sehen Sie sich die folgende Doppelübersetzung aus der
    Sprache der Eipo an und fragen Sie sich, was Sie in diesem kurzen
    Abschnitt bereits an Informationen linguistischer und kultureller Natur
    erhalten. (Die Hilfszeichen wie ‚T' oder ‚=' sind in diesem Zusammen-
    hang nicht weiter von Bedeutung). Quelle: Heeschen (1990: 199f) zit.
    nach Butzkamm (2004: 63).

Metek mape,   metek kilmape   yupe-ak   lebnamne.   Urasin   malye   ublye
Kleine Jungen   kleine Mädchen   Rede-Lok   ich=w=reden. Gesicht   schlecht sie=seiend

kilme   malye   ublye   me   are   mape   malye,   kilmape   malye.   Min
Mädchen   schlecht   er=seiend   Junge T   Jungen schlecht Mädchen   schlecht. Zuerst

fole   gun   nebikirye   talena   dakce-ara   kilmape,   mape
schnell nicht   sie=wachsend-Ko   zwergenhaft   sie-werdend- T MädchenJungen

malye.   Urasin   deibuka,   min   fole   nebikce-ara   mape   teleb.
schlecht   Gesicht   entstanden   zuerst schnell sie=wachsend-T   Jungen   gut.

Dei   aik   dam   yabre,   mem   deibuka, mem   talye talye
Faeces   Hütte   nah   machend Tabu   gelegt   Tabu   umfassend

deibikye,   yil   dakye   mape   kilmape, mape   malye.
sie=setzend,   schlecht   sie=werdend   Jungen   Mädchen , Jungen   schlecht.

Von kleinen Jungen und Mädchen werde ich reden. Die Mädchen und Jungen, die böse Mienen machen, sind schlecht. Die Mädchen und Jungen, die von Anfang an nicht schnell gewachsen sind, die im Wachstum zurückgeblieben sind, sind schlecht. Die ein freundliches Gesicht mitbekommen haben und die von Anfang an schnell gewachsen sind, das sind gute Jungen und Mädchen. Die in der Nähe der Hütte defäzieren, die so geboren sind/die von solcher Art sind, dass sie auch Verbotenes anfassen, das sind bösartige Jungen, das sind schlechte Mädchen und Jungen.

2.1.2   Fehleranalyse

Die Kontrastive Analyse war, wie gezeigt wurde, ihrem Anspruch, Fehler vorhersagen zu können, mitnichten gerecht geworden. Zudem war die mehr oder
weniger ausschließliche Fixierung auf Fehler, die auf die jeweilige Ausgangssprache zurückzuführen waren – viel weniger, als man ursprünglich angenommen
hatte – eine zumindest für methodisch-didaktische Belange zu enge Ausgangspo-
sition, vor allem vor dem Hintergrund des neuen kognitiv orientierten lernpsy-
chologischen Paradigmas (vgl. 1.2 und 1.4).

Die Fehleranalyse, bei Bierwisch (1970) auch Fehlerlinguistik, geht durchaus
auch von einer Systematik der Fehler aus (Glück 2000: 205), sucht aber die Fehlerquellen nur bis zu einem bestimmten Grad im negativen Transfer, also in der L1
begründet. Sie versucht allgemeine Entwicklungssequenzen der Kompetenz
relativ unabhängig von der Ausgangssprache aufzufinden und zu beschreiben,
wobei die Fehler, deren Ursprung in der Muttersprache vermutet werden, doch
nach wie vor – zumindest für den praktischen Gebrauch – eine prominente
Stellung einnehmen (vgl. Rein 1983: 105).

Die grundlegende Perspektive ist jedoch eher, die (unvollständige)
Grammatik der Lernersprache (siehe auch 2.2 und 2.2.1) mit der Grammatik der
angestrebten L2 zu kontrastieren. Die Frage ist also eher: In welchen Punkten
unterscheidet sich das vorliegende System der Lernersprache (noch) von dem der
Zielsprache? Und weniger: An welchen Punkten der Lernersprache sind immer
noch die (negativen) Einflüsse der L1 zu erkennen.

Die Fehleranalyse (*error analysis*) ist aus der Kontrastiven Linguistik bzw. in
Auseinandersetzung mit ihr hervorgegangen, sie ist aber in ihren Ansprüchen
deutlich bescheidener, zumindest hinsichtlich der Vorhersagbarkeit von Fehlern
auf Grund struktureller Unterschiede zwischen L1 und L2.

Dadurch wurden völlig neue Möglichkeiten der Fragestellung eröffnet, was
dazu führte, dass im Laufe der Entwicklung Fehler in einem anderen Licht
gesehen wurden, nämlich als systematische Elemente einer Lernersprachen-
grammatik zu einem bestimmten Zeitpunkt. Diese Interimssprachen (*inter-
languages, approximative systems*) weisen, so konnte festgestellt werden, Elemente
der Zielsprache, Elemente der Ausgangssprache und Elemente, die weder in der
einen noch der anderen zu finden waren und daher als Bestandteile dieser
vorläufigen Grammatiken aufgefasst werden mussten, auf (vgl. Kapitel 2.2 und
2.2.1).

Wenn gerade gesagt wurde, dass die Fehleranalyse aus der Kontrastiven
Linguistik hervorgegangen ist, so trifft dies nur teilweise zu, denn Listen von
häufig auftretenden Fehlern in der Fremdsprache gibt es schon wesentlich länger
(z. B. French 1949 oder Lee 1957). Meist handelt es sich hierbei um relativ
anekdotisches Material, das nach bestimmten Kriterien (grob) klassifiziert wurde
(Adjektivendungen, Genusfehler etc.). Der Zweck war ein rein praktischer,
nämlich der, bestimmte Abläufe bei der Präsentation des Materials zu erleichtern,
d. h. zu erkennen, auf welche Bereiche hinsichtlich der Erklärungen besonderes
Gewicht gelegt werden musste, aber auch, festzulegen, wodurch der Lern-

fortschritt am besten getestet werden konnte. Handreichungen für Sprachlehrer also, die keinen wissenschaftlichen Anspruch hatten und in denen Fehler eben genau das waren, was sie für den Praktiker nach wie vor sind: lästige Abweichungen von der Zielnorm, die es zu bekämpfen galt.

Nicht zu vergleichen mit dem, was in Pit Corders bahnbrechendem Aufsatz von (1967) *The Significance of Learners' Errors* unter Fehlern verstanden wurde. Wie der Titel bereits andeutet, gehen wir hier einen entscheidenden Schritt weiter, indem Fehler als aufschlussreiche Indikatoren des erreichten fremdsprachlichen Kompetenzniveaus aufgefasst werden.

Besonders nachhaltig – wenn auch nicht unumstritten – war Corders Unterscheidung in *error* und *mistake*, die im weiteren Verlauf noch diskutiert wird, vor allem aber auch sein Postulat, dass die *errors*, also die systematischen Kompetenzfehler, die Rekonstruktion der Lernersprache zu einem gegebenen Zeitpunkt erlauben.[6]

Der Blickwinkel ist also ein durchaus unterschiedlicher, denn Fehler werden nicht mehr als leider unvermeidbares, aber ständig zu bekämpfendes Übel gesehen, sondern als integraler Bestandteil eines Prozesses, an dem der Lerner aktiv beteiligt ist. Fehler zeigen dabei, was sozusagen im Kopf des Lernenden bei der Produktion fremdsprachlicher Äußerungen vorgeht, welche Regeln er beherrscht, welche er falsch anwendet unde welche er noch nicht oder nicht vollständig kennt. Dies bedeutet aber auch, dass die Fehler aus der Sicht des Lernenden gar keine Fehler sind, sondern nur in der Wahrnehmung der muttersprachlichen Sprecher als solche erkannt werden. Innerhalb der *transitional competence* haben sie ja durchaus ihre Funktion und Berechtigung.

Wichtig sind diese Fehler aus verschiedenen Gründen. Zum einen ermöglichen sie, wie schon angedeutet, Einsichten in den Prozess des Lernens oder Erwerbens, Erkenntnisse darüber, welche Strategien angewandt werden, kurz das, was Corder (1967: 167) *built-in syllabus* nennt, also eine Art angeborenen Lehrplan, der aber nicht mit der Universalgrammatik (siehe 4.2.1) identisch ist. Auf der eher praktischen Ebene ermöglichen sie aber auch dem Lehrer festzustel-

---

6   Die entscheidende Stelle soll ihrer Wichtigkeit wegen hier vollständig zitiert werden:
     „We are all aware that in normal adult speech in our native language we are continually committing errors of one sort or another. These […] are due to memory lapses, physical states such as tiredness and psychological conditions such as strong emotion. These are the adventitious artefacts of linguistic performance and do not reflect a defect in our knowledge of our own language. We are normally immediately aware of them when they occur and can correct them with more or less complete assurance. It would be quite unreasonable to expect the learner of a second language not to exhibit such slips of the tongue (or pen), since he is subject to similar external and internal conditions when performing in his first or second language. We must therefore make a distinction between those errors that are the product of such chance circumstances and those which reveal his underlying knowledge of the language to date, or, as we may call it, his *transitional competence*. The errors of performance will characteristically be unsystematic and the errors of competence, systematic. […] It will be useful therefore hereafter to refer to errors of performance as *mistakes*, reserving the term *error* to the systematic errors of the learner from which we are able to reconstruct his knowledge of the language to date, i.e. his *transitional competence*" (Corder 1967: 166f).

len, welche Fortschritte bereits gemacht wurden und was noch zu tun ist, und dem Lernenden geben sie Aufschluss darüber, welche der Hypothesen, die er hinsichtlich der Fremdsprache aufgestellt hat, tragfähig sind und welche revidiert und reformuliert werden müssen.

Corder geht außerdem davon aus, dass der Zweitspracherwerb gewisse strukturelle Ähnlichkeiten mit dem Erwerb der Muttersprache aufweist und dass ein Mensch – Motivation vorausgesetzt – gar nicht vermeiden kann, unter bestimmten Voraussetzungen – also wenn er den Sprachdaten hinreichend ausgesetzt ist –, eine Fremdsprache zu lernen (vgl. Corder 1967: 164).

Neben der Neubewertung des Konzepts ‚Fehler', die vor allem im institutionalisierten Fremdsprachenunterricht kaum Auswirkungen gehabt hat, ist insbesondere die Hinwendung zu den mentalen Prozessen des Sprachenlernens und die damit verbundene Annahme von parallelen bzw. vergleichbaren Prozessen beim Erwerb von L1 und L2, die später zur ‚Identitätshypothese' verdichtet wurde, von Bedeutung.[7]

Corders Aufsatz war der Auslöser einer ganzen Reihe von empirischen Untersuchungen, die unter dem Sammelbegriff ‚morpheme order studies' bekannt wurden. Auf diese wird, da sich ihr Erkenntnisinteresse weniger auf praktische Unterrichtsfragen als auf grundsätzliche Probleme des Spracherwerbs richtet, hier nicht näher eingegangen.

Die meisten Arbeiten mit eher methodisch-didaktischer Stoßrichtung aus dieser frühen Phase sind, mit Ausnahme der von Rossipal (1973) und Duskova (1969), durchgehend beschreibend. Die beiden genannten Autoren gingen insofern einen wichtigen Schritt weiter, als sie die Analyse der Fehlerquellen, also muttersprachliche Interferenzen, Übergeneralisierung einer Regel etc., und die Auswirkung der Fehler in der aktuellen Kommunikation erklärtermaßen zum Gegenstand ihrer Untersuchungen machten.

Vor dem Hintergrund dieser frühen Studien kristallisierten sich nun bestimmte Fragestellungen heraus, auf die im Weiteren noch näher eingegangen wird.

Es galt jedoch, zuerst einmal ein für die Fehleranalyse taugliches Instrumentarium zu schaffen und Verfahren festzulegen, mithilfe derer die komplexe Materie bearbeitet werden konnte. Denn obwohl im Prinzip jeder muttersprachliche Sprecher ein durchaus alltagstaugliches Konzept von sprachlichen ‚Fehlern' hat, ist es ausgesprochen schwierig, sie wirklich eindeutig zu klassifizieren und vor allem ihren Ursprung zu erklären.

Es war wiederum ein Beitrag von Corder (1974), der die Forschung nachhaltig beeinflusste. In diesem Artikel wurden die folgenden Schritte bei der Analyse von Fehlern vorgeschlagen:

---

[7] Die L1=L2-Hypothese geht zwar weitestgehend auf Corders Beitrag zurück, er selbst äußert sich allerdings recht vorsichtig: „I propose therefore as a working hypothesis that at least some of the strategies adopted by the learner of a second language are substantially the same as those by which a first language is acquired" (Corder 1967: 164f).

1. Sammeln von Sprachdaten der Lerner
2. Identifikation der Fehler
3. Beschreibung der Fehler
4. Auswertung der Fehler und Fehlertherapie

So plausibel diese Aufstellung auf den ersten Blick aussieht, so tückisch sind doch die Details, mit denen man sich im Ernstfall konfrontiert sieht.

Sammeln von Sprachdaten

Zwei Faktoren sind hier, neben grundsätzlichen statistischen Überlegungen, wie z. B. solcher bezüglich der zu analysierenden Datenmenge, von entscheidender Bedeutung: die Sprache und der Lerner. Mündlich produzierte Daten sind von denen, die schriftlich erhoben werden, grundverschieden. (Mündliche und schriftliche Kompetenz sind ja auch in der Muttersprache nicht unbedingt deckungsgleich.) Mit anderen Worten: Das Medium spielt eine entscheidende Rolle, nicht nur hinsichtlich der Art der Fehler (bestimmte Typen sind ja in dem einen oder anderen Medium überhaupt nicht möglich), sondern auch bezüglich ihrer Häufigkeit.

In der gesprochenen Sprache werden – selbst von Anfängern – sehr viel mehr Daten in einem sehr viel kürzeren Zeitraum produziert als in der geschriebenen. Hinzu kommen Elemente wie die ‚Textsorte' (Konversation, Interview, Vortrag etc.) und die des Inhalts.

Auf der Lernerseite sind als wichtigste Variablen das Niveau, die Muttersprache sowie das Umfeld, innerhalb dessen die Fremdsprache erworben wurde, zu nennen. Auch hier ist evident, dass bestimmte Fehlertypen bei bestimmten Populationen überhaupt nicht in Betracht kommen: Ein fortgeschrittener Lerner kann, eben wegen des erreichten Niveaus, Fehler machen, die einem Anfänger noch gar nicht zugänglich sind, bestimmte Merkmale der Muttersprache führen zu Abweichungen, die bei einer anderen L1 kaum auftreten können. (Die Auslautverhärtung im Deutschen z. B. hat einen ungleich stärkeren Einfluss auf den *German accent* im Englischen als die Tatsache, dass die Aussprache des *th* vielen Deutschen Probleme bereitet.)

Um also zu Ergebnissen zu gelangen, die über die gewünschte Aussagekraft verfügen, ist es von fundamentaler Wichtigkeit, bereits diesen ersten Schritt der Datenerhebung äußerst sorgfältig zu planen. Leider wird dieser Aspekt zu häufig vernachlässigt mit dem Resultat, dass die daran anschließenden Schritte nur noch bedingt sinnvoll sind und die Untersuchungsergebnisse kaum die angestrebten Rückschlüsse zulassen.

Identifikation von Fehlern

Wie bereits oben angedeutet, begeben wir uns hier auf ein ausgesprochen problematisches Terrain. Zwar könnte man ganz global stipulieren, dass jede Abweichung von einer etablierten Norm als Fehler anzusehen ist, doch leider verlagert eine solche Annahme die Schwierigkeiten nur auf eine andere Ebene, da Abweichungen von dieser angenommenen Norm ja durchaus auch bei muttersprachlichen Sprechern festgestellt werden können, ohne dass dadurch Rückschlüsse auf defizitäre Sprachbeherrschung gezogen werden könnten.

Die Unterscheidung, die im Englischen zwischen *error* und *mistake* (vgl. Corder 1967) gemacht wird, hilft hier weiter. Ein *error* ist eine Abweichung, die auf mangelnder Regelkenntnis beruht. *Errors* wären demnach im Bereich der sprachlichen Kompetenz angesiedelt. *Mistakes* könnten dann als Performanzphänomene betrachtet werden. Mit anderen Worten: Muttersprachliche Sprecher machen zweifelsohne *mistakes*, aber begehen keine *errors*.

Corder schlägt deshalb vor, bei der Analyse von Lernersprache nur *errors* in Betracht zu ziehen. Oder anders: Alle Abweichungen von der Zielsprache – selbst wenn sie nicht durchgehend auftreten – werden grundsätzlich als *errors* interpretiert, denn die alternierende Verwendung von korrekten und fehlerhaften Formen lässt nicht unbedingt den Schluss zu, dass der Lerner die Zielsprachenregeln eigentlich kennt und eben hin und wieder – wie der Muttersprachler – bedingt durch außersprachliche Faktoren *mistakes*, also Performanzfehler, macht. Die Annahme ist, dass der Lerner nur über ein partielles Wissen der entsprechenden Regeln verfügt und dementsprechend in bestimmten Kontexten Kompetenzfehler macht.

In diesem Beitrag schlägt Corder darüber hinaus die folgende Typisierung von Fehlern vor: ‚präsystematisch', also auf Unkenntnis einer bestimmten Regel der Zielsprache beruhend, ‚systematisch' wenn der Lernende eine bestimmte Regel durchgehend falsch anwendet und ‚postsystematisch', wenn eine Regel zwar bekannt ist, aber hin und wieder nicht bzw. falsch angewandt wird. Im letzteren Falle hätten wir es dann mit *mistakes* zu tun, da die Ursache nicht im mangelnden Wissen, sondern in der Ausführung, der Performanz, liegt.

Ein Beispiel hierfür – wiederum auf der Ebene der Phonetik – ist die Verwechselung von /w/ und /v/ im Englischen, die selbst Sprechern mit ausgezeichneten Kenntnissen immer mal wieder unterläuft. Da wird dann eine *wegetabelsoup* bestellt, was beim Adressaten der Bestellung völliges Unverständnis und beim Besteller Schamröte hervorruft. Es handelt sich eindeutig um einen Performanzfehler, allerdings um einen, den L1-Sprecher eben nicht begehen.

Eine weitere Kategorie, die bei der Identifikation von Fehlern zur Anwendung kommt, ist die der offenen (*overt*) und verdeckten (*covert*) Verstöße.

Ich kenne dieser Mann nicht

ist inkorrekt und der Fehler ist auch offen erkennbar (*overt*), nämlich der falsche Kasus beim Demonstrativpronomen.

Ich hätte gerne diese dort

ist auf der Oberfläche (*overtly*) richtig. Der Fehler ist erst erkennbar, wenn man weiß, dass *diese* sich z. B. auf ein Hemd bezieht.

Ein weiterer Aspekt der Fehleridentifikation liegt darüber hinaus in der Unterscheidung zwischen grammatischer Korrektheit und pragmatischer Angemessenheit. Die Verwendung der 2. Person Singular im Deutschen ist ein Beispiel für diese Art von Fehler.

Weißt du, wo man hier ein Taxi bekommt?

ist grammatisch korrekt, aber auf der Verwendungsebene unangemessen, wenn es sich um erwachsene Sprecher, die einander nicht kennen, handelt.

Diese kurze und mitnichten vollständige Darstellung der Fehleridentifikation zeigt, dass, wenn alle Faktoren berücksichtigt werden sollen, eine ganze Reihe methodischer Probleme auftreten, die auch durch einen ‚Algorithmus‘, wie ihn Corder (1981) vorgestellt hat, nicht vollständig behoben werden.

Durch die Tatsache, dass Fehler einer Interpretation des Analysierenden unterworfen sind, werden Untersuchungsergebnisse in diesem Bereich hinsichtlich ihrer Genauigkeit und demzufolge ihrer Aussagekraft ebenfalls in Mitleidenschaft gezogen. Darüber sollte auch die Anwendung komplexer und komplizierter statistischer Verfahren und Darstellungsformen, durch die häufig der Anschein von quasi naturwissenschaftlicher Präzision hervorgerufen wird, nicht hinwegtäuschen.

Beschreibung der Fehler

Wenn nun also alle Fehler als solche auch identifiziert sind, dann müssen sie natürlich beschrieben werden, damit ein praktischer Nutzen daraus gezogen werden kann und auch, damit der nächste Schritt, nämlich die Fehlerevaluation und schließlich die Fehlertherapie erfolgreich einsetzen können. Man ist auf dieser Stufe der Analyse gut beraten, wenn man sich tatsächlich nur auf die beobachtbaren Daten beschränkt und nicht schon, was natürlich nahe liegt, bereits hier nach Gründen und Ursachen forscht (vgl. z. B. Dulay/Burt/Krashen 1982).

Das Verfahren ist ohnehin komplex genug. Eine scheinbar recht einfache Möglichkeit besteht darin, die beobachteten Fehler anhand von grundsätzlichen Kategorien zu beschreiben: Aussprache, Morphologie, Syntax, Lexikon etc. Diese Art der Beschreibung hat den Vorteil, dass bestimmte Fehler innerhalb einer Datenmenge relativ klar verortet und auch quantifiziert werden können. Die bereits erwähnte Studie von Duskova (1969) ist beispielhaft für diese Art des Vorgehens. Ihre Probanden waren tschechische Lerner des Englischen. In ihrem Corpus konnte sie insgesamt etwas über tausend Fehler identifizieren und beschreiben, gut zwei Drittel davon Fehler, die häufiger auftauchten und die als systematische Fehler eingestuft wurden.

Die größte Fehlergruppe war die, die im Bereich der Artikel auftrat, ein verwunderliches Ergebnis angesichts der Tatsache, dass es im Englischen nur einen unveränderlichen bestimmten Artikel gibt und auch der unbestimmte Artikel auf den ersten Blick wenig problematisch erscheint. Was sich hier andeutet, ist die begrenzte Aussagekraft dieser Art von Untersuchung. Weniger begrenzt in dieser Hinsicht schienen Langzeituntersuchungen, die, im Gegensatz zu den Querschnitten durch eine Lernerpopulation zu einem gewissen Zeitpunkt, die Entwicklung einer solchen Population, oft auch nur eines Probanden, über einen gewissen Zeitraum hin nachzeichneten.

Neben den bereits erwähnten Möglichkeiten einer primär linguistischen Beschreibung von Fehlern sind noch weitere vorgeschlagen worden, wie z. B. die von Dulay/Burt/Krashen (1982), die sich auf eine angenommene Strategie der Lernenden bezieht.

Die Kategorien, die hier benutzt werden (Hinzufügung, Auslassung, Fehlinformation und fehlerhafte Anordnung), sind relativ weit gefasst und haben eher demonstrativen als analytischen Charakter.

Wo haben nun diese Fehler ihre Ursache oder anders, in welchem Bereich genau geschieht etwas, was zu der fehlerhaften Struktur der Lerneräußerung führt? Eine Frage, deren Beantwortung noch problematischer ist als die Identifikation und Beschreibung selbst, die jedoch, sollen derartige Studien einen praktischen Wert haben, zumindest ansatzweise beantwortet werden müsste.

Da sind zum einen natürlich die bereits hinreichend bekannten Fehler, die durch Interferenz oder negativen Transfer bedingt sind, also das Übernehmen von Strukturen und Elementen der L1 in die L2, z. B. Wortstellungsregeln des Englischen (L1) ins Deutsche (L2), wie in *Ich muss gehen nach Hause*. Inwieweit es sinnvoll ist, innerhalb dieser Kategorie noch weiter zu differenzieren, wie es von einigen Autoren (z. B. Richards 1971 und Lott 1983) vorgeschlagen und auch durchgeführt wurde, sei dahingestellt.

Die andere ausgesprochen wichtige und interessante Kategorie von Fehlern ist die der so genannten ‚intralingualen' Fehler, also jener, die sich mit einer gewissen Sicherheit nicht aus der Differenz zwischen L1 und L2 erklären lassen, sondern deren Ursachen innerhalb der Zielsprache selbst bzw. innerhalb dessen, was der Lernende von der Zielsprache weiß oder zu wissen meint (auf Grund von durchaus plausiblen Hypothesen), liegen.

Innerhalb dieses Bereichs werden, wenn auch nicht immer terminologisch einheitlich, die folgenden Fehlerursachen unterschieden.

1. Übergeneralisierung von Regeln. Dabei werden meist zwei korrekte Strukturen in der Zielsprache zu einer nicht korrekten in der Interlanguage zusammengefasst. Beispiel: *Sie kann schwimmt*. Im Deutschen sind aber nur *Sie schwimmt* und *Sie kann schwimmen* zulässig.

2. Unkenntnis der Beschränkung von Regeln, d. h. eine Regel wird sozusagen überdehnt. Beispiel: *Du sollst hier nicht rauchen*, wenn gemeint ist *Du darfst hier nicht rauchen*. Das Modalverb *sollen* kann aber nur benutzt werden, wenn die Quelle der Obligation klar identifizierbar ist (Vater, Mutter, Gott).

3. Unvollständige Anwendung von Regeln liegt z. B. dann vor, wenn in Fragesätzen nur die Intonation, nicht aber die Worstellung als

Markierung für die Interrogation verwendet wird, also *Das ist die Bismarckstraße?* statt *Ist das die Bismarckstraße?*

4. Bildung falscher Hypothesen. Dics besagt, dass der Lerner eine Unterscheidung, die in der Zielsprache getroffen wird, nicht vollständig verstanden hat, im Deutschen z. B. den Unterschied zwischen *sehr* und *viel*, wie in *Wir haben sehr Spaß gehabt.*

Auswertung von Fehlern und Fehlertherapie

Dieser Teil der Fehleranalyse ist insofern mit den anderen nur locker verbunden, als hier die Perspektive, unter der Fehler gesehen werden, eine grundlegend andere ist, als sie es im bisher Dargestellten war. Nicht der Lerner als Sprecher steht hier im Vordergrund, sondern der Hörer, wer immer das auch in der jeweiligen Versuchsanordnung sein mag.

Es geht also um den Effekt, den bestimmte Fehler bzw. Fehlertypen auf die Adressaten der Lerneräußerungen haben. Grob gesprochen geht es um die Frage, ob die Adressaten den/die Fehler überhaupt bemerken, ob und wie sie sie registrieren, ob dadurch Missverständnisse der unterschiedlichsten Art und des unterschiedlichsten Grades hervorgerufen werden, kurz: Haben Fehler einen Einfluss auf das Kommunikationsgeschehen und wenn ja, welchen?

In der ungesteuerten Kommunikation ist dabei der Kommunikationserfolg der wichtigste Faktor. Sobald er ausbleibt, ist dem Sprecher klar, dass sein Gegenüber derart gravierende Fehler festgestellt hat, dass es unmöglich war, die Nachricht zu rekonstruieren.

Derartige Fehler lassen sich auf einer Skala schlecht verorten, da die Kommunikationssituation sich sowohl positiv als auch negativ auf die Übermittlung auswirken kann und die Bereitschaft des Hörers, unvollständige und fehlerhafte Äußerungen zu ergänzen, kaum voraussagbar ist. Zwei Elemente sind jedoch von Wichtigkeit: Zum einen muss der Sprecher zu irgendeinem Punkt selbst erkennen, wo der Fehler liegt, und dementsprechend Maßnahmen ergreifen, zum anderen werden bestimmte Fehler, wie z. B. im Deutschen die Adjektivendungen, vom Hörer vermutlich kaum wahrgenommen bzw. als vernachlässigbar empfunden.

Die Unterrichtssituation sieht dagegen völlig anders aus. Auch wenn seit Jahren darauf hingearbeitet wird, dass Schüler ihre Fehler selbst erkennen und entsprechende Schritte zur Vermeidung unternehmen sollen, kann man davon ausgehen, dass in weiten Bereichen der Praxis immer noch sofort in Lerneräußerungen eingegriffen wird, sobald Fehler auftreten.

Dabei ist die Vermutung, dass nicht immer nach Schwere der Fehler gewichtet wird, sondern Normabweichungen relativ gleichförmig behandelt werden, wohl kaum aus der Luft gegriffen. Dass diese Verfahren wenig bringen, ist hinreichend dokumentiert (vgl. z. B. Bleyhl 1998: 134), aber der institutionelle Zwang ist doch sehr groß und die Furcht, im Unterricht Fossilisierung zu fördern, entsprechend allgegenwärtig. Maßnahmen, Lerner aktiv an der Fehlertherapie und –vermeidung teilnehmen zu lassen (vgl. z. B. Rampillon 1996b, Rampillon 2000), sind aufwendig und kosten Zeit.

Das Vermögen der Lernenden, sich selbst zu evaluieren, stellt sich nicht von heute auf morgen ein, es scheint aber der einzige Weg zu sein, mit Fehlern sinnvoll und produktiv umzugehen. Dabei bietet sich im gesteuerten Sprachunterricht der Umweg über das geschriebene Wort an, da die Produktion gesprochener Sprache selbst bei Lernern in einem so hohen Tempo abläuft (vgl. dazu ausführlicher Kapitel 4.3.1), dass eine Selbstkontrolle wenig aussichtsreich erscheint.

Statt zeitaufwendig korrigierte Tests und Hausarbeiten zurückzugeben, die dann doch nach kurzem Blick auf die Note sofort in der Ablage verschwinden, ist es erfolgversprechender, Lernende Schritt für Schritt in die Eigenverantwortung zu führen (vgl. Rampillon 1996b, Rampillon 2000, Menzel 2000, Kleppin 1998).

Die Gefahr, dass sonst die Lernenden die Fehler sozusagen als ein Problem des Lehrers ansehen, das mit ihnen wenig zu tun hat, ist ansonsten nämlich relativ groß.

Wenn mein Auto irgendwo in der Fremde liegen bleibt und ich unter Aufbietung all meiner fremdsprachlichen Kompetenz einen Abschleppwagen organisieren muss, dann ist die Motivation zur Fehlervermeidung ziemlich hoch. Wenn ich innerhalb der Unterrichtskommunikation aber zum hundertsten Mal auf einen Genusfehler hingewiesen werde, dann stellt sich das Gefühl nicht unbedingt ein.

Literaturtipps

Fervers, Helga (1983), *Fehlerlinguistik und Zweitsprachenerwerb: Wie Franzosen Deutsch lernen*. Genf: Droz (Kölner romanistische Arbeiten N. F. 62).

Kapitel 2.1 (9-40) bietet einen ausgezeichneten Überblick über die Kontrastivhypothese, Kapitel 4 (86-97) diskutiert die generellen Probleme der Fehleranalyse. In Kapitel 5 finden sich Daten, d. h. fehlerhafte Äußerungen von französischen Deutschlernern.

Kasper, Gabriele (1975), *Die Problematik der Fehleridentifizierung. Ein Beitrag zur Fehleranalyse im Fremdsprachenunterricht*. Bochum: Manuskripte zur Sprachlehrforschung 9.

Sehr informative und materialreiche Arbeit, die einen ausgezeichneten Ein- und Überblick über die Problemstellungen und Diskussionen in den 1970er Jahren gibt. Kapitel 3.1.4 (40-43) illustriert sehr plastisch die Schwierigkeiten der Fehlerdefinition.

Kielhöfer, Bernd (1975), *Fehlerlinguistik des Fremdsprachenerwerbs: Linguistische, lernpsychologische und didaktische Analyse von Französischfehlern*. Kronberg/Ts.: Scriptor.

Aufschlussreiche und gut lesbare Arbeit zur Fehleranalyse. Interessant vor allem 3.1.2 (100-103) (Kognitive Kontrolle und Interferenz).

Putzer, Oskar (1994), *Fehleranalyse und Sprachvergleich: Linguistische Methoden im Fremdsprachenunterricht am Beispiel Italienisch-Deutsch*. Ismaning: Hueber.

Umfangreiche und sehr gut zugängliche Arbeit zur Fehleranalyse. Kapitel 1 und 2 vermitteln einen Einstieg in die Diskussion, vor allem wegen der präzisen Darstellung der Problembereiche. Den weitaus größten Teil des Buches nimmt jedoch die Analyse von Fallbeispielen ein, deren kursorische Lektüre sehr zu empfehlen ist.

Spillner, Bernd (1991), *Error analysis: A comprehensive bibliography*. Amsterdam: Benjamins.

Wer sich noch intensiver mit der Fehleranalyse beschäftigen möchte, findet in dieser Bibliographie alles, was er braucht.

Aktivitäten

1. Der folgende Text wurde von einem Sprecher des Englischen verfasst. Gehen Sie ihn nach dem von Corder vorgeschlagenen Schema durch. Also:
   Identifikation der Fehler
   Beschreibung der Fehler
   Auswertung der Fehler und Fehlertherapie

   > *Der Autor will erklärt, dass Deutschland für Jahrzehnten als eine multikulturelle Gesellschaft einbürgen worden. Er will (sagen: durch- gestrichen) sagt, dass es ein Eindruck gibt, dass diese Gesellschaft Neues und Unerhörtes war. Als der Autor erklärt, Deutschland sei schon lange, seit erste türkische Migrant in die Bundesrepublik einwandern, mehr multikulturell, ich stimme mit dem Autor zu.*

2. Wenn Sie Ihre eigene fremdsprachliche Produktion betrachten, welche Fehlertherapie würden Sie (wenn überhaupt) vorschlagen?
3. Diskutieren Sie, welche Art von Fehlern man bei Ausländern im Deutschen kaum wahrnimmt und welche ganz massiv stören und die Kommunikation beeinträchtigen. Versuchen Sie, Gründe dafür zu finden.

2.2   Jenseits der Fehleranalyse: Lernersprache (Interlanguage)

Waren die bisher behandelten Ansätze z. T. von einer Konkurrenzsituation zwischen L1 und L2 ausgegangen, bei der das Gleichgewicht durch geeignete Maßnahmen zu Gunsten der L2 verschoben werden sollte, so liegt bei den Untersuchungen zur Lernersprache, die in Auseinandersetzung mit den vorangegangenen Forschungen entwickelt und durchgeführt wurden, eine deutliche Akzentverschiebung vor. Weniger die Konkurrenz und damit die Störungen, Interferenzen und Fehler standen im Vordergrund als vielmehr die Frage nach der Interaktion von L1, L2 und den kognitiven Aktivitäten der Lerner. Diese Tendenz ist im vorangegangenen Kapitel zur Fehleranalyse bereits angedeutet worden, aber die Lernersprachenforschung ist eben nicht nur Fehlerforschung, sondern sie versucht, den gesamten Entwicklungsprozess zu beschreiben und zu analysieren.

Der Terminus *Interlanguage* zur Bezeichnung der sich ständig verändernden Systeme, die im Verlauf des Sprachlernprozesses konstruiert werden, wurde von Selinker (1972) geprägt. Der Terminus hat sich gegen vergleichbare Begriffe wie *transitional competence* von Corder (1967) oder *approximative systems* von Nemser (1971) durchgesetzt und wird in der einschlägigen Forschung auch inzwischen fast ausschließlich benutzt.[8]

Dem Konzept liegen die folgenden Überlegungen zu Grunde: Lernersprache ist zu jedem gegebenen Zeitpunkt das strukturierte Produkt eines Sprachsystems, das sowohl von der L1 als auch von der L2 verschieden ist.

Außerdem ist die Lernersprache als eine Reihe von Stadien zu sehen, die sich kontinuierlich auf die Zielsprache zu bewegen und ihr in jeder Hinsicht immer ähnlicher werden.

In Kontaktsituationen weisen die Lernersprachen von Sprechern mit vergleichbaren Kompetenzniveaus jedoch Unterschiede auf, die auf individuelle Lernerfahrungen zurückzuführen sind (vgl. Nemser 1971: 116).

Mit anderen Worten: Da Lernersprachen regelgeleitet sind, sind sie grundsätzlich an jedem Punkt des Kontinuums miteinander vergleichbar. Die jeweiligen Differenzen sind Resultat der unterschiedlich ablaufenden Lernprozesse.

Wichtig ist hier, wie bereits im vorangegangenen Kapitel ausgeführt wurde, vor allem der Perspektivwechsel. Fehler werden nicht mehr als unter allen Umständen zu behebende Störungen gesehen, sondern als völlig erwartbares und natürliches Produkt des sich ständig in Bewegung befindlichen Systems und

---

[8]   Um die Lernersprache rankt sich eine recht vielfältige Terminologie. Neben *interlanguage* (Selinker 1972) finden wir auch *learner language* (z. B. Corder 1978, Richards/Sampson 1974), *transitional competence* (Corder 1967), *interlingua* (Selinker 1972), die bereits erwähnten ‚approximative systems' (Nemser 1971) und die *Interimssprache* (Bausch/Raabe 1978). Die Termini beziehen sich alle auf das mehr oder weniger gleiche Phänomen: Die in vieler Hinsicht von der Norm abweichende Varietät, die von Lernern in den verschiedenen Stufen des Lernprozesses produziert wird. Kohn (1977, 1979b), Lauerbach (1977) und Raasch (1979).

darüber hinaus als wichtige und unverzichtbare Indikatoren der Vorgänge, die beim Sprachenlernen ablaufen.

Die Lernersprachenforschung hat sich seit ihren Anfängen kontinuierlich weiterentwickelt und dementsprechend diversifiziert. Ein durchgehendes, sehr wichtiges Moment ist aber die Annahme, dass Lerner Hypothesen hinsichtlich der Natur der Regeln der Fremdsprache bilden, die sie dann in der sprachlichen Wirklichkeit testen müssen.

Der Lerner ist also nicht mehr Objekt des Lernprozesses, sondern dessen Subjekt und Autor und seine Aufgabe besteht darin, ständig neue Systeme zu konstruieren, zu testen, zu verwerfen und zu rekonstruieren. Vor diesem Hintergrund treten dann auch Variablen ins Blickfeld, denen bis dahin wenig Aufmerksamkeit geschenkt worden war.

Zu den verschiedenen Aspekten der Lernersprachen, also der systematischen Variabilität, der Vergleichbarkeit hinsichtlich der Entwicklungsstadien und der Tatsache, dass sie von der Muttersprache des Lerners beeinflusst sind, gibt es eine enorme Fülle von Studien, die hier nicht im Einzelnen behandelt werden, sondern nur in Bezug auf das jeweilige Schwergewicht ihrer Fragestellungen exemplarisch vorgestellt werden sollen.

2.2.1   Interlanguage, Approximative Systeme, Interimssprache

Für das Phänomen ‚Lernersprache', also jene durch unterschiedliche Kompetenzstufen charakterisierte Varietät, die von nicht-muttersprachlichen Sprechern benutzt wird, hat sich global der Terminus ‚Interlanguage', wie bereits gesagt, durchgesetzt. Die anderen Begriffe, die erwähnt wurden, beziehen sich zwar auch auf diese transitorischen Systeme, sind aber nicht unbedingt völlig synonym. Der zu behandelnde Sachverhalt, nämlich die Lernersprache mit all ihren z. T. rasch ablaufenden Veränderungen, steht aber bei allen Ansätzen im Vordergrund. Aus Gründen der Vereinfachung wird im Folgenden durchgehend der Begriff ‚Interlanguage' benutzt und nur dort, wo die Unterschiede zu konkurrierenden Begriffen sehr deutlich sind, wie z. B. bei der ‚Interimssprache', wird auf diese explizit Bezug genommen.

Die Komposita Interlanguage und Interimssprache, deutlicher noch die Kombination von ‚approximativ' und ‚System' deuten bereits zweierlei Grundannahmen an: dass die Sprache der Lerner in ihrer jeweiligen Form etwas Vorübergehendes ist (sie wird ja immer besser, oder sollte es jedenfalls werden) und dass es sich um Systeme handelt. Der zweite Punkt ist dabei der entscheidende.

Nach Selinker (1992) liegt einer Interlanguage eine temporäre, systematische und regelgeleitete Grammatik zu Grunde, die ihre Systematik und ihre Regeln aus fünf relativ allgemeinen kognitiven Prozessen bezieht:

1. Übergeneralisierung
   Regeln der Zielsprache werden zu weit ausgedehnt.
2. Transfer of Training
   Komponenten der Interlanguage können das Resultat bestimmter Vermittlungsmethoden sein.
3. Lernerstrategien
   Bestimmte Elemente in der Lernersprache lassen sich darauf zurückführen, dass Lerner eine Tendenz haben, die Grammatik der Zielsprache zu vereinfachen.
4. Kommunikationsstrategien
   Vor allem unter dem kommunikativen Druck von Alltagssituationen werden z. B. Vermeidungsstrategien angewandt.
5. Transfer
   Einige Regeln der Interlanguagegrammatik lassen sich auf Einflüsse der Muttersprache zurückführen.

Leicht modifizierte Ansätze zur Beschreibung der Interlanguage wurden vor allem von Adjemian (1976) und Tarone (1979, 1982) vorgestellt. Allen gemeinsam ist aber die Auffassung der systemhaften Eigenständigkeit der Lernersprachen, die zu beschreiben und zu analysieren als vordringliche Aufgabe angesehen wird. Die Beschäftigung mit der Interlanguage muss natürlich vor dem Hintergrund der Fehleranalyse gesehen werden und vor allem auch als kritische Auseinandersetzung mit ihr, denn anders als diese konzentriert sich die Interlanguageforschung nicht ausschließlich auf das, was die Lerner falsch machen, sondern betrachtet auch jene Bereiche, in denen die Lerner erfolgreich sind.

Es ist ja ein ganz fundamentaler Wechsel des Standpunkts, den Äußerungen von Lernern ein System zuzuschreiben, also nicht davon auszugehen, dass es sich um defizitäre Realisierungen der Zielsprache handelt, sondern um, man könnte fast sagen, Sprachformen eigenen Rechts.

Das, was die Lerner von sich geben, wird dementsprechend als ,Sprache unter Sprachen' verstanden, mit eigenen Regeln, deren Form und Struktur an sich bereits einen interessanten Forschungsgegenstand konstituieren.

Man geht also davon aus, dass die Lerner nicht hilflos in einem ihnen nicht vertrauten Medium herumirren und nur per Zufall mal etwas ,Richtiges' sagen, sondern davon, dass Lerner sich ganz eigene Regeln schaffen, die, wenn man sie kennt, zeigen, welche Verarbeitungsprozesse gerade stattfinden, in welcher Weise Muttersprachliches und Fremdsprachliches miteinander verbunden wird und welche neuen Formen gebildet werden, die auf Regeln, die nur in der Lernersprache existieren, zurückzuführen sind.

Diese Annahmen sind auf den ersten Blick sowohl für Lerner als auch für Lehrende schwer nachvollziehbar. Beider Ziel ist ja eine möglichst enge und möglichst rasche Annäherung an die Zielsprache und das, was dazwischen liegt, wird als lästig und überflüssig empfunden. Die ,Veredlung' dieser Transitionsphase und das wissenschaftliche Interesse, das ihr entgegengebracht wird, trösten den Lerner vermutlich kaum.

Dessen ungeachtet spricht aber einiges dafür, Lernersprachen als zwar vorübergehende und immer auch vorläufige, aber dennoch systematisch angelegte Gebilde zu betrachten.

Das reichhaltige Datenmaterial, das im Verlauf der kontrastiven und fehleranalytischen Untersuchungen zusammengetragen worden war, zeigte ja unter anderem, dass bestimmte Abweichungen von der zielsprachlichen Norm weder durch schlichte muttersprachliche Interferenz noch durch unvollkommene Kenntnis der Regeln der Zielsprache zu erklären waren, sondern auf ,neue' Regeln zurückgeführt werden mussten. Regeln, die die Lerner auf Grund der ihnen zur Verfügung stehenden Daten konstruiert hatten, die auch auf dieser Grundlage durchaus logisch und sinnvoll waren, die aber eben nicht mit der entsprechenden zielsprachlichen Regel übereinstimmten.

Dabei wird die Reihenfolge der Regelkonstruktion von einigen Autoren als eine Art ,natürliche' Sequenz aufgefasst (z. B. Corder 1967, Selinker 1972), eine Annahme, die sich auch in der *teachability* und *learnability* Hypothese (vgl. Pienemann 1987) und in den funktionalen Ansätzen (dazu mehr in Kapitel 5.1.2) niederschlägt.

Verstärkt wird dieses Argument noch durch die Beobachtung, dass lernersprachliche Äußerungen unabhängig von der Muttersprache der Lernenden bestimmte strukturelle Ähnlichkeiten aufweisen. Auch die Tatsache, dass oft bestimmte, nicht-zielsprachliche Strukturen in der Lernersprache überleben und nie der Zielsprache angeglichen werden – der Terminus hierfür ist ,Fossilisierung' –, kann als Indiz für die Eigenständigkeit von Lernersprachen interpretiert werden.

Gerade beim ungesteuerten Spracherwerb von Immigranten jeglicher Art tritt dieses Phänomen besonders markant in Erscheinung. Man könnte fast sagen, dass in vielen Fällen die gesamte Lernersprache, die ja eigentlich transitorisch sein sollte, zu einem bestimmten Zeitpunkt ,gerinnt' und keine Fortschritte in Richtung Zielsprache mehr gemacht werden. Diese ,Pidginvarietäten' (mehr zu Pidginsprachen in den Kapiteln 3.4 und 5.1.4) werden dann als eigenständige Kommunikationssysteme gebraucht, und sie funktionieren auch in einem bestimmten Rahmen durchaus ohne Probleme.

Bei all dem darf jedoch nicht übersehen werden, dass Lernersprachen eben doch nicht völlig eigenständig sind, denn die ihnen innewohnende Dynamik hat ja eine ganz klare Ausrichtung auf eine zielsprachliche Norm und der Aspekt des Vorläufigen, der ständigen Veränderung, ist sehr viel deutlicher ausgeprägt als bei ,normalen' Sprachen.

Hinzu kommt, dass die Systematik und Regelhaftigkeit der Lernersprache durchaus von großem linguistischen Interesse ist, aber in der alltäglichen Kommunikation keineswegs die entsprechende Würdigung erfährt. Der muttersprachliche Adressat einer lernersprachlichen Äußerung wird sich kaum die Mühe machen, diese zu analysieren. Wenn er sie nicht versteht, dann hat der Sprecher sein Ziel eben verfehlt.

Entsprechendes gilt (leider) auch für den Sprachunterricht. Tests und Arbeiten werden höchst selten hinsichtlich der dort angewandten interimssprachlichen Regeln korrigiert und bewertet, sondern mit Bezug auf die Nähe zum zielsprachlichen System. Kann der Lehrende diese nicht feststellen, dann heißt es ,mangelhaft', egal wie kohärent und systematisch das Produkt aus lernersprachlicher Sicht auch sein mag.

Ein entscheidendes Moment bei der Interlanguage-Hypothese ist jedoch, dass der Spracherwerbsprozess, auf dessen spezifische Bedingungen sich das forschungsleitende Interesse richtet, als kreativ und kognitiv gesteuert aufgefasst wird (vgl. insbesondere Selinker 1972, Selinker/Swain/Dumas 1975, Adjemian 1976, Tarone/Frauenfelder/Selinker 1976, Corder 1967, 1978, 1981). Der Einfluss der Muttersprache wird dabei keineswegs geleugnet, ihm wird aber auch keine herausragende Bedeutung zugemessen, sondern er wird als einer aus einer ganzen Reihe von Faktoren betrachtet.

Die Mehrzahl der Arbeiten zur Interlanguage-Hypothese sind im anglophonen Raum durchgeführt worden und konzentrieren sich auf den Bereich des ungesteuerten Zweitspracherwerbs. Für die Interimssprachenforschung, eine Art deutsche Spezialform der Interlanguageforschung, gilt eigentlich genau das Gegenteil. Bedingt durch ihre Genese, aber auch durch andere Faktoren, konzentriert sie sich eher auf gesteuerte Formen des Zweitspracherwerbs und ist in ihrer gesamten Ausrichtung eher didaktisch angelegt (vgl. Bausch/Raabe 1978, Bausch/Kasper 1979).

Wie immer auch die jeweilige Stoßrichtung der Forschung aussehen mag, zusammenfassend lassen sich für den gesamten Komplex der transitorischen Lernersprachen die folgenden Grundannahmen festhalten:

1. Erwachsene Lerner konstruieren im Verlauf eines Lern- oder Erwerbsprozesses Sprachsysteme, die eine ganze Reihe spezifischer Merkmale aufweisen und die sich von der Mutter- und der Zielsprache unterscheiden. Ein wichtiges Moment dabei ist, dass Lerner diese Konstruktionen kognitiv (wenn auch nicht in allen Details bewusst) kontrollieren.
2. Diesen Systemen wohnt eine Dynamik inne, die zu einer ständig zunehmenden Angleichung an die Zielsprache führt, was natürlich auch bedeutet, dass sie ständig komplexer werden.
3. Kommt dieser Prozess zu einem Stillstand, dann spricht man von Fossilisierung. Die dann jeweils vorliegende Varietät kann unter Umständen noch recht weit von der zielsprachlichen Norm entfernt, aber dennoch hinsichtlich ihrer kommunikativen Funktionalität völlig ausreichend sein, was u. a. daran liegt, dass die gesamte kommunikative Erfahrung der Lerner in diesen Prozess eingeht.

Zwar stellen alle Analysen der Lernersprache, vor allem diejenigen mit explizitem Unterrichtsbezug, den Lerner und seine Bedürfnisse in den Vordergrund (symptomatisch dafür ist z. B. der Titel von Oller/Richards (1973), *Focus on the Learner*), auf die Unterrichtspraxis selbst, vor allem auf den fremdsprachlichen Unterricht an Sekundarschulen, haben alle diese Überlegungen, wie oben bereits angedeutet, wenig Einfluss. Wie immer auch die Englisch- oder Französischstunde angelegt sein mag, wie sehr auch der einzelne Lehrende interimssprachliche Toleranz walten lassen mag, es kommt der Tag, an dem leider damit Schluss sein muss. Anders als beim ungesteuerten Zweitspracherwerb, bei dem der Lerner mehr oder weniger nach eigenem Gutdünken entscheiden kann, ob ihm die jeweils erreichte Approximation ausreicht oder nicht, stehen sowohl Schüler als auch Lehrer in einem institutionellen Spannungsfeld, das jenseits ihrer Kontrolle ist.

Festzuhalten bleibt jedoch, dass die Beschäftigung mit Lernersprachen eine andere Perspektive zumindest ermöglicht, auch wenn die Auswirkungen auf die schulische Praxis nach wie vor eher bescheiden sind.

Literaturtipps

Corder, S. Pit (1981), *Error analysis and interlanguage*. Oxford: Oxford University Press.

Eines der grundlegenden Werke zur Interlanguage. Pflichtlektüre für jeden, der in irgendeiner Form mit Sprachvermittlung zu tun hat.

Kasper, Gabriele (1981), *Pragmatische Aspekte in der Interimsprache*. Tübingen: Narr.

Untersuchung der interimssprachlichen kommunikativen Kompetenz von deutschen Englischlernern aus den Anfangszeiten der Interlanguage-Diskussion. Die einleitenden Kapitel vermitteln einen fundierten Eindruck der Debatte. Sehr empfehlenswert. Auch der empirische Teil sollte stichprobenartig angesehen werden.

Kasper, Gabriele/Blum-Kulka, Shoshana (Hgs) (1993), *Interlanguage pragmatics*. Oxford : Oxford University Press.

Anthologie mit einer Fülle anregender Beiträge. Die Einführung der Herausgeberinnen (3-20) gibt einen guten Überblick. Empfehlenswert ist auch der Artikel von Ellen Bialystock ‚Symbolic Representation and Attention Control in Pragmatic Competence‘ (43-57) zur pragmatischen Kompetenz in der Lernersprache sowie der von Juliane House ‚Toward a Model for the Analysis of Inappropriate Responses in Native/Nonnative Interactions‘ (161-183), der sich mit den Problemen lernersprachlich bedingter Missverständnisse beschäftigt.

Knapp-Potthoff Anneliese/Knapp, Karlfried (1982), *Fremdsprachenlernen -und lehren*. Stuttgart: Kohlhammer.

Eines der Standardwerke zum Spracherwerb und zum Sprachenlernen. Für das vorliegende Thema ist vor allem Kapitel 3 von Belang. In knapper, aber äußerst informativer Weise wird der Komplex ‚Lernersprache‘ referiert. Sehr empfehlenswert.

Selinker, Larry (1992), *Rediscovering interlanguage*. London: Longman.

Sehr wichtige, gut lesbare Darstellung der wissenschaftsgeschichtlichen Entwicklung des Interlanguage-Konzepts. Amüsant ist Kapitel 9, in dem eine Debatte von Spezialisten über Fossilisierung in ‚dramatisierter‘ Form wiedergegeben wird. Es lohnt sich, diese zu lesen und die anschließenden ‚points for discussion‘ tatsächlich zu diskutieren

Tarone, Elaine (1988), *Variation in interlanguage*. London: Arnold.

Eine der Standardpublikationen zur ‚Interlanguage‘. Die Problematik wird aus verschiedenen Perspektiven beleuchtet und eingehend diskutiert. Kapitel 2 referiert sehr strukturiert die theoretischen Positionen zur Variation in der Lernersprache.

Aktivitäten

1. Der interimssprachliche Ansatz hat eine neue Perspektive auf Fehler eröffnet. Sie werden gesehen als unvermeidliche, ja sogar wichtige Elemente vor allem des Fremdsprachenerwerbs. Diskutieren Sie, welche Auswirkungen diese Position, wenn Sie konsequent in den Unterricht übertragen würde, eigentlich haben müsste. Berichten Sie über Ihre eigenen Erfahrungen, z. B. aus dem Englischunterricht.

2. Als erwachsene Lerner einer zweiten Sprache, ungeachtet der jeweiligen Umstände, bleiben wir in der Regel auf einem bestimmten interimssprachlichen Niveau stehen. Das, was eigentlich transitorisch sein sollte, bleibt für immer fest, mit allenfalls bescheidenen Verbesserungen. In welchen Bereichen vermuten Sie das größte Potential für eine Annäherung an die Zielsprache und wo meinen Sie, sind die Chancen relativ gering? Begründen Sie Ihre Vermutungen und ver-

suchen Sie Beispiele zu finden, die Ihre Argumente stützen (bei sich selbst, im Bekanntenkreis).

3. In einer Untersuchung unter deutschen Englischlernern an bayerischen Gymnasien (Aigner 1996) sind die folgenden Komplexe als die fehleranfälligsten identifiziert worden:

> 1. falsche Stellung des Adverbs
>
> 2. falsche Fragesatzkonstruktion
>
> 3. Stellung der Satzteile im Aussagesatz
>
> 4. Gerund vs. Infinitiv vs. Nebensatz
>
> 5. *there*-Konstruktion falsch verwendet
>
> 6. fehlende Präposition (z.B. *He wants buy it* oder *He didn't pay it*)
>
> 7. fehlendes Verb bzw. fehlende Verbalphrase (z.B. *I heard some music out of his basket* statt *... coming out of his basket*)
>
> 8. Satzstellung beim indirekten Fragesatz falsch
>
> 9. fehlende Nominalphrase (z.B. *The next the man did...* statt *The next thing the man did...*)
>
> 10. falsche Nebensatzeinleitung (z. B. *...during I was doing that* statt *while...* oder *I followed him with shouting for help*)

Finden Sie Beispiele für die Fälle, für die in der Aufstellung keine vorliegen. Welche Vorschläge würden Sie zur Fehlertherapie oder Fehlerprophylaxe für alle zehn Bereiche machen?

2.3   Resümee

Zusammenfassend lässt sich sagen, dass die Kontrastive Linguistik die in sie gesetzten Erwartungen nicht erfüllt hat, unter anderem auch deshalb, weil diese Erwartungen kaum zu erfüllen waren. Die Fokussierung auf die Unterschiede zwischen den verschiedenen Sprachen und die Annahme, dass Fehler allein dort zu suchen seien, haben die Lerner, den Lernprozess und alle weiteren Faktoren, die als Ursachen in Frage kommen, weitgehend unberücksichtigt gelassen.

Positiver Transfer und Interferenz sind jedoch weit komplexere Phänomene, als man seinerzeit angenommen hatte. Das heißt jedoch nicht, dass die Kontrastive Hypothese nun völlig falsch gelegen hätte. Bestimmte Sprachen sind für bestimmte Lernergruppen einfach wegen der Distanz zwischen L1 und L2 schwieriger zu lernen als andere. Diese, auch intuitiv sehr zugängliche, Erkenntnis und die sich daran anschließende Forschung sollte nicht einfach, weil sich das Paradigma geändert hat, vom Tisch gewischt werden. Die Kontrastivhypothese ist zudem ein Beispiel dafür, dass Methoden, welcher Herkunft auch immer, stets mit der gebotenen Vorsicht zu genießen sind, zumindest was ihren Anspruch auf das Wahrheitsmonopol betrifft.

Die Fehleranalyse, die ja weit weniger hochgesteckte Ziele hatte, ist ganz ohne Zweifel eines der Gebiete in der Angewandten Linguistik und in der Sprachlehrforschung, dessen Potential bei weitem noch nicht ausgeschöpft ist. Je mehr man über das vielschichtige Problem ‚Fehler' weiß, desto leichter fällt es auch, Techniken zu entwickeln, die helfen, diese zu vermeiden.

Selbst wenn Lernersprachen bislang eher in der akademischen Diskussion eine Rolle gespielt haben und in der Unterrichtspraxis nach wie vor als mangelhafte Varietäten der Zielsprache entsprechend bewertet werden, so ist das zu Grunde liegende Konzept doch von äußerster Wichtigkeit. Denn da wir die sprachlichen Produktionsprozesse nicht direkt beobachten können, sind wir auf das angewiesen, was die Sprecher von sich geben. Es sind dies die einzigen Daten, die für eine Analyse der mentalen und kognitiven Vorgänge, die beim Sprechen ablaufen, zur Verfügung stehen.

Genauere Kenntnisse der letzteren könnten sowohl den Lehrenden als auch den Lernenden eine gewisse Unterstützung bieten. Die Frustration auf beiden Seiten, ausgelöst durch trotz hundertmaliger Wiederholung noch immer nicht beherrschte Regeln, könnte zumindest relativiert werden, wenn man sich immer mal wieder vor Augen hält, dass dieses vermeintliche Defizit zum Teil in der Natur des Vorgangs liegt und nicht ausschließlich am langweiligen Unterricht einerseits oder an der schwach entwickelten Motivation andererseits.

3 Soziolinguistik: Sprache und Gesellschaft

Dass Sprache unter anderem ein soziales Phänomen ist, ist eine uralte Erkenntnis. Es ist daher erstaunlich, dass die Beziehungen zwischen sprachlichen und gesellschaftlichen Gegebenheiten erst seit verhältnismäßig kurzer Zeit Gegenstand systematischer Untersuchungen sind.

Wie fast immer in der Angewandten Linguistik liegt eine recht große Vielfalt von Ansätzen, Hypothesen und Theorien vor. In den folgenden Kapiteln sollen exemplarisch nur diejenigen vorgestellt werden, die einen spürbaren Einfluss auf die Diskussion in der Fremdsprachenforschung gehabt haben.

3.1 Soziolinguistik

Die Soziolinguistik befasst sich, wie der Name bereits vermuten lässt, mit dem Verhältnis zwischen Sprache und Gesellschaft. Ein weites Feld, vielleicht sogar ein zu weites Feld, denn dieses Verhältnis ist ein außerordentlich komplexes und die Frage, was denn nun genau erforscht werden soll bzw. erforscht wird, ist nicht leicht zu beantworten. Kein Wunder also, dass die Soziolinguistik eine „große Anzahl von Fragestellungen, Theorieansätzen und Methoden" umfasst (Glück 2000: 645).

Die Soziolinguistik ist ein typisches Produkt der späten 1960er und frühen 1970er Jahre, als die Soziologie als eine der Grundlagenwissenschaften überhaupt galt und alles, was irgendwie in diesen Bereich fiel, von großem wissenschaftlichen und politischen Interesse war.

Sie konnte allerdings auch deshalb so erfolgreich sein, weil die Systemlinguistik zu diesem Zeitpunkt weitgehend als etwas dröge, wenig inspirierende Wissenschaft mit geringer gesellschaftspolitischer Relevanz empfunden wurde.

Soziolinguistik, egal welcher Richtung, versteht sich demgegenüber als interdisziplinär schon insofern, als sie ja auf zwei Bezugswissenschaften zurückgreift. Gesellschaftspolitisch relevant ist sie, weil linguistische Fragen in erster Linie in Hinblick auf ihre sozialen Dimensionen gestellt werden. Damit ist jedoch die Frage, was denn nun in den Mittelpunkt des Forschungsinteresses rückt, noch keineswegs beantwortet.

William Labov, eine der herausragenden Persönlichkeiten der Soziolinguistik, von der im weiteren Verlauf noch des öfteren die Rede sein wird, schlägt zwei grundsätzliche, sich ergänzende Vorgehensweisen vor. Bei der ersten werden bestimmte linguistische Variablen für jeweils unterschiedliche gesellschaftliche Gruppen determiniert. D. h. die Gruppen müssen in einem ersten Schritt nach bestimmten soziologischen Kriterien abgegrenzt werden (z. B. Einkommen, Ausbildung, etc.) und können dann in einem zweiten Schritt hinsichtlich ihres Sprachverhaltens oder ihrer sprachlichen Besonderheiten untersucht werden.

Die zweite Möglichkeit besteht darin, die Verteilung linguistischer Variablen innerhalb der gesamten Sprachgemeinschaft zu beschreiben und dann zu fragen, welche Werte bzw. Wertvorstellungen mit den Benutzern dieser Variablen verbunden werden. Das erstere Verfahren scheint Labov grundlegender, sozusagen genuin soziolinguistischer zu sein, er legt aber Wert auf die Feststellung, dass, um Verzerrungen bei den Ergebnissen zu vermeiden, beide komplementär angewandt werden sollten (vgl. Labov 1966: 136f).

Das hört sich recht klar und auch recht einfach an, ist es aber leider nicht, denn, wie weiter unten noch diskutiert wird, ist die Gruppeneinteilung als solche bereits nicht unproblematisch, die Zuordnung bestimmter linguistischer Variablen dementsprechend noch weniger.

Dessen ungeachtet ist aber gerade mithilfe dieses Zugriffs eine enorme Fülle interessanter und sehr wichtiger Arbeiten entstanden. Aus einer etwas anderen Perspektive als Labov beschreibt Trudgill (1983: 2ff) die Fragestellungen der Soziolinguistik. Er unterscheidet zwischen Arbeiten, die rein linguistischer Natur sind und bei denen soziolinguistische Methoden eben nur Hilfestellung leisten, und denjenigen, die fast ausschließlich soziologische Interessen verfolgen. In die erste Kategorie fallen z. B. empirische Feldstudien der Art, wie sie von Labov durchgeführt werden, in die zweite dagegen eher ethnomethodologische Konversationsanalysen.

Deutlich wird hier vor allem die bereits oben angedeutete Schwierigkeit, klare Grenzen zwischen Sprachlichem und Soziologischem zu ziehen.

Es ist ja nicht so wie Chambers (1995: 203) etwas kurz angebunden befindet, dass wir bei der Beobachtung von linguistischen Variablen auch gleich deren soziale Korrelate suchen, ihre Funktion und das, wofür sie stehen. Bereits die Beobachtung als solche ist ja schon von bestimmten Vorannahmen geprägt, d. h. wir nehmen ja nicht jedwede Variation wahr, sondern nur ganz bestimmte und die häufig deshalb, weil wir die sozialen Korrelate zumindest unbewusst schon festgelegt haben. Dieser Aspekt spielt auch bei Wardhaughs Überlegungen eine Rolle. Wardhaugh (1998: 10f) geht sehr viel weiter zurück bei seinem Versuch, das Verhältnis zwischen Sprache und Gesellschaft und die damit verbundenen soziolinguistischen Fragestellungen zu formulieren. Nach seiner Auffassung kann sowohl der Standpunkt, dass die soziale Struktur die linguistische Struktur bzw. das sprachliche Verhalten determiniert oder zumindest beeinflusst, vertreten werden als auch der gegenteilige, dass nämlich die linguistischen Verhältnisse die sozialen prägen. Als dritte Möglichkeit wäre dann noch ein dialektisches Verhältnis zwischen Sprache und Gesellschaft anzunehmen, wobei die Einflüsse wechselseitig wirksam werden.

Wie immer man sich jedoch das Verhältnis vorstellt, es scheint in all diesen Standpunkten doch einen gemeinsamen Nenner zu geben: Es wird versucht, bestimmte Verbindungen zwischen sprachlicher und gesellschaftlicher Wirklichkeit aufzuzeigen. Sprache wird sowohl als Bedingung als auch als Produkt des sozialen Lebens und nicht außerhalb desselben gesehen (vgl. Coulmas 1997: 1ff). Daher ist die Soziolinguistik hinsichtlich ihres methodischen Ansatzes der Soziologie vor allem in Bezug auf ihre starke Betonung der Empirie verbunden.

Varianten und Varietäten

Obwohl wir alle von uns behaupten, Deutsch zu sprechen, kann man mitnichten sagen, dass wir alle gleich sprechen. Gerade in Deutschland, aber nicht nur dort, finden wir von Süd nach Nord, von Ost nach West auffällige Unterschiede, nicht nur in der Aussprache, sondern auch im Wortschatz und sogar in der Grammatik.

Teilweise sind diese Unterschiede so groß, dass das gegenseitige Verstehen zumindest kurzfristig davon in Mitleidenschaft gezogen wird. Aber nicht nur die Geographie hat einen Einfluss darauf, wie wir sprechen. Man erkennt Personen eines bestimmten Alters recht schnell an ihrer Sprache. Zwischen Männern und Frauen existieren Unterschiede und zwischen den sozialen Schichten – wie immer man diese bestimmen mag – ebenfalls. Diese Varietäten sind, wie schon angedeutet, der Untersuchungsgegenstand der Soziolinguistik im weiteren Sinne. Es wird die Frage nach den Beziehungen zwischen einer bestimmten Varietät und ihren gesellschaftlichen Korrelaten gestellt. Was sind die Ursprünge dieser Varietät und wie wird sie innerhalb einer Sprachgemeinschaft bewertet? Wofür steht sie?

Einige Beispiele: Das Berlinische steht für urbane Kodderschnauze, das Bayrische eher für deftige Gemütlichkeit, aber auch für schlechtgelaunte Grantigkeit. Ist die Rede durch die häufige Verwendung von *ei Alder äi, voll fett äi* gewürzt, haben wir meist einen jungen Menschen unter zwanzig vor uns, und wenn alles und jedes *süß* ist, dann spricht mit ziemlicher Sicherheit kein Macho.

Sprache als soziales Phänomen zu betrachten ist nun allerdings kein grundlegend neuer Ansatz. In den verschiedensten Formen ist er immer wieder – und dann fast auch immer mit politischen bzw. bildungspolitischen Konsequenzen – Basis für bestimmte Fragestellungen gewesen (Vernarkulardiskussion, Dialektologie, Normierung, Orthographie etc.).

Ein ganz besonders wichtiges Moment, das durch die soziolinguistische Forschung in den Vordergrund gerückt wurde, ist das Potential von Sprachen und ihren Varietäten, Gemeinschaften zu konstituieren. Das heißt, Sprachen bzw. Dia- oder Soziolekte, Sonder- und Berufssprachen, Jargons etc. werden nicht nur als für bestimmte Gruppen beobachtbare Kodes gesehen, die mehr oder weniger funktional hinsichtlich der Kommunikation sind, sondern als konstitutive Elemente dieser Gemeinschaft. Darauf wird im weiteren Verlauf noch genauer eingegangen.

Sprache, so also eine der Grundannahmen der Soziolinguistik, kann immer nur in ihren sozialen Funktionszusammenhängen sinnvoll untersucht werden. Unter dieser Perspektive greift das Herauslösen der Sprache aus ihrem lebensweltlichen und situativen Kontext, das ein Kennzeichen für theoretische Linguistik ist (man denke nur an den idealen Sprecher/Hörer der Generativen Linguistik in all ihren Entwicklungsstufen), zu kurz und wird den vielfältigen Manifestationen von Sprache nicht gerecht. Die jeweiligen Kontexte sind schon deshalb nicht vernachlässigbar, weil sie bestimmte Verwendungsweisen von Sprache determinieren und auch voraussetzen. Das heißt, nicht nur bestimmt die jeweilige Situation die Sprachform, sondern diese wiederum markiert auch das

Charakteristische der Situation. Diese Grundannahmen eröffnen naturgemäß ein ungeheuer weites Forschungsgebiet.

Es ist daher auch nur auf einer grundsätzlichen Ebene möglich, von ‚der Soziolinguistik' zu sprechen. Die verschiedenen Zweige, Richtungen und Schulen haben, wie im Folgenden gezeigt wird, für den Fremdsprachenunterricht speziell und das Sprachenlernen generell unterschiedlich große Bedeutung.

Von der enormen Fülle der sozialen Variablen, die potentiell für soziolinguistische Forschungen interessant und wichtig sein könnten, sollen hier nur die wichtigsten näher betrachtet werden. Die kaum überschaubare Menge der Arbeiten, die für die meisten dieser Bereiche vorliegen, zwingen zudem dazu, gewisse Unschärfen in Kauf zu nehmen. Es soll hier noch einmal betont werden, dass dieses Kapitel kein Ersatz für eine der vielen ‚Einführungen in die Soziolinguistik' sein kann, sondern eher ein Wegweiser durch den teilweise selbst für Fachleute fast undurchdringlichen Dschungel der einschlägigen Literatur gedacht ist.

Die wichtigsten sozialen Variablen sind:

- Geographie
- Schicht
- Alter
- Geschlecht
- Kommunikationssituation
- Rolle

Dazu tritt noch, inzwischen auch in traditionell monolingualen Gesellschaften, der Faktor der Ethnizität, d. h. es stellt sich die Frage: Welche Sprache, nicht nur welche Varietät einer Sprache, wird aus welchem Grund in welcher Situation verwendet?

Diese Variablen lassen sich natürlich noch weiter ausdifferenzieren (vgl. Ammon et al. 1987: 78-199), worauf aber, aus den bereits genannten Gründen, verzichtet werden kann. Beim bloßen Hinsehen wird jedoch bereits deutlich, dass die Erhebung sprachlicher Daten, bei der jeweils nur eine dieser Variablen berücksichtigt werden soll, erhebliche, ja fast unüberwindliche Schwierigkeiten mit sich bringt, da die anderen ja nicht ausgeschaltet werden können, sondern nur geringe oder gar keine Berücksichtigung finden. Ein *ceteris paribus*, wie es die Untersuchung eines bestimmten Elementes eigentlich erfordern würde, ist schlechthin kaum möglich.

Es ist also nie auszuschließen, dass empirische Untersuchungen unter diesen Bedingungen leicht verzerrte Ergebnisse produzieren, denn es ist immer möglich, dass bestimmte sprachliche Variablen, die mit sozialen korreliert werden, gerade nicht von diesen, sondern von anderen abhängig sind. Solange dies im akademischen Rahmen bleibt, liefert es allenfalls Zündstoff für angeregte Debatten. Wenn jedoch bildungspolitische Entscheidungen auf der Grundlage fehlerhafter Resultate getroffen werden, dann erhält das Problem eine ganz andere Dimension.

Sprache als Objekt der Soziolinguistik ist ein komplexes, offenes und dynamisches System, dessen Charakteristika Mario Wandruszka (1981: 31) folgendermaßen umreißt:

> Eine menschliche Sprache ist kein in sich geschlossenes und schlüssiges homogenes Monosystem. Sie ist ein einzigartig komplexes, flexibles, dynamisches Polysystem, ein Konglomerat von Sprachen, die nach innen in unablässiger Bewegung ineinandergreifen (sic) und nach außen auf andere Sprachen übergreifen.

Im Sinne des Zitates scheint es fast unmöglich zu sein, Bereiche abzutrennen und isoliert zu untersuchen. Dies ist jedoch nötig, denn andernfalls kommt man über Beliebiges und Anekdotisches kaum hinaus. Das Problem ist allerdings, dass die Einschränkungen nicht immer hinreichend markiert sind.

So sind z. B. Aussagen, die über ‚die Jugendsprache' gemacht werden, immer mit einer gewissen Vorsicht zu genießen. Warum? Solche Untersuchungen sehen häufig – aus methodischen und praktischen Gründen – von einer weiteren Differenzierung wie Geschlecht oder Bildung ab und konzentrieren sich auf die Altersvariable. Wenn nun Aussagen über ‚die Jugendsprache' als Varietät gemacht werden, diese aber auf den sprachlichen Daten von norddeutschen Gymnasialschülern basieren, dann ist es sehr gut möglich, dass diese Aussagen insofern nicht zutreffen, als die aufgefundenen Merkmale weniger durch das Alter als vielmehr durch Region oder Bildung bedingt sind.

Dieser kurze Exkurs zur Problematik soziolinguistischer Datenerhebung und -analyse reicht aus, um die Schwierigkeiten beim Auffinden generalisierbarer Aussagen zu skizzieren. Im Folgenden soll nun versucht werden, die verschiedenen Bereiche der Soziolinguistik hinsichtlich ihrer Relevanz für die Fremdsprachendidaktik kurz und knapp zu thematisieren.

Literaturtipps

Dittmar, Norbert (1980), *Soziolinguistik. Exemplarische und kritische Darstellung ihrer Theorie, Empirie und Anwendung.* 4. korr. Auflage. Königstein/Ts.: Athenäum.

> Ohne Zweifel eine der wichtigsten (und auch frühesten) einschlägigen Publikationen im Bereich der Soziolinguistik in Deutschland. Dieses äußerst materialreiche Buch stellt die beiden Hypothesen (Defizit und Differenz) sehr fundiert vor und diskutiert sie kritisch. Vor allem Kapitel 4 ist sehr informativ im Kontext der hier vorgestellten Thematik.

Dittmar, Norbert (1997), *Grundlagen der Soziolinguistik – Ein Arbeitsbuch mit Aufgaben.* Tübingen: Niemeyer.

> Sehr klar strukturiertes Arbeitsbuch, in dem man zu allen relevanten Bereichen der Soziolinguistik erschöpfend Auskunft findet.

Mattheier, Klaus J. (Hg) (1997), *Norm und Variation.* Frankfurt/M.: Lang.

> Eine Anthologie, in der die Titelbegriffe aus den verschiedensten Perspektiven beleuchtet werden. Die einleitenden Bemerkungen des Herausgebers bringen die Problematik sehr konzise auf den Punkt. Im Kontext dieses Kapitels ist darüber

hinaus besonders der Beitrag von Jörn Albrecht ‚Position und Status der ‚NORM' im Varietätengefüge des Deutschen und des Französischen. Mit Ausblicke (sic) auf weitere europäische Sprachen' (11-26) zu empfehlen.

Romaine, Suzanne (2000), *Language in society: an introduction to sociolinguistics*. Oxford: Oxford University Press.

Ausgezeichnet strukturierte und didaktisch sehr gut präsentierte Einführung in die Soziolinguistik. Der lockere angelsächsische Ton macht die Lektüre zu einem Vergnügen. Sehr empfehlenswert

Stockwell, Peter (2002), *Sociolinguistics. A resourcebook for students*. London. Routledge.

Vorzüglich didaktisierte Einführung, die dem Benutzer eine Menge an Initiative abverlangt. Als Komplement zu Werner Veiths Arbeitsbuch hervorragend geeignet.

Thelen, Udo (1999), *Sprachliche Variation und ihre Beschreibung*. Tübingen: Niemeyer.

Romanistische Arbeit, bei der vor allem die einleitenden Kapitel einen guten Überblick über die Diskussion von Norm und Variation auf den verschiedenen Analyseebenen vermitteln.

Veith, Werner H. (2002), *Soziolinguistik. Ein Arbeitsbuch*. Tübingen: Narr.

Sehr dichte, komprimierte Darstellung aller wichtigen Themenbereiche. Wenn man die Aufgaben ernsthaft durcharbeitet, hat man ein sehr umfangreiches Grundwissen in der Soziolinguistik.

Aktivitäten

1. Diskutieren Sie die folgenden Zitate aus Labov (1972: 120f) (a) und Labov 1972: 132) (b).

    a)

    The speech community is not defined by any marked agreement in the use of language elements, so much as by participation in a set of shared norms; these norms may be observed in overt types of evaluative behavior, and by the uniformity of abstract patterns of variation which are invariant in respect to particular levels of usage. Similarly, through observations of linguistic behavior it is possible to make detailed studies of the structure of class stratification in a given community.

    b)

    In general, New Yorkers show a strong dislike for the sound of New York City speech. Most have tried to change their speech in one

way or another, and would be sincerely com-
plimented to be told that they do not sound
like New Yorkers. Nevertheless, most of the
respondents have been identified by their
speech as New Yorkers whenever they set
foot outside the metropolitan area.

2. In der englischsprachigen Welt werden linguistische Varietäten sehr
    viel stärker als schichtenspezifisch empfunden und bewertet als z. B. in
    Deutschland. George Bernard Shaws Komödie *Pygmalion* z. B. basiert
    eben genau darauf. Sehen Sie sich den folgenden Auszug aus dem
    ersten Akt an und versuchen Sie, ihn zu verstehen.

    THE MOTHER: How do you know that my
    son's name is Freddy, pray?

    THE FLOWER GIRL: Ow, eez ye-ooa san, is
    e? Wal, fewd dan y' de-ooty bawmz a mather
    should, eed now bettern to spawl a pore gel's
    flahrzn than ran away athaht pyin. Will ye-oo
    py me f'them? [*Here, with apologies, this
    desperate attempt to represent her dialect without
    a phonetic alphabet must be abandoned as
    unintelligible outside London.*]

Die deutsche Übersetzung sieht so aus:

    DIE MUTTER: Woher wissen Sie, daß mein
    Sohn Freddy heißt?

    DAS BLUMENMÄDCHEN: Oh, das war Ihr
    Sohn? Eine schöne Mutter das, läßt ihren
    Sohn einem armen Mädchen die Blumen
    ruinieren und dann davonlaufen ohne zu
    zahlen. Wollen Sie's zahlen?

3. Die Übersetzung ist hinsichtlich der ja im Englischen bis zur Unver-
    ständlichkeit präsenten Merkmale der Varietät nicht sonderlich über-
    zeugend. Überlegen Sie, wie man Eliza Doolittles Sprachduktus am
    besten ins Deutsche überträgt, um die relevante soziologische Infor-
    mation angemessen zu vermitteln.

4. Wenn man so will, dann ist ja auch die Sprache der Lehrbücher eine
    Varietät der Zielsprache (hier ist nicht die Sprache der Lernenden
    gemeint). Muttersprachler finden meist sehr schnell heraus, dass ein

bestimmter Text ein Lehrbuchtext ist, selbst wenn er außerhalb dieses Kontextes auftaucht. Was sind ihrer Meinung nach die Merkmale dieser Varietät?

3.2   Differenz oder Defizit?

Die Grundlagen soziolinguistischer Forschung und Fragestellung in ihrer modernen Form wurden im anglophonen Raum, vor allem in Großbritannien und den USA, schon in den 1950er Jahren gelegt.

Durchschlagende Beachtung fanden jedoch erst die Untersuchungen von Basil Bernstein in den 1960er Jahren. Vermutlich auch deshalb, weil in dieser Zeit generell eine Politisierung des Wissenschaftsbetriebs stattfand und System-linguistik als trocken, langweilig und von geringer gesellschaftlicher Relevanz empfunden wurde. Oder, wie Linke et. al. (1994: 294) formulieren:

> Die Politisierung des Wissenschaftsbetriebs führte vor allem in den so genannten Geistes- und Kulturwissenschaften zu neuen Anforderungen an die gesellschafts-politische Relevanz der Forschungtätigkeit sowie der Forschungsergebnisse. Gerade für die Sprachwissenschaft schien die Stunde gekommen, den Charakter einer etwas verstaubten, historisch-museal orientierten Wissenschaft oder dann den einer abgehobenen, völlig theoretisch ausgerichteten Elfenbeinturmexistenz (womit v. a. die Systemlinguistik strukturalistischer und generativer Prägung an-gesprochen war) abzulegen und ins konkrete, gegenwärtige Sprachleben ein-zusteigen, dessen politische bzw. soziale Dimensionen dabei im Vordergrund stehen.

Bernsteins Untersuchungen zum schichtenspezifischen Sprachgebrauch in Groß-britannien fanden dementsprechend eine enorme Resonanz und regten zu einer Welle weiterer Untersuchungen der gleichen Art in anderen Ländern[1] an, u. a. mit dem Ergebnis, dass es hinsichtlich der Schichtenspezifik bestimmter sprach-licher Phänomene durchaus kulturell determinierte Unterschiede gab.[2] Zunächst sollen jedoch hier die Grundzüge der auch als Defizithypothese bekannt gewordenen Forschungsrichtung skizziert werden.

Angeregt wurden Bersteins Untersuchungen durch das vergleichsweise schlechte Abschneiden von Unterschichtskindern bei den verbalen Teilen von Intelligenztests, das nicht mit Ergebnissen der nonverbalen Teile korrelierte, das

---

[1]   In Deutschland ist hier vor allem Ulrich Oevermann mit seinen Untersuchungen zu nennen. (vgl. Oevermann, Ulrich (1972), *Sprache und soziale Herkunft. Ein Beitrag zur Analyse schichten-spezifischer Sozialisationsprozesse und ihrer Bedeutung für den Schulerfolg.* Frankfurt/M.: Suhrkamp).

[2]   Großbritannien ist nach wie vor von einer enormen Sensibilität für ‚schichtenspezifisch' motivierte sprachliche Unterschiede geprägt. Personen in ‚sitcoms' oder Kriminalromanen können mit wenigen Worten, ja allein durch das Andeuten eines bestimmten ‚accents' charakterisiert werden. Auch ob jemand wirklich die entsprechenden Schulen und Universitäten durchlaufen hat oder ob es sich um ein im Nachhinein antrainiertes (*fake*) Sprachverhalten handelt, wird gerne thematisiert. Dabei ist die wirtschaftliche Situation (wohlhabend oder nicht) wenig ausschlaggebend. So trifft z. B. in David Lodge' Roman *Nice Work* (1990) die Heldin, Robin, Dozentin für englische Literatur und entsprechend miserabel entlohnt, aber mit dem alles entscheidenden Hintergrund einer *public school* und *Oxbridge*-Ausbildung auf eine junge Investmentbankerin, von der sie ursprünglich annimmt, sie würde den massiven *cockney accent* zum Spaß einsetzen, da sie sich nicht vorstellen kann, dass jemand wirklich so sprechen würde.

jedoch den gesamten Intelligenzquotienten entscheidend drückte. Die Werte von Mittelschichtskindern waren dagegen in beiden Bereichen relativ gleichförmig. Auf der Grundlage der – soziologisch gesehen – recht groben Einteilung in Unterschicht und Mittelschicht wurden nun empirisch erhobene Sprachdaten der beiden Gruppen analysiert. Das Ergebnis lässt sich in zwei Begriffen zusammenfassen: restringierter Kode und elaborierter Kode. Den ersteren verwendet die Unterschicht, den letzteren die Mittelschicht. Die Merkmale dieser Kodes ergeben – gegenübergestellt – folgendes Bild (vgl. Schlieben-Lange 1991: 45f)

MITTELSCHICHT ELABORIERTER KODE	UNTERSCHICHT RESTRINGIERTER KODE
formale Sprache, weniger vorhersagbar	*öffentliche Sprache, stärker vorhersagbar*
Die Äußerungen sind mit sauberer grammatischer Anordnung konstruiert.	Kurze, grammatisch einfache, oft unvollständige Sätze von dürftiger Form.
logische Verknüpfungen durch Konjunktionen und Nebensätze etc.	wiederholende einfache Konstruktionen
differenzierte Auswahl von Adjektiven und Adverbien	starre, begrenzte Auswahl von Adjektiven und Adverbien
häufig Indefinitpronomina und Passiv	seltene Verwendung von Indefinitpronomina und Passiv
logische, zeitliche, räumliche Präpositionen häufig	
	kurze Befehle und Fragen häufig
individuelle Qualifikation wird vermittelt durch Strukturen und Beziehungen zwischen Sätzen	Sprache impliziter Bedeutungen
	traditionelle feste Wendungen, Sprichwörter und Aphorismen spielen eine große Rolle
komplexe Begriffshierarchie	
modifizierende Ausdrucksweise und Gesten etc. vermutlich	
	Tatsachenkonstatierung als Begründung verwendet, kategorische Behauptung am Ende
	gemeinsames Inventar an Erfahrungen, mit denen man sich der gegenseitigen Sympathie versichert
situationsabhängige und situations- unabhängige Ausdrucksmittel	situationsabhängige Ausdrucksmittel
günstige Voraussetzung für die Schule	weniger günstige Voraussetzung für die Schule

Von den zahlreichen in Deutschland durchgeführten Untersuchungen der Kodes ist die von Ulrich Oevermann nicht nur die ausführlichste, sie ist auch die bekannteste und am häufigsten zitierte.

Oevermanns Forschungen gingen prinzipiell in Richtung der Bernsteinschen Hypothesen. Hinsichtlich der Genese der Unterschiede äußert er sich jedoch vorsichtig, denn

> [...] ob es sich bei den Schichtenunterschieden in den sprachlichen Merkmalen um Folgen einer unterschiedlichen sprachlichen Stimulierung im Elternhaus oder um das Resultat schichtenspezifischer Prozesse der verbalen Planung in den verschiedenen linguistischen Kodes handelt [...], kann nicht entschieden werden (Oevermann 1972: 394).

Oevermann verwendet in seiner Untersuchung von Schüleraufsätzen 94 grammatische Variablen, die unter folgenden Gesichtspunkten zusammengefasst wurden:

1. Allgemeine Variablen zur Messung der Aufsatzlänge.
2. Syntaktische Komplexität der Satzbeziehungen und innerhalb der Satzgerüste.
3. Differenzierte Erfassung struktureller Zusammenhänge in der Objektwelt gegenüber isolierter, konkretistischer Bezeichnung und Aneinanderreihung von Sachverhalten.
4. Individuierter Sprachgebrauch durch explizite Bedeutungsspezifizierung deskriptiver Elemente und durch Interpretation innerer Zustände.
5. Individuierter Sprachgebrauch durch Signalisierung subjektiver Intentionen.
6. Abstraktionsniveau.

Oevermanns Befund bezüglich der Aufsätze der Unterschichtskinder ist vernichtend:

> Ihre syntaktische Ordnung ist wenig komplex, weil sie vornehmlich einfache Hauptsätze enthalten und in ihrem Satzgefüge wenig durch Subordination erster oder höherer Ordnung gegliedert sind. Zur Verdeutlichung und Spezifizierung von Satzgliedern werden selten Relativsätze verwendet. Wenn Nebensätze gebraucht werden, dann sind es eher lapidar angefügte, konjunktional eingeleitete notwendige Ergänzungen des Hauptsatzes. Die Erweiterungen der Subjekt-Prädikat-Grundstruktur erfolgt vor allem durch eher redundante adverbiale und attributive Zusätze, die wiederum mehr die Funktion einfacher Deskription und Bedeutungsverstärkung als differenzierender Analyse und logischer Verknüpfung haben. Relativ selten beziehen sie sich auf die Verdeutlichung sozialer, ästhetischer, moralischer oder emotionaler Aspekte der zu beschreibenden Sachverhalte. Einschränkungen und ein individuelles Urteil ausdrückende Vergleiche erscheinen recht selten, und die im Prädikat signalisierten Zeitperspektiven werden wenig differenziert. Die Tendenz zu einer mehr statisch, bloß abbildend-konkreten Beschreibung führt zur häufigen Verwendung von Substantiven, während Adjektive und Adverbien zur Akzentuierung von Bedeutungsgehalten nur in

beschränkter Anzahl zur Verfügung stehen. Allerdings scheint innerhalb dieser konkretistischen, wenig abstrakten Schreibweise ein relativ reichhaltiger und nicht oft wiederholter Wortschatz zum Vorschein zu kommen. Logische und raum-zeitliche Beziehungen werden eher in präpositionalen Ausdrücken als im Ge-brauch ,analytischer' Konjunktionen signalisiert. Die eigene Person tritt in den Er-zählungen nur selten in den Vordergrund, sie geht auf in der Identifikation mit der eigenen Bezugsgruppe und der kollektiven Distanzierung von Fremdgruppen. Entsprechend finden eigene Intentionen nur selten ihren sprachlichen Ausdruck in prägnanten Verben und Adjektiven (Oevermann 1972: 311f).

Oder kürzer: Mangelhaft! Setzen!

Die Popularisierung und Vulgarisierung von Bernsteins (und auch von Oever-manns) Ergebnissen hatte folgenschwere bildungspolitische Konsequenzen, je-denfalls für eine gewisse Zeit. Die kompensatorische Erziehung war eine von ihnen. Gemeint war damit eine Art Förderunterricht, der den sprachlich benach-teiligten Mitgliedern der Unterschicht ermöglichen sollte, Anschluss an das Ni-veau der Mittelschicht zu finden.

Vor allem in den USA führten ähnliche Untersuchungen wie die von Bernstein zu Rückschlüssen auf die Intelligenz der Benutzer des restringierten Kodes. Diese waren zu einem überdurchschnittlich hohen Prozentsatz Afro-Amerikaner und rassistische Interpretationen lagen dementsprechend nahe.

Das Programm von Bereiter/Engelmann, das sich u. a. auf Erkenntnisse wie die, dass Unterschichtskinder „total unfähig sind, Sprache als Vehikel zur Aufnahme und Wiedergabe von Informationen zu benutzen" (Bereiter/Engel-mann 1966: 39, zit. nach Dittmar 1980: 99) stützte, stellt dementsprechend einen Katalog mit fünfzehn Lernzielen vor, mithilfe derer die Defizite durch weit-gehend behaviouristisch geprägte Drills letztendlich behoben werden sollen.

Dieser Versuch, die so genannten Sprachbarrieren zu überwinden, schlug allerdings fehl, z. T. auch deshalb, weil die gesamte Kodetheorie an einem fundamental falschen Konzept krankt, nämlich der Gleichsetzung von elaboriertem Kode und sprachlicher Norm. Jede soziolektale Varietät wird dadurch automatisch zu einer Ansammlung von Normverstößen oder, anders, die jeweilige Sprache eines Landes ist eigentlich die Varietät der jeweils ton-angebenden Schicht.

Zudem wurde übersehen, dass ,elaboriert' und ,restringiert' in erster Linie situationsbedingte Merkmale sind. Mit anderen Worten, es ist bei all diesen Untersuchungen nie in Betracht gezogen worden, dass Elaboration auch im Soziolekt der Unterschicht und Restriktion im Soziolekt der Mittelschicht statt-finden können. Sprechstil und soziolektale Varietät können und dürfen nicht ohne weiteres gleichgesetzt werden, was jedoch leider geschah.

Bedingt durch diese, gelinde gesagt, arrogante Haltung der Vertreter der Defi-zithypothese in den USA formierte sich dort auch der Widerstand gegen diese sehr viel heftiger als in Europa.

William Labov brachte es auf den Punkt und formulierte auf der Basis einer breiten und mit verschiedenen, z. T. neuartigen Erhebungsmethoden kompilierten Datenbasis die so genannte Differenzhypothese.

Diese besagt, dass zwar durchaus schichtenpezifische Unterschiede im Sprachgebrauch existieren, dass diese jedoch keineswegs als Defizite in irgendeiner Hinsicht interpretiert werden können. Mit anderen Worten: Kommunikation von Mitgliedern der so genannten Unterschicht ist mitnichten weniger komplex als die von Angehörigen der Mittelschicht.

Labovs Kritik richtete sich im Detail auf folgende Aspekte der Untersuchungen, die im Rahmen der Defizithypothese vorgenommen wurden:

- Der situative Rahmen, d. h. die Tests, die durchgeführt wurden, wurde von den Probanden als bedrohlich empfunden und beeinflusste dementsprechend die Ergebnisse negativ. Es ist von daher unzulässig, die so erhobenen Daten als Indikatoren für generell vorhandene sprachliche Defizite zu werten.
- In einem zweiten Schritt wird dann das angeblich vorhandene verbale Defizit als hauptverantwortlich für die unzureichenden Leistungen in der Schule identifiziert.
- Angehörige der Mittelschicht zeigen zumindest bei verbalen Tests diese Leistungsschwächen nicht. Die Schlussfolgerung, dass die sprachlichen Normen der Mittelschicht für den schulischen Erfolg eine unabdingbare Voraussetzung sind, liegt daher auf der Hand.
- Hinzu kommt, dass die Abweichungen (Fehler) der Unterschichtssprecher von der Mittelschichtnorm als Hinweise auf vergleichbare Abweichungen (Fehler) beim logischen Denken interpretiert werden.
- Das verbale Training (kompensatorische Erziehung), das auf eine Angleichung an die Mittelschichtsnorm abzielt, wird dementsprechend auch als Training des logischen Denkens aufgefasst.
- Folglich wird erwartet, dass diese Unterweisung in Mittelschichtsnormen zu einer Leistungssteigerung in allen schulischen Bereichen führt.

Dieser Ansatz wurde enthusiastisch aufgenommen. Er passte auch sehr viel besser in das emanzipatorische Weltbild der *scientific community* und verdrängte in kurzer Zeit die Defizithypothese aus der Diskussion. Zur Illustration sollen hier nur kurz und sehr kondensiert einige der entscheidenden Ergebnisse, vor allem die von Labov selbst erzielten, vorgestellt werden.

The Social Motivation of a Sound Change (Labov 1963), eine soziophonologische Studie, beschäftigte sich mit der Sprachverwendung innerhalb der vier Bevölkerungsgruppen auf der Insel Martha's Vineyard / Massachusetts: Bewohner englischer Herkunft, portugiesische Einwanderer, Indianer und andere Siedler verschiedener Herkunft.

Labov beschreibt die unterschiedliche Realisation einzelner Phoneme des Englischen in den verschiedenen Sprechergruppen bzw. der nach Altersstruktur differenzierten Sprecher-Subgruppen und erklärt diese Aussprachevarianten mithilfe der Soziostruktur, dem Sozialprestige der einzelnen Gruppen und der Einstellung gegenüber den aktuellen Entwicklungen auf der Insel, nämlich dem Übergang von der Fischerei zum Tourismus als Haupterwerbsquelle.

Die großangelegte Studie *The Social Stratification of English in New York City* (1966) untersucht die Verwendung sprachlicher Variablen verschiedener sozialer Gruppen (*lower class, working class, lower middle class, upper class*) in verschiedenen Sprechsituationen (zwanglose Sprechweise, gewählte Sprechweise, Vorlesestil, Wortlisten, Aussprache von Minimalpaaren). Hervorstechendstes Ergebnis war, dass die Vertreter der *lower middle class* um so stärker die Prestigenorm der *upper middle class* anstrebten, je bewusster die Sprechsituation war (ab Vorlesestil), wobei es auch zu so genannten *hyper corrections* kommt; ein Hinweis auf die zentrale Bedeutung der Orientierung an sprachlichen Prestigenormen innerhalb einer Gesellschaft oder Sprechergemeinschaft. Vergleichbare Ergebnisse wurden von Harden (1982) in seinen Untersuchungen zur Realisation von /r/ durch Ruhrgebietssprecher erzielt.

Labovs Korrelation sprachlicher Phänomene und soziokultureller Parameter war richtungsweisend für die Weiterentwicklung vor allem der quantitativ empirisch ausgerichteten Soziolinguistik[3] und hat eine Fülle ähnlicher Studien in aller Welt inspiriert.

Da diese Art der soziolinguistischen Fragestellungen und Untersuchungen jedoch jeweils auf eine ganz bestimmte Sprachgemeinschaft und deren linguistische und kulturelle Praxis bezogen war, kann ein direkter Einfluss auf die Fremdsprachendidaktik eigentlich nicht angenommen werden. Einen indirekten und sogar recht deutlichen kann man aber sehr wohl konstatieren. Zum einen wurde durch die Diskussion um den Stellenwert und Status von Varietäten der Blick für die Eigengesetzlichkeiten von nicht normkonformen Ebenen und Elementen insgesamt geschärft, zum anderen wurde dadurch fast zwangsläufig die Perspektive auf die soziale Bedingtheit von Sprache stärker in den Vordergrund gerückt. Dies hatte auch in der Fremdsprachendidaktik zur Folge, dass die soziale und situative Gebundenheit von Sprache in Curricula und Lehrwerken eine gewisse Verankerung fand. Vor allem jedoch im Bereich der Erforschung des ungesteuerten Spracherwerbs bei Immigranten aller Art fanden die in der Soziolinguistik ent-wickelten Methoden – z. T. in entsprechend modifizierter Form – Anwendung. Dazu jedoch mehr in den Kapiteln 3.4 und 5.1.4.

Literaturtipps

Dittmar, Norbert/Schlobinski, Peter (Hgs) (1988), *The Sociolinguistics of Urban Vernarcular*. Berlin: de Gruyter.

Interessante Anthologie mit einer Reihe hochkarätiger Beiträge. Besonders empfehlenswert ist der Aufsatz von Stephen Levinson ‚Conceptual Problems in

---

3   Die Rezeption der ‚Differenz-Hypothese' in Deutschland hat sich u. a. auf die Sprachbarrierenforschung, im Besonderen auf die Untersuchung der sogenannnten ‚Gastarbeitersprachen' ausgewirkt; siehe dazu beispielsweise Dittmar/Klein (1975).

the Study of Regional and Cultural Style' (161-190), der sich mit dem Problem der Konzeptualisierung in der Soziolinguistik auseinandersetzt.

Keim, Inken/Schütte, Wilfried (Hgs) (2002), *Soziale Welten und kommunikative Stile*. Tübingen: Narr.

Umfangreiche Anthologie mit einer Fülle sehr interessanter Artikel. Anspruchsvolle, aber sehr lohnende Lektüre ist Fritz Schützes Beitrag ‚Das Konzept der sozialen Welt im symbolischen Interaktionismus und die Wissensorganisation in modernen Komplexgesellschaften' (57-83). Sehr empfehlenswert auch Inken Keims ‚Sozial-kulturelle Selbstdefinition und sozialer Stil: Junge Deutsch-Türkinnen im Gespräch' (233-259).

Lenz, Alexandra N. (2003), *Struktur und Dynamik des Substandards: eine Studie zum Westmitteldeutschen (Wittlich/Eifel)*. Stuttgart: Steiner.

Materialreiche Dissertation. Im Prinzip eher etwas für Kenner. Die Kapitel 1.2 und 1.3 bieten jedoch einen guten Überblick über die theoretische Diskussion. Auch Kapitel 6.1 zur Analyse von Hörereinstellungen ist sehr informativ.

Montgomery, Martin (1999), *An introduction to language and society*. London: Routledge.

Umfangreiche und sehr gut strukturierte Einführung. Vor allem Kapitel 7 ist als Lektüre zum vorliegenden Thema empfehlenswert.

Peyer, Ann/Portmann, Paul. R. (Hgs) (1996), *Norm, Moral und Didaktik – die Linguistik und ihre Schmuddelkinder*. Tübingen: Niemeyer.

Ziemlich heterogene Aufsatzsammlung. Ausgesprochen lesenswert ist der Beitrag von Ann Peyer et. al. ‚Die Linguistik und ihre Schmuddelkinder' (9-46).

Rucktäschl, Annamaria (Hg) (1973), *Sprache und Gesellschaft*. München: Fink.

Sammelband mit sehr unterschiedlichen Beiträgen. Obwohl etwas angejahrt, ist die Debatte zwischen Hans Moser ‚Sprachbarrieren als linguistisches und soziales Problem' (195-222) und Herbert E. Brekle ‚Nachgeholte Diskussionsbemerkungen zu Hans Mosers Vortrag' (223-229) nicht ohne Reiz und gibt einen interessanten Einblick in die damalige Diskussion.

Schlieben-Lange, Brigitte (1991), *Soziolinguistik*. Stuttgart: Kohlhammer.

Kompakte, sehr gut lesbare Einführung. Sehr empfehlenswert.

Thelen, Udo (1999), *Sprachliche Variation und ihre Beschreibung*. Tübingen: Niemeyer.

Romanistische Arbeit, bei der vor allem die einleitenden Kapitel einen guten Überblick über die Diskussion von Norm und Variation auf den verschiedenen Analyseebenen vermitteln.

Natürlich dürfen auch die Klassiker nicht fehlen:

Bernstein, Basil (1971), *Class, Codes and Control. Vol. I, Theoretical Studies Towards a Sociology of Language*. London: Routledge and Kegan Paul.

Der Band zeichnet die Auseinandersetzung Bernsteins mit dem Thema über dreizehn Jahre nach.

Kritisch dazu:

Labov, William (1972), The logic of non-standard English. In: Labov, William (1972), *Language in the Inner City. Studies in the Black English Vernacular.* Philadelphia: University of Pennsylvania Press.

Aktivitäten

1. Diskutieren Sie, warum nach wie vor die nicht normgerechte Beherr-schung der Sprache ein soziales Auswahlkriterium ist, viel stärker als z. B. Defizite in anderen Bereichen (Mathematik, Geographie etc.).

2. Von den Verfechtern der Defizithypothese wäre der folgende Auszug mit Sicherheit als ‚restringiert' eingestuft worden. Nehmen Sie die Kriterien in der Aufstellung auf Seite 97f zur Hand und begründen Sie ein solches Urteil.

> Doris: *Wenn sie Bräute in Leder sehen, dass die eben so auf Karre stehen, dann denken sie, mit denen können sie alles machen, die denken, hör zu, Alter, die brauchen bloß ankommen, du Alte, ich hab ‚ne Karre, mach die Beene breit oder wat. Aber det geht nicht an, wa. Det kann gar nicht angehen ... Ist mir lieber, wenn ich zu hören krieg, Alte, det ist heute nischt, setz dir mal drei Stühle weiter, oder so, vergiß es heute, ist mir immer noch lieber, als wenn de dann immer hörst, na ja, na ja, na ja, und denn verkrümelt der sich und so, verstehste. Und die Rocker-Typen sagen eben, eh, Alte, laß mir zufrieden, looft heute nischt, wa, ich hab heut keen Bock oder wat, und dann ist det gut, wa. Und das wird dann eben auch akzeptiert. Die schmiern dir da nicht irgendwie was vor. Da weeßte eben, wo de dran bist. Genauso wenn die mit dir ins Bette gehen wollen. Dann sagen sie eben, hör zu, Alte, ich hab Bock auf dich, und dann ist det gut, wa. Wenn de nicht willst, sagste, nee, Alter, looft nischt, und wenn de willst, sagste, ist gut, gebongt, wa. Und nicht erst mit groß irgendwat, muß ich ihr erst ‚ne Blume schenken oder weeß ick.* (Kursbuch 54 Jungen 1978, zit. nach Hog et al. 1984: 107)

3. Versuchen Sie nun Doris' Ehre anhand einer an der Differenz-hypothese orientierten Argumentation zu retten.

3.2.1   Diglossiestudien

Eng mit dem oben skizzierten Forschungsfeld verbunden sind auch die Bilingualismusstudien. Bilingualismus hier nicht verstanden als die Fähigkeit des Individuums, mehr oder weniger kompetent in zwei Sprachen oder auch zwei Varietäten einer Sprache zu kommunizieren, sondern die relativ stabile Situation innerhalb einer Sprachgemeinschaft, innerhalb derer die erwähnten Varietäten bzw. Sprachen in bestimmten, nach Grad der Formalität unterschiedenen Situationen verwendet werden. Die Tatsache, dass innerhalb einer Sprachgemeinschaft keine Homogenität hinsichtlich der Sprachverwendung vorliegt, ist an sich nicht weiter bemerkenswert. Es ist eher die Zuordnung zu Situationen, Sprechern und weiteren Faktoren sowie die Bewertung, die Varietäten durch die Sprechergemeinschaft erfahren, die das Forschungsinteresse geweckt hat. Grundsätzlich kann dabei zwischen einer *low variety* und einer *high variety* unterschieden werden, wobei die Adjektive eben nicht unbedingt etwas über die sprachliche Funktionalität aussagen, sondern vielmehr die Einstellung gegenüber den Varietäten anzeigen. Die *high variety* ist normalerweise vor allem durch ihre durchgehende Kodifizierung gekennzeichnet, sie ist die Sprache der Literatur und der schriftlichen Kommunikation und wird meist durch Bildungsinstitutionen vermittelt und tradiert. Für die ‚normale‘ Alltagskommunikation ist sie weniger von Bedeutung, ihre Kenntnis oder Beherrschung ist jedoch in Hinsicht auf den sozialen Status der Mitglieder der jeweiligen Sprachgemeinschaft ausschlaggebend.[4] Der Terminus für dieses Phänomen, der sich in Anlehnung an die Arbeiten Fergusons weitgehend durchgesetzt hat, ist Diglossie. Er soll auch, um Verwechslungen mit dem eher psycholinguistisch interessanten, individuellen Biliungualismus zu vermeiden, im weiteren Verlauf benutzt werden. Unter Diglossie ist nach Ferguson (1959) eine stabile Sprachsituation innerhalb eines Landes oder einer Region zu verstehen, bei der zwei Varietäten einer Sprache oder auch zwei Sprachen nebeneinander existieren. Diglossiesituationen finden wir z. B. in der deutschsprachigen Schweiz, in den arabischsprachigen Ländern sowie in vielen ehemaligen französischen und englischen Kolonien, wo die Sprache der jeweiligen Kolonialmacht nach wie vor in bestimmten formellen Kontexten verbindlich ist.

Die Ausweitung des Diglossiebegriffs auf die letztere Situation, also die Koexistenz von zwei oder mehreren Sprachen innerhalb einer Sprachgemeinschaft, ist von Fishman angeregt und vorgenommen worden. Im Anschluss daran hat es eine ganze Reihe von Definitionsversuchen und terminologischen Anstrengungen bezüglich der Klassifizierung unterschiedlicher Diglossiesituationen gegeben, die aber eher für Verwirrung als für Klärung sorgen. Kloss (1966: 138) schlägt für die Verhältnisse, die durchaus sinnvollerweise als ‚klassisch‘ (Ferguson) oder ‚erwei-

---

4   Die high variety beschreibt Ferguson (1959: 336) im Verhältnis zur *low variety* als „very divergent highly codified [...] vehicle of a large and respected body of written literature [...] which is learnt largely by formal education and is used for most written and formal spoken purposes but is not used by any sector of the community or ordinary conversation."

tert' (Fishman) bezeichnet werden können, die Termini ‚innere' (in) und ‚äußere'
(out) Diglossie vor, wobei der erstere sich auf die (enge) Verwandtschaft der
Varietäten, der letztere sich auf deren Nichtvorhandensein bezieht. Welche Terminologie man auch immer wählen mag, der Umstand, dass diese grundsätzlich
unterschiedlichen Typen der Diglossie die gesellschaftliche Dynamik auch unterschiedlich prägen und beeinflussen, ist unstrittig. Fishman hat darüber hinaus
den Faktor ‚Konsensus' in die Diskussion eingeführt, d. h. es werden die beiden
koexistierenden Varietäten übereinstimmend als verwandt oder als nicht verwandt gesehen. Das karibische Englisch ist einer dieser Fälle, da nach wie vor un-
klar ist, ob es als ein Dialekt des Englischen oder aber als eigenständige Sprache
aufzufassen ist. Für das Schweizerdeutsch schien dies lange Zeit unproblematisch
zu sein, aber der ehemals bestehende Konsens zeigt deutliche Erosionserschei-
nungen.

Die folgende Auf- und Gegenüberstellung Fishmans von 1980 illustriert,
welche Kombinationen von *high variety* (H) und *low variety* (L) möglich sind.

1. **H als klassische, L als umgangssprachliche Varietät, beide Formen
   sind genetisch miteinander verwandt**. Beispiele: klassisches und um-
   gangssprachliches Arabisch, Latein und Französisch unter Gelehrten
   im mittelalterlichen Frankreich, klassisches und modernes Mandarin
   etc.
2. **H als klassische Varietät, L als Umgangssprache. Es bestehen aber
   keine Verwandtschaftsbeziehungen**. Beispiele: Schrifthebräisch und z.
   B. Jiddisch oder eine der vielen anderen nicht-semitischen Varietäten,
   die als Umgangssprachen fungieren.
3. **H als schriftsprachliche und in formellen Kontexten gesprochene
   Form und L als Umgangssprache, wobei keine genetische Beziehung
   zwischen beiden besteht**. Beispiel: Spanisch und Guaraní in Paraguay,
   Englisch (oder Französisch) und die lokalen Sprachen in den
   ehemaligen Kolonien.
4. **H als schriftsprachliche und in formellen Kontexten gesprochene
   Form, L als Umgangssprache, wobei beide Formen genetisch miteinander verwandt sind**. Unter diese Rubrik fallen nur solche Situationen, bei denen eine signifikante Diskrepanz zwischen den Varietäten vorliegt, in dem Sinne, dass ohne institutionelle Unterweisung
   die formale Varietät nicht einmal verstanden wird. Ohne dieses Kriterium würde ansonsten jedes Dialekt-Standardsprache-Verhältnis unter
   die obige Definiton fallen. Beispiele: Hochdeutsch und Schweizerdeutsch, Englisch und karibische Kreolsprachen (vgl. Fishman 1989).

Die oben charakterisierten Unterschiede gehen weit über die offensichtliche Op-
positon zwischen ‚verwandt' und ‚nicht verwandt' hinaus. Sie sind in erster Linie
durch die in den jeweiligen Gesellschaften herrschenden Machtverhältnisse
bestimmt. Verschiedentlich ist die Meinung geäußert worden, dass erweiterte
Diglossie prinzipiell unstabil ist, wenn nicht bestimmte Bedingungen, die in der

Regel an Macht oder soziales Prestige geknüpft sind, erfüllt werden. Dies trifft allerdings bis zu einem bestimmten Grad auch für die klassische Diglossie zu. Hinzu kommt, dass die Diglossiesituationen sich ändern können, d. h. eine klassische Diglossie kann langsam in eine erweiterte übergehen, ohne dass die jeweiligen Sprachgemeinschaften sich dessen bewusst sind.

Die klassische Diglossie (Ferguson) hatte das Ziel, Sprachgemeinschaften zu beschreiben, nicht unbedingt die Sprachen. D. h. sie benutzte sprachliche Merkmale, um soziologisch komplexe Situationen zu diagnostizieren und zu analysieren. Wichtigstes Unterscheidungskriterium zwischen eben dieser klassischen Diglossiesituation und anderen (Hochsprache und Dialekt z. B.) ist die funktionale Distribution bzw. Stratifikation der von H-Varietät und L-Varietät, d. h. die beiden Kodes haben jeweils hochspezialisierte Aufgaben und werden in unterschiedlichen Domänen verwandt. Es handelt sich um Registervarianten, sprachliche Formen, die mit klar unterschiedenen sozialen Kontexten und Situationen assoziiert werden. Dementsprechend gelten strikte Bedingungen hinsichtlich der Angemessenheit der Verwendung.

Zudem gelten nach Ferguson noch eine Reihe von weiteren Beschränkungen für die klassische Diglossie. Während die L-Varietät als Muttersprache von allen Mitgliedern der Sprachgemeinschaft erworben wird, ist die H-Varietät – wie bereits oben erwähnt in der Regel an institutionelle Unterweisung gebunden. Außerdem besteht eine historische Beziehung zwischen beiden und zwar der Art, dass die Varietäten einander näher stehen, als es bei unterschiedlichen Sprachen der Fall ist, aber weiter voneinander entfernt sind als die jeweiligen Dialekte einer Sprache untereinander. Das Modell bezieht sich darüber hinaus nur auf Situationen, in denen zwei (und nicht mehr) Registervarianten vorliegen, wobei die H-Varietät meist ein hohes Prestige genießt, während L als ,verdorben' empfunden wird. Dessen ungeachtet ist L aber die Sprache der Alltagskommunikation, während der Gebrauch von H meist einer besonderen Anstrengung bedarf. H ist dementsprechend auch die Schriftsprache und somit normiert und kodifiziert. Dadurch ist H gegenüber Veränderung relativ resistent, L dagegen einem ständigen Wandel unterworfen. Die Tatsache, dass innerhalb der beiden Registervarianten eine unterschiedliche Dynamik wirksam ist, bewirkt nach Ferguson eben genau jene Stabilität, die für die klassische Diglossie so charakteristisch ist.

Betrachtet man die oben angeführten Charakteristika einer klassischen Diglossiesituation, dann fällt auf, dass diese in vielen Bereichen Ähnlichkeiten mit der Situation des institutionellen Sprachunterrichts aufweist.

Literaturtipps

Fishman, Joshua A. (Hg) (2002), *Focus on diglossia*. Berlin: Mouton de Gruyter.

> Sehr empfehlenswerte Anthologie neueren Datums. Sollte auf jeden Fall konsultiert werden.

Kühn, Peter (1980), Deutsche Sprache in der Schweiz. In: Althaus, Hans-Peter/Henne, Helmut/Wiegand, Herbert Ernst (Hgs) (1980), *Lexikon der germanistischen Linguistik*. Tübingen: Niemeyer.

> Kompakter Artikel, der umfassend über die Diglossiesituation in der deutschsprachigen Schweiz informiert.

Rash, Felicity (2002), *Die deutsche Sprache in der Schweiz. Mehrsprachigkeit, Diglossie und Veränderung*. Frankfurt/M.: Lang.

> Obwohl eher für Fachleute gedacht, bietet diese Arbeit durchaus interessante allgemeine Einblicke in die Diglossieforschung und verwandte Bereiche wie Sprachplanung und Sprachpolitik. Den Kapiteln 1.2 – 1.2.2 sollte besondere Aufmerksamkeit gewidmet werden.

Riehl, Claudia Maria (2004), *Sprachkontaktforschung. Eine Einführung*. Tübingen: Narr.

> Äußerst empfehlenswerte Einführung in den gesamten Problemkreis ,Sprachkontakt'. Vor allem Kapitel 2 (Wirkungen des Sprachkontakts) verdient besondere Beachtung.

Schmidlin, Regula (1999), *Wie deutschschweizer Kinder schreiben und erzählen lernen*. Tübingen: Francke.

> Dissertation, in der die mündliche Erzählfähigkeit monolingualer und bilingualer Kinder in der Schweiz untersucht wird. Für dieses Kapitel ist vor allem der gesamte Abschnitt 1.2 (48-67) interessant.

Aktivitäten

1. Die von Fishman und Ferguson beschriebenen Situationen erscheinen auf den ersten Blick als relativ neutral. Grundsätzlich bergen sie aber immer politischen Zündstoff. Diskutieren Sie das folgende Zitat unter diesem Blickwinkel.

   > Ein Sprachkonflikt liegt dann vor, wenn zwei deutlich voneinander verschiedene Sprachen sich gegenüberstehen, wobei die eine politisch dominiert und die andere politisch unterworfen ist. Die Formen der Dominanz sind vielfältig und gehen von den eindeutig repressiven bis zu den politisch toleranten, deren repressive Kraft vor allem ideologischer Natur ist. Ein Sprachkonflikt kann latent oder akut sein, je nach den sozialen, kulturellen und politischen Gegebenheiten

der Gesellschaft, in der er auftritt (Aracil,
Lluís/Ninyoles, Rafael/Vallverdú, Francesc
1977 zit. nach Kremnitz 1994: 34).

2. Sprachkonflikte gibt es in einer Reihe von europäischen Ländern.
    Finden Sie zwei bis drei Beispiele und versuchen Sie, die Ursachen für
    die Konfliktsituation zu beschreiben.

3. Deutschland ist, aller offiziellen Politik zum Trotz, seit geraumer Zeit
    ein Einwanderungsland. Sehen Sie hier das Potential dafür, dass sich in
    Zukunft eine stabile Diglossiesituation ausbilden könnte? Welche Art
    von Konflikt könnte sich daraus möglicherweise entwickeln?

3.2.2   Exkurs: Dialektologie

Die Erforschung der regional determinierten Besonderheiten einer Sprache ist im deutschen Sprachraum wohl diejenige, die die längste Tradition innerhalb soziolinguistischer Fragestellungen im weitesten Sinne vorzuweisen hat.

Bereits im frühen 14. Jahrhundert werden in *Der Renner* von Hugo von Trimberg regional determinierte lautliche Verschiedenheiten im Deutschen erwähnt. Auch in den folgenden Jahrhunderten wurden, u. a. im Gefolge der Debatte um die Normierung der Volkssprache, immer wieder Mundartwörterbücher und Glossarien erstellt.

Gesehen wird Mundart bzw. Dialekt dabei immer vor der Folie einer Hochsprache, meist der (gebildeten) schriftsprachlichen Varietät derselben. Dadurch entsteht bereits eine Polarisierung ganz besonderer Art, da Dialekte nur in Ausnahmefällen über schriftsprachliche Zeugnisse verfügen. Naturgemäß befinden sich zwischen Daten mit ausgeprägten Dialektmerkmalen (mündlich) und den zum Vergleich herangezogenen hochsprachlichen Daten (schriftlich) eine Anzahl unterschiedlicher Dialektniveaus (Dialektkontinuum), die bei Bedarf auch während eines Gesprächs gewechselt werden können.

Ein Ortsdialekt ist demnach zu sehen als diejenige Varietät einer Sprache, die hinsichtlich der Menge der Regeln, denen sie folgt, den größten Unterschied zur Hoch- oder Schriftsprache aufweist. Bei den bereits erwähnten Dialektniveaus, die dazwischen liegen, wird dieser Unterschied immer geringer.

Nach Ammon (1973) lassen sich solche dialektalen oder hochsprachlichen Einheiten in vier verschiedene Klassen einteilen. Mithilfe dieser Einteilung können die einzelnen Einheiten gemäß ihres Dialektniveaus in dialektalen Stufenleitern geordnet werden. Dabei wird „die Relation der Stufen zueinander (...) durch das Zeichen < aus der Mengenlehre" ausgedrückt, wobei „die Stufe vor dem geschlossenen Pfeilende" diejenige mit dem ausgeprägteren Dialekt und somit dem kleineren Gebrauchsradius ist.

Die erwähnten frühen Studien standen noch recht isoliert im Raum. Die große Zeit der Dialektologie brach im 19. Jahrhundert an. Die Sprachwissenschaft insgesamt lehnte sich hinsichtlich ihrer theoretischen und methodischen Grundlagen immer stärker an die exakten Wissenschaften an und dementsprechend trat die Beschreibung und Analyse empirisch erhobener ‚echter' Sprachdaten in den Vordergrund. Sprachkarten und Atlanten wurden z. B. für Bayern von Schmeller (1821) und für Deutschland von Bernhardi (1844) erstellt. All diese, z. T. auch durch die politische Situation in Deutschland und die Suche nach einer nationalen Identität, die ja Programm der Romantik generell war, motivierten Untersuchungen wurden jedoch von der in ihrem Umfang wohl einzigartigen Erhebung Georg Wenkers in den Hintergrund gedrängt.

Diese kann durchaus als Grundlage und Motor der ‚modernen' Dialektologie in Deutschland, das nebenbei bemerkt im 19. Jahrhundert in der Sprachwissenschaft führend war, angesehen werden.

Motiviert war sie in nicht unerheblichem Maße durch den ‚Streit um die Lautgesetze'. Es würde hier zu weit führen, diesen näher zu erörtern. Die grundsätzliche Frage dabei war, ob Lautgesetze, deren Wirkung analog zu derjenigen natur-wissenschaftlicher Gesetze gesehen wurde, ausnahmslos wirken, d. h., ob Sprachwandel in einer bestimmten gesetzmäßigen Gleichförmigkeit verläuft und dementsprechend auf der Grundlage der gegenwärtigen Sprachstufe und der Kenntnis von Teilen vorangegangener Sprachstufen zukünftige Entwicklungen prognostiziert bzw. vorschriftliche Formen rekonstruiert werden können.

Zur endgültigen Beantwortung dieser Frage wurde 1876 eines der umfang-reichsten empirischen Projekte in der Linguistik überhaupt in Angriff genommen. Es handelt sich bei diesem Unternehmen jedoch um eine indirekte Erhebung, d. h. es wurden nicht die Sprachdaten der Probanden direkt aufgezeichnet, sondern vierzig Sätze, die berühmten Wenker-Sätze (Beispiel: *Im Winter wehen die trockenen Blätter durch die Luft*), wurden an über 50.000 Schulen im gesamten Reich verschickt mit der Bitte an die Lehrer, diese Sätze doch so getreu wie möglich in den örtlichen Dialekt zu übertragen. Die unglaubliche Datenmenge, die auf diese Weise zusammenkam, lagert heute – z. T. immer noch unanalysiert – im Archiv des Forschungsinstituts *Deutscher Sprachatlas* in Marburg.

Im Gefolge dieser monumentalen dialektologischen Datenerhebung wurde auf der Grundlage des nun vorliegenden Materials eine Reihe von Untersuchungen zu Orts- und Gebietsmundarten erstellt, häufig als Dissertation mit Titeln wie ‚Über den Dialekt von X'. Bei diesen Arbeiten traten die oben bereits angeführten Probleme schärfer hervor als bei der Wenker-Erhebung selbst und ohne dass eine methodische Diskussion stattgefunden hätte, rückten soziale Parameter immer deutlicher ins Blickfeld. Welchen Hintergrund hatten die Informanten? Waren Sie sozial und geographisch mobil? Wenn ja, waren die Sprachdaten dann nicht durch Kontakt mit anderen Dialekten kontaminiert? Junge Leute zeigten im Verhältnis zur Eltern- oder Großelterngeneration weniger eindeutige Mundartphänomene. Sollte man sich demnach, um dem ‚wirklichen' Dialekt auf die Spur zu kommen, nur an ältere Leute halten? Der Dialektologie fällt es traditionell sehr schwer, mit der oben angesprochenen Problematik umzugehen. Die historischen und wissenschaftsgeschichtlichen Gründe dafür müssen hier nicht weiter erläutert werden, aber man kann sich leicht vorstellen, wie schwierig es ist, a) präzise zu bestimmen, welches denn nun die entscheidenden Merkmale eines bestimmten Dialekts sind, und b) diesen dann räumlich entsprechend zu begrenzen. Der Dialekt ist ja eben nicht (wie z. B. Flora oder Fauna) an ein bestimmtes Biotop gebunden, sondern an Sprecher und diese bewegen sich, kommen wieder, Sprecher anderer Dialekte (möglicherweise in beträchtlichen Zahlen) ‚dringen ein' etc., so dass sich nach einiger Zeit der Dialekt der Region X möglicherweise weit von der ‚ursprünglichen' Mundart entfernt hat. Die Suche der Dialektologen nach den ‚alten Leuten', die eben noch die jeweils ‚echteste' Form sprachen, ist daher auch als eine Art Witz in die Zunft eingegangen.

Die soziologische Komponente, die in der Dialektologie latent immer vorhan-den war, rückte in den 1970er Jahren im Gefolge der Diskussion um die Diffe-renz- und Defizithypothese stärker in den Brennpunkt des Interesses.

In verschiedenen Untersuchungen wurde das Problem der Sprachbarrieren analysiert. Mit dem Resultat, dass gezeigt werden konnte, dass Schüler, deren Sozialisation in einer Mundart stattgefunden hatte, allgemein größere Schwierigkeiten bei der Aneignung schriftsprachlicher Normen hatten als solche, deren sprachliches Umfeld die Hochsprache war.[5] Inwieweit dies tatsächlich auf den Dialekt als solchen oder aber auf andere Faktoren zurückzuführen ist, soll nicht weiter erörtert werden. Ein Blick auf die von Ammon (1973) vorgestellten Ergebnisse seiner Studie zur sozialen Verflechtung von Dialekt und Einheitssprache lässt aber die Mundart als hauptverantwortlichen Faktor für unzureichende schulische Leistungen zumindest zweifelhaft erscheinen.

Nach Ammon ergibt sich folgendes Bild:

- In den niedrigeren sozialen Schichten wird weniger die Einheitssprache gesprochen als in den höheren Schichten;
- insgesamt sprechen Männer eher die Einheitssprache als Frauen, bei gleichem Alter und gleicher Berufsgruppe tendieren Frauen jedoch mehr zur Einheitssprache hin;
- beim Altern wandelt sich die Sprache in Richtung Mundart;
- die junge Generation gebraucht eher die Hochsprache als die mittlere Generation;
- Dialekt nähert sich fortschreitend, aber langsam an die Standardsprache an.

Die Zusammenfassung zeigt deutlich die Probleme, die sich der Mundartforschung mit ihrem begrenzten theoretischen und methodischen Instrumentarium bereits bei der Beschreibung von verhältnismäßig stabilen ruralen Verhältnissen stellten, zumal das Element ‚Schicht' sich immer stärker in den Vordergrund drängte. An ‚Schicht' war, wie unscharf auch immer dieses Konzept gefasst sein mag, ein ganzes Bündel von weiteren Faktoren geknüpft: Schulbildung, Einkommen, Mobilität, die alle mehr oder weniger stark das Sprachverhalten mitprägten. Bei alten Frauen der Unterschicht mit geringer Schulbildung, die wenig mobil und zudem einkommensschwach waren, ließ sich durchaus der ‚echteste' Dialekt nachweisen. Aber was sagte das über den Dialekt als regionale Varietät aus? Nicht allzu viel.

Noch wesentlich problematischer gestaltete sich der Umgang mit urbanen Dialekten und mit dem, was weitgehend ohne Definition als ‚Umgangssprache' angesehen wurde. Ständigen Veränderungen und rasch wechselnden Einflüssen unterworfen und vage irgendwo zwischen ‚echtem' Dialekt und ‚echter' Hochsprache verortet, waren diese Umgangssprachen ein Bereich, der sich für das Instrumentarium der Dialektologie als weitestgehend unzugänglich darstellte. Zwangsläufig musste dies dazu führen, dass eine Erweiterung des Paradigmas stattfand. Die Soziolinguistik bot sich hier an und hat seit den 1960er

---

[5]   Der Begriff ‚Hochsprache' ist in verschiedener Hinsicht problematisch. Darauf soll jedoch hier nicht weiter eingegangen werden.

und 1970er Jahren entscheidenden Einfluss auch auf dialektologische Fragestellungen gehabt.

Auch für die Dialektologie gilt ganz allgemein, dass ihr Einfluss auf die
Fremdsprachendidaktik eher indirekt war. Bei Sprachgemeinschaften mit stabiler
Diglossie (siehe dazu Kapitel 3.2.1), wie z. B. der deutschsprachigen Schweiz,
stellen sich ja durchaus Fragen, die die Vermittlung der Hochsprache betreffen,
und die denen, die im ‚echten' Fremdsprachenunterricht auftreten, nicht ganz
unähnlich sind.

Literaturtipps

Löffler, Heinrich (2003), *Dialektologie*. Tübingen: Narr.

  Kompakte, gut lesbare und umfassende Darstellung der Problemfelder und
  Fragestellungen in der Dialektologie. Sehr empfehlenswert für die Thematik dieses
  Kapitels.

Stellmacher, Dieter (Hg) (2000), *Dialektologie zwischen Tradition und Neuansätzen*.
Stuttgart: Steiner.

  Es handelt sich bei diesem Band um Kongressakten. Dementsprechend heterogen
  und spezialisiert sind die Beiträge. Ein informativer Überblick findet sich in Peter
  Wiesingers Beitrag ‚Die deutsche Dialektologie zwischen Tradition und Neuansätzen'. Der Aufsatz von Karl-Heinz Bausch vermittelt einen guten Einblick in die aktuellen Fragestellungen, die innerhalb der Dialektologie bearbeitet werden.

Aktivitäten

1. Auch heute erfreuen sich Dialekte in einem bestimmten Rahmen einer
    gewissen Wertschätzung. Sie gelten als bodenständig, heimatverbun-
    den, gemütlich etc. Aber nicht alle: Welche regional geprägten Varie-
    täten werden eher belächelt oder sogar als unangenehm empfunden?
    Nehmen Sie einen Sprachatlas und bewerten Sie (ganz subjektiv), wie
    Sie die jeweiligen Dialekte empfinden.
2. In den neueren Lehrwerken für Deutsch als Fremdsprache finden sich
    hin und wieder Hinweise auf die Dialektvielfalt in Deutschland, z. T.
    mit Textproben. Für wie sinnvoll halten Sie derartige Informationen?
    Was kann ein Lerner Ihrer Ansicht nach damit anfangen? Inwieweit
    wären für Sie Erläuterungen z. B. zum schottischen Englisch hilfreich?

3.3   Ethnographie des Sprechens

Die Ethnographie des Sprechens bzw. der Kommunikation, eng verknüpft mit den Namen Hymes und Gumperz, die nicht eigentlich eine linguistische Strömung ist, sondern eher eine Methode (Duranti 1997: 84f), hat die Diskussion innerhalb der Soziolinguistik in entscheidender Weise mit beeinflusst. Wichtiger aber ist, dass sie die ,kommunikative Kompetenz', eines der wichtigsten Konzepte überhaupt in der Fremdsprachendidaktik, in den Vordergrund des Forschungsinteresses gestellt und auf diese Weise eine äußerst fruchtbare Debatte in diesem Bereich ausgelöst hat.

Entwickelt wurde die ,kommunikative Kompetenz' in der kritischen Ausein-andersetzung mit dem sehr eng gefassten generativen Sprachkonzept und dem damit verbundenen Kompetenzbegriff, der von einem idealen Sprecher/Hörer ausgeht, der in einem nicht weiter definierten Raum agiert.

Die Ethnographie des Sprechens vertritt dagegen den Standpunkt, dass Äuße-rungen nur innerhalb bestimmter Zusammenhänge auftreten und auch nur inner-halb dieser Sinn machen. Da die Kontexte ständig wechseln, sind auch die Äuße-rungen entsprechend unterschiedlich. Die wie auch immer im Einzelnen definierten Situationen sind in ihrer Unterschiedlichkeit jedoch nicht zufällig oder beliebig, sondern ihre Strukturen sind denen einer Grammatik durchaus vergleichbar.

> Underlying the diversity of speech within communities and in the conduct of individuals are systematic relations, relations that, just as social and grammatical structure, can be the object of qualitative enquiry. A long-standing failure to recognise and act on this fact puts many now in the position of wishing to apply a basic science that does not yet exist (Hymes 1972a: 39).

Die Ethnographie des Sprechens ist demnach mit den Situationen und Ge-brauchsformen, den Mustern und Funktionen des Sprechens als einer sozialen Aktivität eigener Prägung befasst (vgl. Hymes 1968: 101). Das kommunikative Ereignis (*communicative event* bzw. *speech event*) steht dabei im Zentrum des Inter-esses. Der Ausgangspunkt der Analyse ist, so Hymes (1964: 13), die Gesamtheit der Kommunikationsgewohnheiten einer Gemeinschaft. Untersucht werden soll, welche Faktoren ein Kommunikationsereignis überhaupt erst konstituieren, welche Bestandteile es hat und in welcher Form es vom situativen Kontext be-dingt ist.

> A general theory of the interaction of language and social life must encompass the multiple relations between linguistic means and social meaning. The relations within a particular community or personal repertoire are an empirical problem, calling for a mode of description that is jointly ethnographic and linguistic (Hymes 1972a: 39).

Die Frage, bzw. die Fragen, die die Ethnographie der Kommunikation stellt, sind dementsprechend nicht nur auf das, was gesagt wird, bezogen, sondern vor allem darauf, wann, wo, von wem, zu wem und in welcher Weise es gesagt wird. Dies schließt natürlich auch all das ein, was unter den entsprechenden Voraussetzungen nicht gesagt werden kann.

Das methodische Vorgehen ist dabei die teilnehmende Beobachtung, d. h. ein unvoreingenommenes Wahrnehmen der beobachteten Phänomene, sowohl vom Standpunkt der aktiv Beteiligten als auch aus der Perspektive des Beobachters. Ziel ist es, die Strukturen der Kommunikation und Interaktion auf den verschiedenen Ebenen aufzudecken und ihre Funktionen zu beschreiben.

Die bereits erwähnte kommunikative Kompetenz lässt sich in vier gesonderte, aber eng miteinander verzahnte, Wissensbestände aufteilen:

1. possibility
2. feasibility
3. appropriateness
4. attestedness

Bei der *possibility* handelt es sich um ein Wissen hinsichtlich der formalen Richtigkeit einer Äußerung. Ein muttersprachlicher Sprecher ‚weiß‘ einfach, ob ein Satz grammatisch möglich ist oder nicht. *Du hier nix parken* ist grammatisch nicht möglich, er kann aber durchaus *appropriate* bzw. *feasible* sein, während *Sie dürfen hier nicht parken* grammatisch einwandfrei ist, aber keineswegs unbedingt *appropriate*, z. B. wenn man es im Flugzeug zu seinem Sitznachbarn sagt.

Der kompetente Sprecher kennt nicht nur die Regeln und befolgt sie im Normalfall, sondern er ist auch in der Lage, sie bewusst zu brechen, z. B. bei Wortspielen oder Witzen.

Die Kompetenz der Chomsky'schen Prägung, hier am ehesten mit der *possibility* zu vergleichen, bezieht sich ausschließlich auf das grammatische Wissen der muttersprachlichen Sprecher. Das Konzept der kommunikativen Kompetenz setzt genau bei dieser Beschränkung kritisch an und bezieht einen sehr viel weiteren Bereich in den Kompetenzbegriff mit ein.

Es sollte aber nicht vergessen werden, dass das Programm der Generativen Grammatik ganz andere Ziele verfolgte und verfolgt und dass Kommunikation dabei kaum eine Rolle spielt. Ob eine derartige Verengung des Erkenntnisinteresses dem Gegenstand angemessen ist oder nicht, ist eine berechtigte Frage. Wenn aber eine Disziplin den Bereich ihres Interesses klar abgrenzt, dann ist es nicht unproblematisch, Kritik daran zu üben, dass bestimmte Faktoren, die erklärtermaßen außerhalb des Forschungsbereiches liegen, in den Ergebnissen keine Berücksichtigung finden.

Die zweite Komponente der kommunikativen Kompetenz – *feasibility* – bezieht sich darauf, dass Sprecher eine klare Vorstellung davon haben, welche Menge an Information überhaupt verarbeitet werden kann. So gibt es beispielsweise eine Grenze bei der Anzahl von eingebetteten Nebensätzen, ab der, vor allem beim Sprechen, die Übersicht verloren geht.

Spiele, bei denen immer weitere Relativsätze eingebettet werden, beziehen ja ihren Reiz genau aus dem Umstand, dass zu irgendeinem Zeitpunkt einer der Mitspieler den Überblick verliert und einen Fehler macht. Das heißt, obwohl auch zehn Einbettungen völlig *possible* sind, wird keiner sie benutzen, weil es Probleme mit der *feasibility* gibt.

Die dritte und wohl komplexeste Komponente ist die *appropriateness*. Sie ist es auch, die – leider – in den kommunikativen fremdsprachlichen Lehrwerken die größte (man könnte fast sagen ausschließliche) Beachtung gefunden hat. *Appropriateness* ist das Wissen um die Beziehung zwischen sprachlichem Handeln und dem weiten Bereich der situativen Kontexte.

Es ist ein Regelwerk, das von allen Sprechern einer Gemeinschaft geteilt und akzeptiert wird. Im Gegensatz zu Verstößen gegen grammatische Regeln kann eine Nichtbeachtung der Angemessenheitsregeln zu schweren Kommunikationskrisen führen.

Das vierte Element der kommunikativen Kompetenz, die *attestedness*, ist von eher geringer Bedeutung, da es sich auf ein Wissen hinsichtlich dessen, was in der Terminologie Coserius als ,wiederholte Rede' im Gegensatz zur ,Technik der Rede' bezeichnet wird, bezieht. ,Wiederholte Rede' bedeutet, dass feste Fügungen gebraucht werden, deren zu Grunde liegende Regeln nicht (mehr) produktiv sind, die aber eben nur genau in dieser Form auftreten (können). Bei sehr heftigem Regen sagt man z. B. im Englischen *It's raining cats and dogs*. Man könnte ohne gegen eine grammatische Regel des Englischen zu verstoßen durchaus auch *It's raining dogs and cats* sagen, was aber gegen die Regeln der *attestedness* wäre.

Kommunikative Kompetenz zu besitzen bedeutet also über Wissensbestände, die weit über das rein linguistische Wissen hinausgehen, zu verfügen. Oder anders: Als muttersprachliche Sprecher verfügen wir über ein hochkomplexes Regelwissen, das es uns erlaubt, weitgehend problemlos in unserer jeweiligen Sprachgemeinschaft zu kommunizieren – im Idealfall. Denn es ist ja nicht so, dass die Regeln innerhalb einer Sprachgemeinschaft völlig homogen wären. Verschiedene Subgruppierungen legen sich auch, oft schon um sich abzugrenzen, unterschiedliche Kommunikationsnormen zu (vgl. 3.1 und 3.2).

Besonders interessant, vor allem auch im Rahmen des Zweit- und Fremdspracherwerbs, ist dabei natürlich der Aspekt der Unterschiedlichkeit dieser Regeln in verschiedenen Kulturen und die damit verbundenen potentiellen Schwierigkeiten bei der Kommunikation in der Fremdsprache. Die Regeln sind von Gemeinschaft zu Gemeinschaft verschieden, d. h. beim Lernen einer Fremdsprache müssen auch die Angemessenheitskonventionen mitgelernt werden, wenn die Kommunikation erfolgreich sein soll. Da es sich jedoch um ein komplexes und kompliziertes Geflecht handelt, über dessen Struktur die Mitglieder einer bestimmten Gemeinschaft meist nur unvollkommene Angaben machen können (,das macht man nicht', ,das sagt man nicht'), ist es naturgemäß nicht ganz einfach, sie sinnvoll in einem Lehrbuch bzw. im Unterricht unterzubringen, ohne dabei Stereotypen zu produzieren. Ohne Zweifel ist es ganz hilfreich, wenn man weiß, dass eine Einladung für acht Uhr in Deutschland auch wirklich acht Uhr heißt und nicht halb zehn, aber ob mit solchen kochrezeptartigen Verhaltenstipps bereits kommunikative Kompetenz erzeugt wird, ist fraglich.

Übersehen wird ja dabei, dass die Ethnographie der Kommunikation als Methode aus guten Gründen ja eine Reihe von Verfahren entwickelt hat, mit deren Hilfe eben auch die subtilen Probleme der *appropriateness* beschrieben werden sollen.[6]

Ein alternatives, speziell für den Fremdsprachenunterricht adaptiertes Modell der kommunikativen Kompetenz ist das von Canale/Swain (1980) vorgestellte, das statt der vier bei Hymes vorgeschlagenen Komponenten (die sich auf den muttersprachlichen Unterricht bezogen) nur noch drei hat: grammatische Kompetenz, soziolinguistische Kompetenz und strategische Kompetenz.

Die grammatische Kompetenz bedarf keiner weiteren Erläuterung. Um erfolgreich kommunizieren zu können, muss eben ein Mindestmaß an grammatischen Kenntnissen vorliegen, wobei nicht so sehr die normativen Kategorien einer präskriptiven Grammatik als vielmehr die einer deskriptiven zu Grunde gelegt werden. Die Frage ist also weniger die nach ,richtig' und ,falsch' im schulmeisterlichen Sinne als ,noch zur Sprache gehörend' oder nicht.

Die soziolinguistische Kompetenz wird von den Autoren in zwei Subkomponenten zerlegt: die soziokulturellen Regeln und die Diskursregeln.

Die ersteren beziehen sich weitestgehend auf den Bereich, der bei Hymes unter *appropriateness* fällt, also die Angemessenheit einer Äußerung in Bezug auf den Situationskontext, die jeweilige Rolle, das Thema etc., während die Diskursregeln die Kohäsion und Kohärenz des Textes kontrollieren (vgl. Halliday/Hasan 1976).

Bei der strategischen Kompetenz dagegen geht es um den relativ weiten Bereich des individuellen Kommunikationsverhaltens: um verbale und nonverbale Strategien, um Auseinandersetzung mit Kommunikationskrisen bzw. -zusammenbrüchen etc. Inwieweit ist man in der Lage, Defizite in der grammatischen Kompetenz durch z. B. Umschreibungen auszugleichen oder diejenigen in der soziolinguistischen Kompetenz durch Alternativen aufzufangen.

Ethnomethodologie

Ebenso wie die soziolinguistischen Fragestellungen der Differenz- und der Defizithypothese streng genommen eher soziologische als linguistische Züge tragen, müssen auch diejenigen der Ethnomethodologie vorwiegend mit Sicht auf Gesellschaft und weniger mit Bezug auf Sprache interpretiert werden, denn es geht darum, die Basisregeln, die die gesellschaftliche Kommunikation und

---

[6] It [ethnography] is a mode of enquiry that carries with it a substantial content. Whatever one's focus of inquiry, as a matter of course, one takes into account the local form of general properties of social life – patterns of role and status, rights and duties, differential command of resources, transmitted values, environmental constraints. It locates the local situation in space, time, and kind, and discovers its particular forms and centre of gravity, as it were, for the maintenance of social order and the satisfaction of expressive impulse (Hymes 1980: 100).

Interaktion leiten, aufzudecken und zu analysieren. Soziale Realität ist aus dieser Perspektive als Ergebnis intersubjektiver Bemühungen zu sehen.[7]

Die Ethnomethodologie ist in diesem Punkt der interpretativen Soziologie verpflichtet, auf deren Grundlagen ihr Theoriegebäude auch weitestgehend fußt. Während jedoch die letztere sich vorwiegend mit dem Wissen der Mitglieder eines Sozialverbandes beschäftigt, geht es in der ethnomethodologischen Forschung eher um die Frage, wie dieses Wissen zu Stande kommt und wie es eingesetzt wird.

Was bedeutet dies? Mitglieder einer Gemeinschaft sind in der Regel in der Lage, Situationen und die in diesen geforderten oder erforderlichen Verhaltensweisen, problemlos einzuschätzen und zu typisieren. Selbst im Falle von Fehlern bei der Beurteilung steht ihnen ein Repertoire von Reparaturmöglichkeiten zur Verfügung. In den seltensten Fällen können sie jedoch die Regeln, nach denen sie handeln, benennen oder beschreiben. D. h., sie verhalten sich zwar regelkonform, sind aber kaum in der Lage, über ihre jeweiligen Aktionen reflektiert Auskunft zu geben. Sie haben, wenn man so will, ein prozedurales Wissen dieser Regeln, kein deklaratives.

Durch genaue Beschreibung und Analyse alltäglicher Handlungs- und Kommunikationsabläufe versucht nun die Ethnomethodologie diese Regeln zu identifizieren und die formalen Strukturen bestimmter Handlungsmuster zu beschreiben.

Ethnomethodologie und Konversationsanalyse (in der Literatur oft unter dem Kürzel KA auftretend) weisen eine Reihe von Gemeinsamkeiten auf, unterscheiden sich jedoch bezüglich der Schwerpunkte des jeweiligen forschungsleitenden Interesses insofern, als das Hauptaugenmerk der Ethnomethodologie die Rolle von Texten im allerweitesten[8] Sinne im Rahmen institutioneller Handlungen ist: Texte als aktive soziale Phänomene (vgl. Watson 1997: 80), während die Konversationsanalyse eher an den Strategien interessiert ist, die die Kommunikationsteilnehmer lokal einsetzen. „Die KA beschäftigt sich, kurz gesagt, mit den kommunikativen Prinzipien der (Re-)Produktion von sozialer Ordnung in der situierten sprachlichen und nichtsprachlichen Interaktion" (Bergmann 1994: 3).

Ein Kritikpunkt, der immer wieder angeführt wird, ist, dass die Ethnomethodologie insgesamt kaum über konversationsanalytische Analysen und Beschreibungen hinausgekommen ist. Mit anderen Worten, viel mehr als Detailuntersu-

---

[7]   Harold Garfinkel (1972: 309), einer der Begründer und wichtigsten Vertreter der Ethnomethodologie, fasste diese Sichtweise folgendermaßen zusammen: „I use the term ethnomethodology to refer to various policies, methods, results, risks, and lunacies with which to locate and accomplish the study of the rational properties of practical actions as contingent ongoing accomplishments or organised artful practises of everyday life."

[8]   Zur Breite des Spektrums vgl. Watson (1997: 80): „Tattoos, bus tickets, [...] birthday cards, billboard advertisements, [...] cricket scoreboards, credit cards – these and countless other items that involve written language and diagrammatic forms indicate the immensely pervasive, widespread and institutionalised place of texts in our society."

chungen alltäglichen Handelns liegen nicht vor und ein Auffinden der Basisregeln hat bisher noch kaum stattgefunden (vgl. Peuckert 1995: 333).

Bei den hier vorgestellten Richtungen der Soziolinguistik handelt es sich, im Gegensatz zu den in der Tradition Labovs arbeitenden, um qualitativ orientierte Forschung. Präzise Beschreibungen eines bestimmten kommunikativen Verhaltens lassen, so die Annahme, Rückschlüsse auf einen Teil der Verfahren zu, die allgemein die Interaktion regulieren. Die Kenntnis dieser Regeln ist natürlich auch für die Kommunikation in einer fremden Sprache äußerst wichtig. Es ist deshalb wenig verwunderlich, dass gerade die Forschung in diesem Bereich nachhaltigen Einfluss auf die Diskussion in der Fremdsprachendidaktik gehabt hat. Vor allem das Konzept der kommunikativen Kompetenz hat ein gewaltiges Gewicht in dieser Diskussion gehabt. Aus diesem Grunde soll seine Adaption auch im nächsten Kapitel eingehender betrachtet werden.

Literaturtipps

Arbeitsgruppe Bielefelder Soziologen (Hgs) (1981), *Symbolischer Interaktionismus und Ethnomethodologie*. Opladen: Westdeutscher Verlag.

Arbeitsgruppe Bielefelder Soziologen (Hgs) (1981), *Ethnotheorie und Ethnographie des Sprechens*. Opladen: Westdeutscher Verlag.

Arbeitsgruppe Bielefelder Soziologen (Hgs) (1981), *Alltagswissen, Interaktion und gesellschaftliche Wirklichkeit*. Opladen: Westdeutscher Verlag.

Es handelt sich hier um eine sehr umfangreiche Zusammenstellung einschlägiger Texte in deutscher Übersetzung. Hier findet man erschöpfende Auskunft zu allen Fragen, die die Ethnographie des Sprechens und ihre Nachbargebiete betreffen. Man sollte auf jeden Fall hineinsehen.

Bauman, Richard/Sherzer, Joel (Hg) (1974), *Explorations in the ethnography of speaking*. London: University of Cambridge Press.

Umfangreiche Anthologie, in der eine Reihe von recht spezifischen Fragestellungen diskutiert wird. Durchaus interessant für die kursorische Lektüre, da ein guter Eindruck von der Arbeitsweise der Ethnographie der Kommunikation vermittelt wird.

Fishman, Joshua A. (ed) (1968), *Readings in the sociology of language*. Mouton: The Hague.

Eine der einflussreichsten Anthologien ihrer Zeit, in der sich mehr oder weniger das gesamte Forschungsspektrum wieder findet. Im Kontext dieses Kapitels ist vor allem der programmatische Beitrag von Dell Hymes ‚The ethnography of speaking' (99-138) hervorzuheben.

Gumperz, John/Hymes, Dell (eds) (1972), *Directions in Sociolinguistics*. New York: Holt, Rinehart and Winston.

Wohl die meistzitierte Aufsatzsammlung im Bereich der Ethnographie des Sprechens. Die Standortbestimmung, die John Gumperz in der Einleitung vornimmt, sollte auf jeden Fall gelesen werden. Weitere wichtige Beiträge eher allgemeiner Natur sind die von Dell Hymes' ‚Models of Interaction of Language and Social Life' (35-71) und von Joshua Fishman ‚Domains and the Relationship between Micro- and Macrolinguistics' (435-453).

Hymes, Dell (1979), *Soziolinguistik. Zur Ethnographie der Kommunikation*. Frankfurt/M.: Suhrkamp.

Ein Klassiker, der auf jeden Fall auszugsweise rezipiert werden sollte.

Pride, John B./Holmes, Janet (eds) (1972), *Sociolinguistics*. Harmondsworth: Penguin.

Wie auch bei den anderen Anthologien handelt es sich um eine Sammlung von z. T. bahnbrechenden Beiträgen zur Soziolinguistik. Der Aufsatz von Dell Hymes ‚On communicative competence' (269-293) verdient wegen seiner enormen Wirkung naturgemäß besondere Aufmerksamkeit.

Saville-Troike, Muriel, (1989), *The ethnography of communication: an introduction*. Oxford: Basil Blackwell.

Schmitz, Heinrich Walter (1975), *Ethnographie der Kommunikation*. Hamburg: Buske.

Trotz seines hohen Alters bietet der Band eine nach wie vor aktuelle Diskussion der Ethnographie der Kommunikation. Neben der historischen Herleitung des Konzepts, die den größten Teil des Buches ausmacht, ist vor allem Kapitel 5 interessant.

Aktivitäten

1. Die eine der Datenerhebungsmethoden der Ethnographie der Kommu-
    nikation ist die ,teilnehmende Beobachtung'. Warum ,teilnehmend'?
    Welche andere Beobachtungsform wäre vorstellbar?

2. Um ethnographische Studien zu treiben muss man nicht unbedingt zu
    den Eipo nach Neuguinea fahren, man kann sie direkt vor der Haustür
    durchführen, denn ethnographische Forschung will in Erfahrung
    bringen „what members of a culture know about how to ,make sense'
    out of experience and how they communicate those interpretations"
    (Hymes 1974). Sehen Sie sich das von Hymes entwickelte SPEAKING
    Raster an und versuchen Sie zu zwei oder drei der aufgeführten Kom-
    ponenten eine Analyse für eine Seminarsituation durchzuführen.

S	setting, scene	physical circumstance subjective definitions of an occasion
P	participants	speaker/sender/addressor hearer/receiver/audience/ addressee
E	ends	purposes and goals outcomes
A	act sequence	message form and content
K	key	tone, manner
I	instrument-alities	channel (verbal, nonverbal, physical) forms of speech drawn from community repertoire
N	norms	norms of interpretations norms of interaction
G	genres	categories such as poem, myth, tale, riddle, lecture etc.

Abbildung 3.1: SPEAKING –Raster nach Hymes (1974)

3. Der muttersprachliche Sprecher verfügt zu all den aufgeführten
    Komponenten über ein Wissen, das es ihm erlaubt, erfolgreich zu
    kommunizieren. In welchen Bereichen sehen Sie die größten Probleme
    für Nicht-Muttersprachler?

3.4   Pidgin- und Kreolsprachenforschung

Die Pidgin- und Kreolforschung ist einer der interessantesten und faszinierendsten Bereiche der Soziolinguistik und hat eine Reihe von Fragestellungen, die für die Fremdsprachendidaktik von nicht unerheblicher Bedeutung sind, aufgeworfen.

Pidginsprachen, von Laien häufig als stark defizitäre Varietäten einer voll entwickelten (meist europäischen) Sprache betrachtet und in Abenteuerbüchern oft als Markierung der ‚Eingeborenen' verwendet, haben aus verschiedenen Gründen in den letzten dreißig Jahren verstärkt die Aufmerksamkeit der Sprachwissenschaft allgemein gefunden.[9] Dementsprechend werden sie auch nicht mehr als reduzierte Versionen des Englischen, Französischen etc. empfunden, deren Begrenztheit diejenige seiner Benutzer reflektiert, sondern, so die inzwischen weitestgehend akzeptierte Definition, als das Produkt einer Kommunikationssituation, in der Sprecher zweier unterschiedlicher Muttersprachen gezwungen sind, in einer dritten (Nicht-Muttersprache) zu kommunizieren. Pidginsprachen sind demnach also Kontaktsprachen, die nur bestimmte Bereiche der Kommunikation abdecken.

Die strukturellen Vereinfachungen und der begrenzte Funktionsrahmen dürfen aber nicht dazu verleiten, Pidgins als ‚gebrochene Sprachen' („Er antwortete mir in gebrochenem Englisch...") aufzufassen. Nicht jeder, der eine Sprache nur unvollkommen beherrscht, spricht ein Pidgin. Die Tatsache, dass Pidginsprachen über ein eigenes Regelsystem verfügen, bedeutet aber auch, dass man sie durchaus perfekt, fließend oder auch nur schlecht sprechen kann.[10]

Nach Sebba (1997: 69) lassen sich außer der Tatsache, dass Pidgins keine Muttersprachen sind und aus dem Kontakt einer oder mehrerer Sprachen hervorgehen, noch folgende Charakteristika feststellen:

- sie sind für Sprecher der jeweiligen Ausgangssprachen nicht unbedingt verständlich;
- sie beziehen einen Großteil ihres Wortschatzes aus einer der beteiligten Sprachen;
- sie sind im Verhältnis zu den jeweiligen Ausgangssprachen hinsichtlich der grammatischen Strukturen stark vereinfacht und reduziert;
- sie zeigen eine Tendenz zur Vereinfachung des phonologischen Systems;

---

[9]   Vor allem der Prozess des Übergangs von einem Pidgin zu einer Kreolsprache hat die Vertreter des Konzepts der Universalgrammatik in der Annahme bestärkt, eine solche Grammatik müsse existieren. Darüber hinaus sind jedoch auch andere Gesichtspunkte wie z. B. die Genese, Entwicklung, Struktur ect. von Pidgins intensiv untersucht worden.

[10] Der Titel des Projekts zum ‚Pidgin-Deutsch spanischer und italienischer Arbeiter in der Bundesrepublik' ist vor diesem definitorischen Hintergrund leicht irreführend, da es sich streng genommen nicht um Pidgins, sondern um Lernervarietäten handelt. Dies nimmt ihm jedoch nichts von seiner Wichtigkeit innerhalb der soziolinguistischen Forschung und auch der Zweitspracherwerbsforschung in Deutschland.

- sie sind bezüglich ihrer Morphologie eher analytisch als synthetisch, d. h. Flexionsendungen werden weitestgehend vermieden;
- sie zeigen eine klare semantische Transparenz, d. h. die Beziehungen zwischen Wörtern und ihren Bedeutungen sind verhältnismäßig einfach;
- ihr Wortschatz ist ausgesprochen reduziert, was zur Folge hat, dass die einzelnen Elemente recht weite Bedeutungsfelder abdecken müssen.[11]

Pidginsprachen weisen im Verhältnis zu den Ausgangssprachen interessante strukturelle Parallelen zu Lernersprachen auf, vor allem zu solchen, die weitestgehend ungesteuert, also ohne nennenswerte formale Instruktion erworben werden. Die daran anknüpfenden Arbeiten im Bereich der Spracherwerbsforschung werden in Kapitel 5.1.4 detaillierter dargestellt.

Pidgins bilden die Grundlage für die so genannten Kreolsprachen. Der Prozess der Kreolisierung tritt dann ein, wenn eine Kindergeneration mit dem Elternpidgin als Muttersprache aufwächst und sich nun vor die Aufgabe gestellt sieht, die relativ geringe Reichweite der Ausgangsvarietät, also des Pidgin, auf ein normales Maß auszudehnen. Mit anderen Worten, wenn man bei Pidginsprachen ein Hauptgewicht auf der Bühler'schen Darstellungsfunktion annimmt, dann müssen die Defizite in den anderen Bereichen ausgeglichen werden, damit wir ein voll funktionierendes Medium haben. Was innerhalb dieses Kreolisierungsprozesses geschieht, ist in einer Vielzahl von Studien beschrieben und durchaus kontrovers diskutiert worden. Insgesamt lässt sich jedoch feststellen, dass vor allem im Bereich des Lexikons, aber auch der Morphologie die oben angeführten Vereinfachungen behoben und dadurch sehr viel differenziertere Ausdrucksmöglichkeiten geschaffen werden.

Diese Prozesse der Pidginisierung und Kreolisierung bilden die Basis für die einflussreiche Untersuchung von Schumann, der die dort beobachteten Abläufe auf den weitestgehend ungesteuerten Erwerb von Zweitsprachen projizierte. Dazu Genaueres in Kapitel 5.1.4.

---

[11] Vgl. dazu auch Arends/Muysken/Smith (1995: 31ff).

Literaturtipps

Arends, Jacques/Muysken, Pieter/Smith, Norval (eds) (1995), *Pidgins and Creoles. An Introduction*. Amsterdam: Benjamins.

Sehr umfang- und materialreicher Reader. Der gesamte zweite Teil ‚Theories of genesis' sollte konsultiert werden, da hier in gut zugänglicher Form die gesamte theoretische Ursprungsdebatte ausgebreitet wird.

Holm, John A. (1988), *Pidgins and Creoles*. Volume I, *Theory and Structure*. Cambridge: Cambridge University Press.

Im Prinzip für Anfänger etwas zu anspruchsvoll. Aber sowohl die Einleitung (1-11) als auch der historische Überblick in Kapitel 2 sind gut lesbar und sehr informativ.

Romaine, Suzanne (1988), *Pidgin and Creole languages*. London: Longman.

Vorzügliche, locker geschriebene Einführung mit vielen Beispielen. Vor allem die ersten drei Kapitel ‚Introduction to the study of pidgin and creole, ‚Definitions and characteristics of pidgins and Creoles' und ‚The origin of pidgins' sind sehr zu empfehlen.

Todd, Loreto (1990), *Pidgins and Creoles*. London: Routledge & Kegan.

Ursprünglich bereits 1974 erschienen und 1990 nachgedruckt. Trotz des hohen Alters wohl nach wie vor die kompakteste, lesbarste und informativste Einführung in den gesamten Bereich der Pidgin- und Kreolforschung.

Aktivitäten

1. In der Erzählung *Das Kafferngrab* von Karl May, die im Südafrika des späten 19. Jahrhunderts spielt, spricht der Begleiter des Ich-Erzählers, Quimbo, folgendermaßen:

   „Sikukuni hab' tot schlag' weiß' Mann, weiß'
   Frau, weiß' Kind und hab' tot schlag' Basuto;
   Sikukuni trink' Blut und tanz', wenn schlag'
   tot viel weiß' Mann, Frau und Kind. Sikukuni
   hab' schlag' tot Boer am Blau-Kranz-Spruit;
   ist Sikukuni gut?"

2. Vergleichen Sie dieses ‚literarische' Pidgin mit den folgenden authentischen Äußerungen hinsichtlich des Grades der Annäherung an die Zielsprache.

   K.: däs guut, brilc

   L: filaiçt momändan jäts alcs gut, filaiç tsään
   minuut, fiil, dolor, dcs

   K.: doktor ßpräçän ßon?

        L.:   ja, iç ßpräçcn doktorc brilää iç filaiçt
        bctsal briilc guut, jaa, jaa, briilä normal,
        fcrtä? filaiçt ain monat, ainc woxc…

3.   Machen Sie eine Liste der Abweichungen vom Deutschen. Versuchen Sie dann eine ‚Übersetzung' anzufertigen.

3.5   Resümee

Die soziolinguistische Forschung hat, wie gezeigt wurde, in unterschiedlich starkem Maße auf die Diskussion innerhalb der Fremdsprachendidaktik eingewirkt. Während die quantitativ orientierte Schule in der Nachfolge von William Labov sich eher auf die Muttersprachler konzentrierte und ihr Einfluss von daher schon relativ begrenzt war, hat die qualitativ ausgerichtete Forschung innerhalb der Soziolinguistik, vor allem die Ethnographie der Kommunikation, entscheidende Impulse geliefert. Vor allem das Konzept der ‚kommunikativen Kompetenz' hat (zumindest innerhalb der theoretischen Debatte) eine Art kopernikanische Wende bewirkt. Auch die Pidgin- und Kreolforschung hat die Diskussion belebt und befruchtet, vor allem im Bereich des ungesteuerten Spracherwerbs.

Das Verdienst insgesamt liegt aber wohl darin, dass der Blick für ‚Abweichungen' von Normen geschärft wurde, mit dem Resultat, dass die ersteren eben nicht mehr nur als vermeidbares und zu vermeidendes Übel gesehen wurden, sondern als eigenständige Systeme, deren Existenzberechtigung nicht mehr in Zweifel gezogen wurde.

Die veränderte Wahrnehmung der Lernersprache und ihre systematische Erforschung sind mit großer Sicherheit auf die Emanzipation von Varietäten allgemein mit zurückzuführen. Vor dem Hintergrund der immer weiträumiger und intensiver werdenden Migrationsbewegungen, die auch traditionell eher homogene Sprachgemeinschaften mit dem Phänomen der Polyglossie konfrontieren, erhält die soziolinguistische Forschung ganz allgemein ein neues Gewicht. Sprachkonflikte, die sehr schnell zu politischen Konflikten werden können, sind nicht mehr auf eine überschaubare Anzahl von Einwanderungsländern beschränkt, sondern sie sind allgegenwärtig. Die Frage, ob ein Staat so etwas wie eine Sprachprüfung für Einwanderer verlangen darf, ob und in welchem Maße Integration gefördert werden kann bzw. soll und welche Konzequenzen sich aus dem einen oder anderen Verhalten ergeben, all dies fällt in den Bereich der soziolinguistischen Forschung und hat in vielen Ländern bereits eine gewisse Dringlichkeit erreicht.

Die Konzequenzen für die Fremdsprachendidaktik liegen auf der Hand, denn sinnvoll geplant werden kann Unterricht für Einwanderer mit unterschiedlichem linguistischen und kulturellen Hintergrund nur, wenn man über diesen auch hinreichende Informationen hat.

4 Psycholinguistik: Die Sprache im Kopf

Was genau geschieht im Kopf, wenn wir sprechen? Welche Prozesse und Mechanismen sind verantwortlich dafür, dass wir unser Gegenüber, oft unter akustisch erschwerten Bedingungen, meist recht gut verstehen. Wie kommt es, dass wir unsere Muttersprache so relativ problemlos lernen, dass wir es eigentlich nicht vermeiden können sie zu lernen, wenn nicht bestimmte Defekte uns daran hindern? Und wenn Fehler auftreten, an welcher Stelle treten sie dann auf? Vor allem aber: Wie kommt es, dass sich erwachsene Lerner so schwer tun, eine weitere Sprache zu lernen, dass sie nur sehr selten dasselbe Kompetenzniveau erreichen wie in der Muttersprache? Diese Fragen betreffen nur einen Ausschnitt dessen, was den Forschungsbereich der Psycholinguistik ausmacht. In den folgenden Kapiteln wird ein Überblick über die Vielfalt der Forschungsansätze und Fragestellungen versucht.

4.1 Psycholinguistik

Die Ausführungen, die hier unter der Überschrift ‚Psycholinguistik' gemacht werden, können nur schlaglichtartig begrenzte Einblicke in eine Diskussion mit einer mehr als zweitausendjährigen Tradition bieten. Eine grundsätzliche Frage ist jedoch immer wieder in den unterschiedlichsten Variationen gestellt, aber nie endgültig oder auch nur zufriedenstellend beantwortet worden. Ist das Denken ein Vorgang, der unabhängig von Sprache abläuft, also denkt man erst ohne Sprache und sucht dann das Medium, um das Gedachte mitzuteilen, oder ist es eher so, dass Denken ohne Sprache deshalb nicht möglich ist, weil in der Sprache sozusagen unser Denkinstrumentarium bereits vorliegt und – in gewisser Weise – damit auch festlegt? Beide Positionen können jeweils sehr einleuchtende Argumente ins Feld führen. Darauf soll im weiteren Verlauf noch näher eingegangen werden. Klar ist jedoch, dass hier fundamental unterschiedliche Auffassungen hinsichtlich der Natur und des Wesens der Sprache formuliert werden, die, wenn sie in die Praxis übertragen werden, auch zu deutlichen Unterschieden in der Auffassung von Sprachvermittlung und dementsprechend von der Fremdsprachendidaktik führen. Geht man davon aus, dass Denken ein prinzipiell autonomer Vorgang ist, dann liegt die Aufgabe der Fremdsprachendidaktik darin, dem bereits vorhandenen Medium ‚Muttersprache' ein weiteres hinzuzufügen.

Die dabei zu bewältigenden Probleme sind eher technischer Natur und mithilfe der entsprechenden Verfahren lassen sie sich auch beheben. Ist aber Denken an Sprache gekoppelt und zwar durchaus auch an die Besonderheiten jeder einzelnen Sprache, dann liegen die Schwierigkeiten auf einer viel tieferen und grundsätzlicheren Ebene, denn dann muss die Fremdsprachendidaktik in erster Linie ein neues Denken vermitteln, nicht nur die Möglichkeit und Fähigkeit, ohnehin Gedachtes anders auszudrücken. Da unser Denken aber untrennbar mit unserem Sein, unserer Existenz und Identität verknüpft ist, wäre die so verstandene Aufgabe der Didaktik ein massiver Eingriff in unsere Persönlichkeit, eine Art Gehirnwäsche, wenn man so will.

Durch diese nicht ganz ernstzunehmende Übertreibung soll nur die Grundproblematik aller psycholinguistischen Fragestellungen illustriert und illuminiert werden. Wie immer man sich das Verhältnis von Denken und Sprechen, Sprache und Geist auch vorstellen mag, man gerät in kaum aufzulösende Widersprüche. Erschwerend kommt hinzu, dass uns letztendlich nur die Sprache zur Verfügung steht, um uns über diese komplexen Sachverhalte miteinander auszutauschen.

Ein weiteres Indiz dafür, dass Sprache wahrscheinlich von Anfang an als mehr als nur eine praktische Ansammlung von strukturierten Lauten empfunden wurde, finden wir auch in der Tatsache, dass unter Sprache in diesem Sinne oft nur die jeweils eigene gerechnet wurde. Alles andere war Geplapper, und vielfach wurden benachbarte Völker oder Stämme, deren Sprache unverständlich war, als solche charakterisiert, die nicht sprechen konnten.[1]

In einem weiteren Schritt der Überlegung liegt da natürlich die Frage nahe, wie man denn überhaupt zur Sprache kommt.

Die meisten Schöpfungsmythen der Welt haben darauf eine einfache Antwort: Die Sprache ist den Menschen vom jeweiligen Schöpfer, aus durchaus unterschiedlichen Gründen, mitgegeben worden. Womit ein weiterer Bezug zwischen Sprache und Geist hergestellt wäre, denn wer immer die Schöpfung zu verantworten hatte, verfügte natürlich auch über Sprache.

Jenseits all dieser Überlegungen, deren Vorteil es ist, dass sie klar, einfach und letztlich auch endgültig sind, begannen aber schon in der griechischen Klassik detailliertere Spekulationen hinsichtlich des Verhältnisses nicht nur zwischen Geist und Sprache ganz allgemein, sondern bezüglich der ganz spezifischen Leistung der Sprache für das Denken. Hier wurden auch die grundsätzlichen Fragen, die bis heute die Diskussion beherrschen und die durch die Jahrhunderte unter allen möglichen Gesichtspunkten debattiert wurden, in ihrem Kern formuliert.

Ausgehend von Plato über Aristoteles und die Nominalisten und Realisten der Scholastik wurden sie von den Philosophen der Aufklärung ins Zentrum der Debatte gerückt.

Wilhelm von Humboldt, der immer wieder – allerdings zu Unrecht – der romantischen Sprachwissenschaft zugerechnet wird, der jedoch der Tradition der Aufklärung sehr stark verhaftet ist, hat sein gesamtes sprachwissenschaftliches Schaffen im Prinzip der Frage nach dem Verhältnis von ‚intellectueller Thätigkeit'

---

[1]   Aufschlussreich ist das folgende Zitat: „[...] in this fashion [...] European Slavs call their German neighbours *nemec*, ‚mutes', the Mayas [...] call the Toltec *nunob*, ‚mutes' [...] and the Aztecs call those who do not speak Nahuatl tenime, ‚barbarians' or *poploca*, ‚savages', because they share the scorn of all people for their neighbours" (Todorov 1984: 76).

und Sprache gestellt. Da er von allen möglichen Seiten als Kronzeuge für den jeweils eigenen Standpunkt angeführt wird und da sein Einfluss, ob offen oder verdeckt, bis heute ungebrochen ist, soll seinen Überlegungen ein wenig Raum gegeben werden.

Humboldt geht, in Anlehnung an Herder und auch Hamann, davon aus, dass die Sprache, wobei sowohl das Sprachvermögen als auch die jeweilige Einzelsprache gemeint ist, das Organ des Denkens ist und zwar im Sinne einer bildenden, gestaltenden, kreativen Instanz, nicht nur als ausführendes Instrument. D. h., das Sprachvermögen, die Sprache ganz grundsätzlich und die Einzelsprachen wie Englisch, Französisch oder Japanisch haben einen entscheidenden Einfluss auf das Denken, nicht in dem Sinne, dass dadurch eine Art Gefängnis entstünde, sondern eher gedacht als produktives Wechselverhältnis, durch das beständig Neues hervorgebracht wird. In Humboldts eigenen Worten werden durch dieses Verhältnis, das er in Analogie zum Verhältnis der Geschlechter versteht, „mit endlichen Mitteln unendliche Zwecke verfolgt" (Humboldt I: 322).

In diesem Sinne kann nun einerseits eine Gemeinsamkeit allen menschlichen Denkens angenommen werden, da jede Sprache ja letztlich nur eine der Ausdrucksmöglichkeiten des universellen Sprachvermögens der Menschen ist. Andererseits üben aber die einzelnen Sprachen einen gewissen Zwang aus, in den Kategorien zu denken, die in ihr bereits vorliegen. Diese sind aber weniger als Spiegel der außersprachlichen Realität zu sehen, sondern vielmehr als kognitive Leistung, die eine Sprachgemeinschaft bei der Interpretation der Welt nicht nur vollbracht hat, sondern auch immer noch vollbringt.

Die moderne Psycholinguistik beschäftigt sich jedoch weniger mit diesen grundsätzlichen Überlegungen, die ja auch eher philosophischer Natur sind, sondern vielmehr mit relativ ‚klar' abgegrenzten Problemfeldern. Die folgenden Fragen stehen dabei im Vordergrund:

1. Wie kommt der Mensch zur Sprache, d. h. welche Prozesse führen dazu, dass ein Kind nach relativ kurzer Zeit ein verhältnismäßig kompetenter Sprecher ist, dem z. B. Fehler, wie sie von nicht-muttersprachlichen Sprechern gemacht werden, nicht unterlaufen?

2. Was weiß der muttersprachliche Sprecher, d. h. welche Kenntnisse hat er bzw. muss er haben, um die Sprache angemessen benutzen zu können? Dabei ist relativ nebensächlich, was er **über** die Sprache weiß?

3. Wie funktionieren die überaus komplexen Prozesse des Sprechens und Verstehens, die ja im Normalfall mit einer ungeheuren Geschwindigkeit ablaufen und die ein äußerst kompliziertes Zusammenwirken verschiedener Organe erfordern?

4. Welche Störungen treten beim Sprechen und Verstehen auf und wie lassen sie sich beheben, bzw. an welchem Punkt im Ablauf dieser

Prozesse lassen sich Fehler feststellen, welcher Natur sind sie und wie lassen sie sich beheben?[2]

Für die Fremdsprachendidaktik ist natürlich die Frage nach der Kompetenz und wie man sie erlangt wesentlich wichtiger als die nach den Störungen, obwohl natürlich auch die Forschungen in diesem Bereich interessante Aufschlüsse über das Funktionieren des Systems generell bieten.

Literaturtipps

Dietrich, Rainer (2002), *Psycholinguistik*. Stuttgart: Metzler.

Umfangreiche, gut zugängliche Einführung in die Psycholinguistik. Als Hintergrundlektüre und für gezielte Informationsentnahme unverzichtbar.

Dijkstra, Ton/Kempen, Gerard (1993), *Einführung in die Psycholinguistik*. Bern et. al.: Hans Huber.

Sehr gut und übersichtlich gestaltete, angenehm didaktisierte Einführung. Ausgezeichnetes Komplement zu den in diesem und den folgenden Kapiteln gemachten Ausführungen, da die z. T. sehr spezialisierten Fragestellungen und Versuchsanordnungen ausgesprochen benutzerfreundlich dargestellt werden.

Hörmann, Hans (1967), *Psychologie der Sprache*. Heidelberg: Springer.

Der Klassiker unter den Standardwerken zur Psycholinguistik. Zu umfangreich, um von hinten bis vorne gelesen zu werden, zum Nachschlagen aber unentbehrlich.

Hörmann, Hans (1981), *Einführung in die Psycholinguistik*. Darmstadt: Wissenschaftliche Buchgesesllschaft.

Kompakte, gut verständliche Einführung. Bietet einen umfassenden Überblick über die wichtigsten Fragestellungen der Psycholinguistik in gut lesbarer Form.

Knobloch, Clemens (1984), *Sprachpsychologie. Ein Beitrag zur Problemgeschichte und Theoriebildung*. Tübingen: Niemeyer.

Umfangreiche Arbeit, in der der Verfasser sich kritisch mit der Theoriebildung innerhalb der Psycholinguistik auseinandersetzt. Nicht unbedingt Anfängerlektüre. Kapitel 2.2 zur Systematik der Theoriebildung (82-151) ist sehr empfehlenswert, allerdings etwas sperrig.

Marcussen-Hatch, Evelyn (1983), *Psycholinguistics. A Second Language Perspective*. Cambridge: Newbury House.

Zwar bereits etwas älteren Datums, dennoch eine sehr empfehlenswerte Einführung, die sich vor allem auf die psycholinguistischen Fragen des Zweitspracherwerbs konzentriert. Strukturiert ist das Buch nach den linguisti-

---

[2]   Wie störanfällig diese Prozesse sind, kann man im Selbstversuch mit der geeigneten Menge Alkohol testen und sich dabei die Frage stellen, ob es nun der Kopf ist, der nicht mehr mitmacht oder die Muskulatur oder beides.

schen Analyseebenen, also Phonologie, Morphologie etc. In jedem Kapitel findet
sich zudem eine Anzahl gut ausgewählter, illustrativer Beispiele.

Wode, Henning (1993), *Psycholinguistik. Eine Einführung in die Lehr- und Lernbarkeit von
Sprachen*. Ismaning: Hueber.

Wode konzentriert sich auf den Spracherwerbsprozess. In den ersten drei Kapiteln
werden einige grundlegende Fragen, die innerhalb dieses Bereiches immer wieder
auftauchen, in sehr ansprechender, lesbarer Form vorgestellt und diskutiert. Sehr
lohnende Lektüre.

4.2   Spracherwerb

In 1.4 und 2.1 ist bereits der Behaviourismus als Lerntheorie kurz skizziert worden. Seit den späten 1950er Jahren ist diese Schule jedoch kontinuierlich in Misskredit geraten und schließlich für die Fremdsprachendidaktik weitgehend abgelehnt worden. Eine Entwicklung, die ganz ohne Zweifel durch die heftige Auseinandersetzung zwischen ‚Nativisten' und ‚Behaviouristen', die zu Gunsten der ‚Nativisten' ausging, entscheidend verstärkt wurde.

Die Grundfrage, ob es die Umwelt oder die biologische Ausstattung ist, die beim Erwerb der Muttersprache die jeweils wichtigste Funktion hat, ist jedoch dadurch mitnichten beantwortet und sie taucht in der einen oder anderen Verkleidung bei allen Spracherwerbstheorien immer wieder auf. Obwohl derzeit das relativ krude (auch oft verkürzt und verzerrt dargestellte) Reiz-Reaktions-Modell von niemandem mehr ernsthaft als Grundlage für eine Theorie des Spracherwerbs vertreten wird, darf nicht unerwähnt bleiben, dass die verhaltensorientierte Psychologie auf anderen Gebieten, vor allem im Bereich der Medien, nach wie vor eine nicht unbedeutende Rolle spielt. Was wie wo platziert, gesendet, gedruckt oder sonst wie publik gemacht wird, wird durchaus zu großen Teilen vor dem Hintergrund der empirischen Erforschung menschlichen Verhaltens entschieden und eine gewisse Tendenz zur Manipulation, also der vorhersagbaren Reaktion auf einen bestimmten Reiz, lässt sich in vielen Bereichen des Alltags feststellen.

Für den Bereich des Spracherwerbs jedoch haben sich andere, nicht weniger kontroverse Ansätze in der Diskussion durchgesetzt.

Allerdings muss auch hier betont werden, dass diese einander oft nicht wahrnehmen, obwohl Berührungspunkte, schon allein wegen des letztendlich identischen Forschungsziels, durchaus vorhanden sind. Im Folgenden sollen die drei mehr oder weniger populärsten vorgestellt werden, wobei es weniger auf die jeweiligen Verzweigungen ankommt, sondern eher auf die grundsätzliche Linie, also die Frage, welchen Faktoren – Umwelt oder Nicht-Umwelt – um es relativ neutral auszudrücken, die jeweils entscheidende Rolle zugemessen wird.

4.2.1   Nativismus und Universalgrammatik

Die Grundannahme des Nativismus ist, dass Sprache (hier im Sinne von ‚Muttersprache' zu verstehen) nicht in irgendeiner Form erlernt oder erworben ist, sondern bereits vorliegt, als Grundausstattung des Menschen sozusagen. Jedoch nicht als ein allgemeines kognitives Vermögen, sondern ganz spezifisch als ein ‚Sprachorgan'. Ein Organ, das aber nicht irgendwo physiologisch zu verorten wäre, sondern das als eine Art Schaltkreis im menschlichen Gehirn ganz allein zuständig ist für Ausbildung und spätere Ausübung der muttersprachlichen Kompetenz: die Universalgrammatik, abgekürzt UG.

Die im Folgenden behandelten nativistischen Argumente für die Annahme eines solchen vorhandenen Sprachorgans bekommen allerdings erst vor der Folie der Auseinandersetzung mit dem Behaviourismus ihre volle Durchschlagskraft.

Mit anderen Worten, nur in ihrer Funktion innerhalb dieser Debatte entfalten sie eigentlich ihr Potential. Man muss also die jeweils damit verbundenen Fragestellungen hinreichend kennen, um die Rigidität, mit der an der Idee einer UG festgehalten wird, und die Aggressivität, mit der sie verteidigt wird, zu verstehen. Es muss an dieser Stelle außerdem noch einmal betont werden, dass das Konzept der UG nicht primär für den Zweit- oder Fremdspracherwerb ausgelegt war. Dennoch wurde und wird dieser Ansatz als theoretische Grundlage für die Erklärung der Prozesse des Fremd- und Zweitspracherwerbs herangezogen. Dazu jedoch weiter unten mehr.

Die Annahme, dass der Mensch über eine angeborene Universalgrammatik (UG) verfügt, ist von der generativen Linguistik unter anderem deshalb postuliert worden, weil der Erstspracherwerb ihrer Meinung nach ansonsten nicht plausibel erklärbar ist. Betont werden muss hier aber zum wiederholten Male, dass es sich bei der Universalgrammatik nicht um eine relativ allgemein gefasste Sprachfähigkeit handelt, sondern um eine ganz spezielle *hardware*, die sich ausschließlich auf die Grammatik, womit im engeren Sinne Syntax gemeint ist, bezieht.

Worum geht es also? Der Erwerb der Muttersprache kann, so die Argumentation mit einem Stimulus-Response-Modell nicht hinreichend erklärt werden, da folgende Probleme nicht angemessen behandelt werden können.

Der defiziente Input

Wie ist es erklärbar, dass Kinder sehr schnell und anscheinend ohne große Mühe ihre Muttersprache richtig lernen, obwohl der Input, also das Material, dem sie ausgesetzt sind, nicht nur unvollständig ist, sondern auch voller Fehler? Selbst wenn man das Zugeständnis macht, dass Eltern und auch ältere Geschwister die Tendenz haben, sehr intensiv auf sprachliche Äußerungen kleiner Kinder einzugehen, so bleibt doch die Tatsache bestehen, dass der allergrößte Teil des Sprachmaterials, aus dem heraus sich das Kind seine Regeln ableiten soll, ein rechtes Durcheinander ist.

Es wird außerdem ja auch nicht in einer irgendwie sinnvoll strukturierten Reihenfolge angeboten, wie es z. B. in Lehrbüchern der Fall ist, die vom ‚Einfachen‘ zum ‚Komplexen‘ vorwärts schreiten. In diesem Sinne verstanden wird das Kind prinzipiell also von Anfang an mit der völlig ‚undidaktisierten‘ und von daher in ihrer Komplexität kompletten Sprache konfrontiert. Andererseits ist das Material aber auch in gewisser Weise unvollständig, denn nicht alle Möglichkeiten der Sprache werden in der Alltagskommunikation hinreichend realisiert. Trotzdem, das heißt, obwohl das Kind nur dieses in jeder Hinsicht unzulängliche Material zur Verfügung hat, ist es nach recht kurzer Zeit ein recht kompetenter Sprecher. Mit dem Stimulus-Response-Modell lässt sich das in der Tat nicht gut erklären, denn es liegen ja viel zu viele unangemessene, unverstandene oder falsche ‚Stimuli‘ vor, um der Tatsache gerecht zu werden, dass die *responses* davon kaum beeinflusst sind. Kurz: Wie lässt sich erklären, dass Kinder, obwohl sie nur einem notwendigerweise defizienten Input ausgesetzt sind, dennoch alle möglichen – eben auch alle nie gehörten – Sätze verstehen und selbst bilden können?

Die unzureichende kognitive Entwicklung

Um einen angemessenen *response* zu produzieren, muss der ‚Stimulus‘ ja nicht nur als solcher erkannt, sondern auch angemessen verarbeitet werden. Wie ist es also zu erklären, dass Kinder, deren kognitive Entwicklung in vielen Bereichen deutlich weniger komplexen Phänomenen noch nicht gewachsen ist, hochkomplexe abstrakte Regeln aus dem relativ regellos dargebotenen Material deduzieren?

Wie lässt sich erklären, dass bei Kindern, die z. B. selbst mit den Zahlen von eins bis zehn noch nicht umgehen können, bestimmte Regelverletzungen in der Muttersprache nicht auftreten, unter anderem solche Fehler, die bei erwachsenen Fremdsprachenlernern, deren kognitive Entwicklung erfolgreich abgeschlossen worden ist, durchaus zu beobachten sind? Auch dieses Faktum kann vor einem strikt behaviouristischen Hintergrund nur schlecht erklärt werden.

Die Unterdeterminiertheit der Grammatik

Hierunter ist zu verstehen, dass die Grammatik einer Sprache an der Oberfläche bestimmte fehlerhafte Strukturen nicht von vornherein ausschließt. Wenn das Kind also darauf angewiesen wäre, nur aus dem ihm präsentierten Material die entsprechenden Regeln zu erschließen, müssten ganz bestimmte Typen von Fehlern zumindest in bestimmten Entwicklungsphasen auftreten. Dies ist aber nicht der Fall. Natürlich ist Kindersprache – im Verhältnis zur Sprache der Erwachsenen – immer noch voller ‚Fehler‘, wenn man so will, aber diese sind nicht von der Sorte, die man durchaus erwarten könnte. Schulbeispiel ist die Verb-Erst-Stellung bei Fragen.

>   *Papas Auto steht in der Garage.*
>
>   *Steht Papas Auto in der Garage?*

Die Regel, die sich hieraus ableiten ließe, wäre dann: Stelle das erste Verb (*steht*), auf das du triffst, vor die erste Nominalphrase (*Papas*). Der Rest ändert sich nicht.

Diese Regel stimmt allerdings nur begrenzt, wie das folgende Beispiel zeigt, denn bei konsequenter Anwendung kommt der als ungrammatisch gekennzeichnete Satz heraus, denn das erste Verb, auf das wir treffen, ist hier *fährt*.

>   *Papas Auto, das ganz leise fährt, steht in der Garage.*
>   * *Fährt Papas Auto, das ganz leise __, steht in der Garage.*

Da solche Fehler jedoch nicht auftreten, liegt die Annahme nahe, dass Kinder bereits ein Wissen über die grundsätzlich hierarchische Struktur von Sätzen haben, ein Wissen, das sie aber auf der Grundlage ihrer empirischen Daten nicht in dieser Form haben dürften, das also dementsprechend der Erfahrung vorgängig sein muss.

Kreativität in der Sprache

Kinder sind, wenn man sich die Mühe macht näher hinzuhören, unglaublich einfallsreich, was ihren Sprachgebrauch betrifft. Ihren Kreationen ist zwar oft kein allzu langes Leben beschieden, die eine oder andere Schöpfung geht aber doch manchmal in den spezifischen Familienwortschatz über oder wird Teil der anekdotischen Folklore (von Eltern gern zu den in den Augen des Nachwuchses unpassendsten Gelegenheit zum Besten gegeben). Kinder können also ganz zweifellos Sätze bilden (und darum geht es den Nativisten in erster Linie), die sie zuvor nie gehört haben und die dennoch völlig regelkonform sind. Auch diese Tatsache stellt behaviouristische Erklärungsversuche vor sehr schwierige Probleme.

Vor diesem Hintergrund spricht also einiges für die Annahme eines angeborenen (der englische Terminus ‚innate' wird häufig mit ‚eingeboren' wiedergegeben, gemeint ist jedoch im einen wie im anderen Falle eine genetische Ausstattung) Sprachorgans, einer Universalgrammatik eben.

Der Nativismus, schätzt, wie klar geworden ist, die Rolle der Umwelt für den Prozess des Erwerbs als völlig unerheblich ein. Dies ist immer wieder kritisiert worden und es widerstrebt auch ein wenig der Intuition, eine solche Position in allen ihren Konsequenzen anzuerkennen. Man darf aber dabei nicht übersehen, dass das Programm der Nativisten eine ganz bestimmte Stoßrichtung hat, die mit dem folgenden Zitat von Chomsky sehr eingängig illustriert wird.

> The general conclusion that seems to come to the fore, […] is that language is designed as a system that is ‚beautiful', but in general unusable. It is designed for elegance, not for use, though with features that enable it to be used for the purposes of normal life (Chomsky 1991b: 49)

Der nativistische Ansatz hat gegenüber dem behaviouristischen ganz offensichtlich eine ganze Reihe von Vorteilen, da bestimmte Phänomene, die beim letzteren nicht hinreichend erklärt werden können, hier sehr elegant theoretisch erfasst werden. Wie kritisch man auch immer dazu stehen mag, zumindest der Mutterspracherwerb wird zum großen Teil abgedeckt, da die UG ja prinzipiell den gesamten Vorgang weitgehend kontrolliert.

Wie sieht nun so eine UG aus und wie funktioniert sie? Auf der Folie der Version der generativen Grammatik, in der es noch um Prinzipien, Parameter und Projektionen ging (nicht die allerneueste, zugegebenermaßen und bei der späteren, minimalistischen Version sind Parameter auch nicht mehr vorhanden), lässt sie sich wahrscheinlich am eingängigsten erklären. In der UG sind eine Reihe allgemeiner Prinzipien festgelegt, die alle Sprachen teilen. Hinzu kommen

die Parameter, die für die verschiedenen Sprachen unterschiedliche Formen annehmen können insofern, als sie den sprachlichen Input in einer gewissen Weise
analysieren und auf der Grundlage dieser Daten die jeweils einzelsprachliche
Grammatik formulieren. Wortstellung ist z. B. so ein Parameter. Etwas vergröbert
könnte man sagen, dass wir im Deutschen die Wortstellung Subjekt-Verb-Objekt
haben. Andere Wortstellungstypen gibt es jedoch auch, also z. B. Subjekt-Objekt-
Verb oder Verb-Subjekt-Objekt etc.

Ein Prinzip, über das das Kind, das seine Muttersprache erwirbt, von Anfang
an verfügt, ist sozusagen das Wissen, dass es eine Reihenfolge geben muss, dass
also nicht ein ungeordneter Schwall von Wörtern hervorgebracht wird. Der Input,
den es von seiner Umwelt erhält, legt nun einen dieser möglichen Parameter nahe
und dieses wird dann zum Bestandteil der muttersprachlichen Kompetenz. Ein
erster Schritt ist also getan, um aus der anfänglichen Universalgrammatik eine
mit der Zeit immer spezifischer werdende zu konstruieren.

Projektionen helfen dabei, denn sie beschleunigen den Prozess insofern, als sie
es ermöglichen, einen einmal vollzogenen Schritt auf andere Parameter zu
projizieren.

Englisch hat eine sehr rigide Subjekt-Verb-Objekt Stellung. Dies ist auch nötig
um zu vermeiden, dass die Rollen von Agens, also dem, der etwas tut, und
Patiens, also dem, der etwas ‚erleidet', vertauscht werden. Im Deutschen besteht
diese Gefahr weniger, da der Kasus noch relativ klar markiert ist: Agens also im
Nominativ, Patiens im Akkusativ, grob gesprochen. Eine Projektionsregel für das
Englische wäre also, dass das jeweilige Ende der Wörter nichts über ihre Rolle im
Satz aussagt und man diesen Bereich also vernachlässigen kann. Für das
Deutsche träfe dies nun genau nicht zu (vgl. Edmondson 1999: 26f).

Die zur Beschreibung gern benutzte Metaphorik spricht bezeichnenderweise
von Schaltkreisen, die zunächst völlig neutral vorliegen, die aber dann nach Maßgabe der im Einzelfall erforderlichen Grammatik ihre ganz spezifische Schaltung
erhalten. Die oben angeführten Fragen, die beim Erwerb der Muttersprache
auftreten, wären auf diese Weise schlüssig beantwortet. Was passiert aber nun
beim Erwerb, und anders lässt sich der Aneignungsprozess auf dieser Folie nicht
nennen, einer fremden Sprache? Dazu mehr in Kapitel 5.1.1.

Literaturtipps

Edmondson, Willis (1999), *Twelve Lectures on Second Language Acquisition*. Tübingen:
Narr.

Lecture 2 bietet eine ausgezeichnete, locker und sehr verständlich dargestellte
Einführung in den Problemkreis dieses Kapitels. Sehr empfehlenswert.

Lührs, Karen (1985), *Spracherwerb und Sprachenlernen. Zum Nativismus in der modernen
Zweitsprachenerwerbsforschung*. Köln: Pahl-Rugenstein.

Dissertation mit all den dieser Textsorte innewohnenden Charakteristika. Kapitel
fünf und sechs (150-211) sind jedoch ausgesprochen lesenswert und bieten eine
sehr klar argumentierende kritische Auseinandersetzung mit dem Nativismus.

Pinker, Steven (1996), *Der Sprachinstinkt. Wie der Geist die Sprache bildet.* München: Kindler.

Pinker, einer der Stars der Chomsky-Schule, liefert hier ein furioses Plädoyer für den Nativismus. Spannende Lektüre, z. T. schon auch deshalb, weil die Gegenseite mit scharfer Polemik überzogen wird. Man kann sich der gekonnten Argumentation manchmal kaum entziehen.

Aktivitäten

1. Diskutieren Sie die nachstehenden Zitate von Chomsky und Pinker hinsichtlich der Konsequenzen, die sich aus einer solchen Position für die Sprachwissenschaft, für die Angewandte Linguistik und vor allem für die Sprachlehr- und –lernforschung ergeben.

   > […] there would only be one language, which is not true, perhaps surprisingly. Evolution didn't do us a good turn in this respect, at least from a certain point of view (Chomsky 1991a: 24).

   > That is, the systems found in the world will not be regarded as languages in the strict sense, but as more complex systems, much less interesting for the study of human nature and human language, just as most of what we find around us in the world of ordinary experience is unhelpful for determining the real properties of the natural world (Chomsky 1991b: 51).

   > People do not think in English or Chinese or Apache; they think in a language of thought. [...] Knowing a language, then, is knowing how to translate mentalese into strings of words and vice versa (Pinker 1994, 81-82).

4.2.2   Kognitivismus

Im Gegensatz zum Nativismus, der der Umwelt keinen entscheidenden Einfluss auf den Spracherwerb beimisst, sehen Kognitivisten, in der Regel eher Psychologen als Sprachwissenschaftler, durchaus Beziehungen zwischen der Sprachentwicklung einerseits und der Umgebung andererseits, jedoch nicht unbedingt aus der verkürzten Perspektive der reinen Verhaltenspsychologie. Hinzu kommt, dass der Spracherwerb, anders als bei den Nativisten, nicht als ein von der gesamten kognitiven Entwicklung abgekoppeltes Phänomen aufgefasst wird, sondern als dazu parallel verlaufend. Einer der einflussreichsten Wissenschaftler in diesem Feld ist mit Sicherheit Jean Piaget.

Piagets Untersuchungen umfassen einen Zeitraum von ungefähr sechzig Jahren und haben das Verständnis und die Wahrnehmung vor allem der kindlichen Entwicklung entscheidend geprägt, denn die von ihm so genannte ‚genetische Epistemologie' hatte vordringlich die menschliche Wissensentwicklung im Blick. In der Bezeichnung ‚genetische Epistemologie' sind auch bereits die beiden Bezugswissenschaften, aus denen Piaget seine Konzepte ableitete, angedeutet: Biologie und Philosophie.

Kinder, so Piaget, versuchen bei der Adaption, also der kognitiven Anpassung an die Umwelt, ein Gleichgewicht zwischen ‚Assimilation' und ‚Akkommodation' herzustellen. Unter der ersteren, der ‚Angleichung', wird ein Vorgang verstanden, der die Elemente, auf die der Organismus in der Umwelt trifft, an bereits vorhandene Strukturen angleicht. Assimilation ist also ein aktives Interpretieren, Einordnen oder Deuten von Objekten und Ereignissen der Außenwelt mithilfe von bereits verfügbaren Konzepten, z. B. die Einordnung aller Vierbeiner bis zu einer bestimmten Größe unter ein bereits vorhandenes Konzept wie ‚Wauwau'.

Zu Beginn der Entwicklung heißt das, dass das Kind weitestgehend seine Umgebung dazu benutzt, die ihm angeborenen oder erworbenen Schemata zu stärken und zu vertiefen. Nach Piaget werden Menschen mit einem Assimilationsüberschuss geboren, was sich daran zeigt, dass sie schon direkt nach der Geburt einem hellen Gegenstand, der sich in ihrem Gesichtsfeld bewegt, mit Augen, Ohren und Kopfbewegungen folgen. Piaget deutet dies als eine rudimentäre Assimilationshandlung.

Akkommodation geht dagegen von der auf die kognitiven Fähigkeiten einwirkenden Außenwelt mit ihrer Eigengesetzlichkeit aus, d. h. sie ist dann erforderlich, wenn es Diskrepanzen oder Störungen gibt, für die der Organismus noch kein bewährtes Schema besitzt.

Wenn also dann ein vierbeiniges Wesen auftritt, das aus irgendwelchen Gründen nicht mehr in das ‚Wauwau-Schema' passt, dann muss eine entsprechende Erweiterung, Veränderung oder Differenzierung vorgenommen werden.

Ist diese Unterscheidung getroffen, dann werden die neuen Elemente mit den alten durch Adaption zu einem neuen kognitiven Schema zusammengefügt. Das Gleichgewicht zwischen Adaption und Akkommodation ist also wieder hergestellt.

Zentrales Element von Piagets Theorie ist also die ‚kognitive Struktur', worunter bestimmte Muster von physischem oder intellektuellem Verhalten, denen Intelligenz zu Grunde liegt, gefasst werden und die in einem bestimmten Verhältnis zu den Stadien der kindlichen Entwicklung stehen. Nach Piaget lassen sich die folgenden Phasen unterscheiden:

Sensomotorisches Stadium (0 bis ca. 2 Jahre)

Bereits zwischen 18 und 24 Monaten, also zum Ende der sensomotorischen Phase, lässt sich eine intelligente Auseinandersetzung mit der Umwelt feststellen. Handlungen werden mit Wahrnehmungen koordiniert, es werden zielgerichtete Tätigkeiten ausgeführt. Mit einem Spielzeug auf den Boden zu schlagen, um ein bestimmtes Geräusch zu erzeugen, wäre ein Beispiel für diese Art kontrollierten Handelns.

Vorbegriffliches Stadium (ca. 2 bis 4 Jahre)

In diesem Stadium denkt das Kind bereits, und zwar in dem Sinne, dass es in der Lage ist, mit Vorstellungen und Symbolen zu operieren. Anders ausgedrückt: Das Kind kann zwischen einem real vorhandenen Gegenstand, Mamas Auto, und einer symbolischen Repräsentation des Gegenstandes, dem Löffel, der als Mamas Auto über den Tisch geschoben wird, unterscheiden.

Dieses Ersetzen des Realen durch Symbole findet ihren Niederschlag auch im Gebrauch der Sprache. Statt zu zeigen oder zu greifen (sensomotorisch) werden jetzt Wünsche sprachlich geäußert. Außerdem gewinnen Raum und Zeit bereits eine gewisse Struktur und unmittelbare Nähe (räumlich oder zeitlich) ist nicht mehr unbedingt notwendig für die Verarbeitung von Eindrücken.

Das sprachliche Verhalten ist nach Piaget dabei weitgehend von der von ihm so bezeichneten ‚egozentrischen' Sprache geprägt (vgl. dazu Kap. 4.2.2 und 4.2.3).

Anschauliches (intuitives) Stadium (ca. 4 bis 7 Jahre)

Dieses Stadium ist vor allem von der Begriffsentwicklung gekennzeichnet. Allerdings spielt die Anschauung dabei immer noch eine herausragende Rolle. Gegenstände werden noch nicht in ihrer ganzen Komplexität erfasst, sondern auf bestimmte besonders auffallende Merkmale reduziert. Besonders deutlich wird dies durch das Umschüttexperiment illustriert. Schüttet man z. B. Apfelsaft aus einem vollen (relativ kleinen Glas) in ein deutlich größeres, das dann eben nicht mehr voll ist, entscheiden sich Kinder in dieser Phase in der Regel für das volle, da ‚Vollheit' als das herausragende Merkmal wahrgenommen wird und die Tatsache, dass es sich um die identische Menge Saft handelt, nicht weiter in Betracht gezogen wird. Es gibt wohl kaum Eltern, die mit dieser noch relativ begrenzten Wahrnehmung nicht leidvolle Erfahrung gemacht haben, denn in der Regel wird energisch darauf bestanden, dass eben genau das gewünschte Merkmal auch auftritt.

Konkret-operationales Stadium (ca. 7 bis 11 Jahre)

In diesem Zeitraum beginnen Kinder, sich von der Objektgebundenheit zu lösen und die unterschiedlichen Aspekte von Gegenständen gleichzeitig zu erfassen. Von Umschüttexperimenten lassen sie sich nicht mehr verwirren, sondern erkennen klar, dass die Apfelsaftsäule im kleinen Glas zwar höher ist, aber im großen dafür dicker. Zudem können Handlungsabläufe in beiden Richtungen vorgestellt werden, also einmal vom Anfang zum Ziel, aber auch in umgekehrter Richtung.

Trial and error nehmen nun beim Lernen eine wichtige Funktion ein, da das Kind sich retrospektiv an *errors* erinnern kann und versucht, sie zu vermeiden. Komplementär dazu ist es auch in der Lage, antizipatorisch zu verfahren, also auf Grundlage bereits gemachter Erfahrungen bestimmte Operationen durchzuführen.

Formales Stadium (ab ca. 11 Jahren)

Dieses Stadium ist mehr oder weniger das Ende der grundsätzlichen kognitiven Entwicklung. Abstraktes Denken wird möglich, d. h. Begriffe sind nicht mehr an Wahrnehmungen gebunden. Stattdessen treten jetzt Symbole in den Vordergrund, formale Hypothesen können gebildet und hinsichtlich ihrer inneren Logik überprüft werden, Gesetzmäßigkeiten mit allgemeiner Gültigkeit werden gesucht und gefunden.

Die Entwicklung und Veränderung der kognitiven Strukturen wird also durch Adaption bewirkt, die wiederum in die Komponenten Assimilation und Akkommodation unterteilt werden kann. Das heißt, dass kognitive Entwicklung interpretiert wird als das stetige und ständige Bemühen, sich den Herausforderungen der Umwelt erfolgreich zu stellen. Im Rahmen dieses Prozesses hat Assimiliation die Funktion, die Umwelt vor dem Hintergrund bereits bestehender kognitiver Strukturen zu deuten, und Akkommodation die, die kognitive Struktur selbst zu verändern mit dem Ziel, der Umwelt Sinnhaftigkeit zu verleihen.

Piaget identifiziert dabei zwei grundlegende Typen des Denkens: das gelenkte bzw. intelligente Denken und das ungelenkte, autistische. Das erstere ist insofern bewusst, als es zielgerichtet ist, d. h. es folgt einer Intention, die dem Geist des Denkenden gegenwärtig ist. Es ist „der Wirklichkeit angepaßt" insofern, als es sie zu erkennen bzw. auf sie einzuwirken versucht. Zudem ist es kommunizierbar, also sozialisiert (vgl. Piaget 1972: 49f). Dementsprechend wird es durch die ständige Bezugnahme der Interaktanten aufeinander beeinflusst.

Das autistische Denken ist demgegenüber unbewusst, „es bleibt individuell und wird nicht mitgeteilt" (vgl. Piaget 1972: 50f). Der Bezug zur äußeren Wirklichkeit ist kaum vorhanden, denn dieses Denken „schafft sich selbst eine aus Imagination oder Träumen bestehende Wirklichkeit" (Piaget 1972: 50). Die Unterschiede werden von Piaget damit begründet,

> daß die Intelligenz sich nach und nach sozialisiert und immer mehr mit Begriffen arbeitet, dank der Sprache, die das Denken mit dem Wort verbindet. Dagegen haftet das autistische Denken, eben weil es individuell bleibt, immer an bildlichen Vorstellungen, an körperlicher Aktivität und an Bewegungen selbst (Piaget 1972: 51).

Bei der Beobachtung des sprachlichen Verhaltens von Kindern im Vorschulalter konnte Piaget feststellen, dass bei diesen ein Denken, das zwischen intelligentem und autistischem liegt, eine wichtige Rolle spielt.

Dieses viel zitierte und vor allem von Wygotski heftig kritisierte Konzept des ‚egozentrischen Denken' und ‚egozentrischen Sprechens' des Kindes manifestiert sich in einer Art Selbstgespräch. Außer dem reinen Vergnügen am Sprechen hat es nach Piaget auch die Funktion des lauten Denkens, was vor allem bei so genannten ‚kollektiven Monologen' deutlich wird, Äußerungen also, die durchaus in einem kollektiven Rahmen, einer Gruppe im Kindergarten z. B., gemacht werden, ohne dass die anderen als Adressaten eine Rolle spielen. „Jeder läßt einen anderen an seinem augenblicklichen Tun oder Denken teilnehmen, ohne sich darum zu kümmern, ob er wirklich gehört oder verstanden wird" (Piaget 1972: 22).

Für Piaget bedeute das,

> dass die Kinder bis zu einem gewissen Alter egozentrischer als die Erwachsenen denken und handeln und sich ihren intellektuellen Denkprozess weniger mitteilen als wir. Wenn sie zusammen sind, sprechen sie offenbar viel mehr über das, was sie tun, sprechen aber hauptsächlich für sich selbst. Wir dagegen schweigen viel mehr, während wir etwas tun, unsere Sprache ist aber fast immer sozialisiert (Piaget 1972: 45).

Bei Kindern zwischen drei und sechs Jahren macht dieses egozentrische Sprechen fast fünfzig Prozent der Äußerungen aus, danach aber nimmt der Anteil jedoch rapide ab und der kollektive Monolog wird durch Diskussionen und Auseinandersetzungen abgelöst.

In diesem Entwicklungsprozess spielt die Sprache naturgemäß eine zunehmend wichtige Rolle, d. h. kognitive Spracherwerbstheorien gehen davon aus, dass ihr Erwerb sich in bestimmten, entwicklungspsychologisch determinierten Phasen vollzieht. Vor allem sind jedoch die Konzepte der ‚Bedeutung', ‚Wissen' und ‚Verstehen' von entscheidender Wichtigkeit.

Lernen allgemein und der Erwerb der Muttersprache insbesondere wird als ein Prozess gesehen, der sich nicht, wie in der behaviouristischen Interpretation, als weitgehend biologisch fundierte Abfolge von Reiz-Reaktions-Sequenzen vollzieht und vom Individuum kaum beeinflusst werden kann und ebensowenig als angeborenes vergleichbar wenig kontrollierbares Aktivieren eines Sprachorgans, wie im Nativismus.

Es handelt sich vielmehr um den Vorgang aktiven Konstruierens, des Hypothesenbildens und –verwerfens. Weiterhin muss beachtet werden, dass der Erstspracherwerb nicht in Isolation gesehen wird, sondern als Anwendung allgemeiner kognitiver Fähigkeiten auf eben die Sprache, als Modellfall für die Entwicklung menschlicher Erkenntnisfähigkeit.

Für Kognitivisten steht also die Beziehung von Denken und Sprechen im Mittelpunkt des Interesses. Was geschieht in der Kindheit, welche Prozesse laufen ab, wodurch erfahren wir die Bedeutung eines Wortes? Ist es nur eine Art

‚Sprachinstinkt' wie Stephen Pinker annimmt? Oder geschieht doch noch etwas, was allein mit Instinkt nicht vollständig zu erklären ist?

Literaturtipps

Fatke, Reinhard (Hg) (1970), *Jean Piaget über Jean Piaget. Sein Werk aus seiner Sicht*. München: Kindler.

> Eine Art autobiographischer Nachvollzug der Entwicklung des Piaget'schen Ansatzes. Angenehme, sehr informative und deshalb sehr empfehlenswerte Lektüre.

Kegel, Gerd (1987), *Sprache und Sprechen des Kindes*. 3. neubearbeitete und erweiterte Auflage. Opladen: Westdeutscher Verlag.

> Grundlagenwerk zum Thema, das unter allen Umständen konsultiert werden sollte.

Nicolaisen, Bernd (1994), *Die Konstruktion der sozialen Welt. Piagets Interaktionsmodell und die Entwicklung kognitiver und sozialer Strukturen*. Opladen: Westdeutscher Verlag.

> Profunde Einführung in den gesamten Bereich der sozialen Interaktionsforschung. Vor allem der in Kapitel 1 (24-70) vermittelte Forschungsüberblick ist sehr zu empfehlen.

Scharlau, Ingrid (1996), *Jean Piaget zur Einführung*. Hamburg: Junius.

> Kompakte, unentbehrliche Einführung in die konzeptionelle Struktur des Gesamtwerks von Jean Piaget.

Aktivitäten

1. Arbeiten Sie den fundamentalen Unterschied zwischen dem oben geschilderten Ansatz und dem, der im folgenden Chomsky-Zitat vertreten wird, heraus.

   > Language learning is not really something that the child does; it is something that happens to the child placed in an appropriate environment, much as the child's body grows and matures in a predetermind way when provided with appropriate nutrition and environmental stimulation (Chomsky 1988: 56).

2. Unabängig davon, welchen Standpunkt man hinsichtlich des kindlichen Sprachentwicklungsprozesses einnimmt, lassen sich die folgenden Phasen mehr oder weniger deutlich aufzeigen:
   a. Einwortsätze
   b. Zweiwortsätze
   c. Telegrammstil

Stellen Sie Beispiele zusammen und versuchen Sie, die jeweils zu
Grunde liegenden grammatischen Strukturen zu ermitteln („Ball" kann
ja z. B. bedeuten: „Das ist ein Ball", „Ich will den Ball", „Der Ball ist
weg" etc.).

3. Bestimmte Elemente einer Sprache wie z. B. Demonstrativa, Zeit- und
    Ortsadverbien werden von Kindern erst relativ spät gelernt. Versuchen
    Sie eine Erklärung dafür zu finden. Welche Charakteristika haben die
    genannten Wortarten gemeinsam?

4.2.3   Interaktionismus

Interaktionistische Spracherwerbstheorien (vgl. auch Kapitel 5.1.3) legen einen besonderen Schwerpunkt auf die Interaktion zwischen den Erwerbenden, also beim Mutterspracherwerb den Kindern und deren Sozialisationsagenten (einer jener für die 1970er und 1980er so typischen Begriffe), womit in der Regel vorwiegend die Eltern gemeint sind.

Die unter diesem wiederum recht allgemeinen Rubrum zusammengefassten Theorien stehen jedoch keineswegs in einem so klaren Gegensatz zu den kognitivistischen wie die nativistischen. Eher im Gegenteil, eine ganze Reihe von Grundannahmen werden durchaus geteilt.

Es ist eher eine Frage des Schwerpunkts, ob eine bestimmte Richtung eher als kognitivistisch oder interaktionistisch angesehen wird. Am deutlichsten lassen sich die unterschiedlichen Sichtweisen wohl am Beispiel der Wygotski-Piaget-Debatte illustrieren, die zudem den Vorteil hat, nun wieder, im Zusammenhang mit der Konstruktivismusdiskussion, neue Aktualität zu erlangen.

Zwischen Piagets Ansatz und dem von Wygotski besteht ein deutlicher Unterschied hinsichtlich der Verortung der kognitiven Entwicklung. In der Nachfolgediskussion ist diese Differenz jedoch m. E. zu sehr in den Vordergrund gerückt worden. Nach Piaget, so wird in der einschlägigen Literatur immer wieder betont, konstruieren Kinder ihr Wissen individuell in der Auseinandersetzung mit der Umwelt, während nach Wygotski die Entwicklung der Kognition soziale Ursprünge hat.

Bei der diskursiven Zuspitzung dieser Unterschiede wird leider häufig übersehen, dass einerseits Piaget die Rolle des Sozialen keineswegs geleugnet hat (Piaget 1972: 114) und dass andererseits Wygotski die Rolle der aktiven Konstruktion des Wissens mehrfach betont hat (Wygotski 1979: 78f). Wygotskis Annahmen hinsichtlich des aktiven Individuums spiegeln sich in der Funktion wider, die er z. B. dem Sprechen und Denken zuschreibt. Neuere Ansätze gehen daher auch von einem Ko-Konstruktivismus aus: Sowohl das individuelle Kind als auch die Umwelt werden als aktiv gesehen (Valsiner 1993, Wozniak 1993).

Aus interaktionistischer Sicht vollzieht sich Spracherwerb auf der Folie vorsprachlicher Kommunikation. Ob allerdings angenommen werden kann, dass sogar grammatische Strukturen in dieser Phase entstehen (vgl. z. B. Bruner 1987, Bruner 1990), ist wohl nicht ganz zu Unrecht heftig bestritten worden.

Der Einfluss gemeinsamen Handelns, eben auch sprachlichen Handelns, auf die Entwicklung insgesamt soll dabei keineswegs geleugnet werden, es scheint aber durchaus angebracht zu sein, zwischen Sprache als System, das ja auch erworben werden muss, und Kommunikation zu unterscheiden (vgl. dazu auch die in 5.1.2 und 5.1.3 angeführten kritischen Stimmen).

In Kapitel 4.2.2 wurde dargestellt, dass Piaget die so genannte egozentrische Sprache mit den frühen Stadien der kognitiven Entwicklung verbindet. Ihre Funktion ist die eines Begleitens von individuellen Aktivitäten und weniger die der Sozialisation des Denkens. Diese setzt nach seiner Auffassung erst in einem fortgeschrittenen Alter, wenn eine allgemein höhere kognitive Entwicklungsstufe erreicht wurde, ein.

An dieser Stelle lässt sich der Unterschied zwischen Piagets Auffassung der Sprachentwicklung des Kindes und der von Wygotski recht deutlich feststellen, denn der Verlauf wird von letzterem genau umgekehrt gesehen, also nicht vom außersprachlichen autistischen Denken über die egozentrische Sprache und das egozentrische Denken zur sozialisierten Sprache und zum logischen Denken, sondern von der sozialen Sprache über die egozentrische Sprache zur inneren Sprache (vgl. Kegel 1987: 106).

Die Entwicklung des kindlichen Denkens verläuft demnach vom Sozialen zum Individuellen und nicht vom Individuellen zum Sozialisierten. Es geht dementsprechend nicht um eine von der Umwelt an das Kind gerichtete Sozialisierung, sondern um eine schrittweise Individualisierung eines grundsätzlich sozialen Wesens.

> Nach unserer Theorie ist die egozentrische Sprache ein Übergangsphänomen von den interpsychischen Funktionen zu den intrapsychischen, d.h. von den Formen der sozialen kollektiven Tätigkeit des Kindes zu seinen individuellen Funktionen (Wygotski 1979: 317).

In der kritischen Auseinandersetzung mit Piaget wird deutlich, dass Wygotski die kognitive Entwicklung im Allgemeinen und Sprachentwicklung im Besonderen mit gesellschaftlichen Faktoren untrennbar verknüpft sah, oder wie Luckmann in seiner Einleitung zu *Denken und Sprechen* formuliert: „Die Grundannahme Wygotskis ist die der Historizität des menschlichen Bewußtseins und ihrer funktionalen Bindung an die vergesellschaftete menschliche Praxis" (Luckmann 1979: XV, vgl. dazu auch Stölting 1974: 13).

Dabei ist jedoch nicht die kommunikative Funktion der Sprache, wie man durchaus annehmen könnte, der wichtigste Bereich der Analyse, sondern eng mit dieser Funktion verknüpft sieht Wygotski die Rolle, die die Sprache bei der Strukturierung und Organisation des Denkens hat (vgl. Wygotski 1979: 12).

Wygotski sah also die kommunikative Funktion der Sprache und die Leistung, die sie bei der Strukturierung des Denkens erbringt, als ausgesprochen eng miteinander verbunden an. Dementsprechend konnte Sprachentwicklung sinnvoll nur unter der Bedingung analysiert werden, wenn die „Beziehungen zwischen dem Gedanken und dem Wort" als gleichberechtigte Funktion neben der kommunikativen gesehen wurden (vgl. Wygotski 1979: 2). Luckmann (1979: Xf) betont ausdrücklich, dass gerade dies als eins der Verdienste Wygotskis gesehen werden muss.

Eine Trennung der Analyse von Lautgestalt und Bedeutung muss unter diesen Umständen natürlich verworfen werden, da eine Atomisierung des komplexen Ganzen dem Gegenstand, nämlich der Interaktion zwischen Sprache und Denken, in keiner Weise gerecht werden könnte (Wygotski 1979: 8).

Unzufrieden mit den Methoden, die bis dahin vorlagen, suchte Wygotski nach einer Neuorientierung, die er in ihren Grundsätzen bei Friedrich Engels fand und

die auf der fundamentalen Erkenntnis basiert, dass jede menschliche Entwicklung
dem Prinzip der Dialektik unterliegt.

> The dialectical approach, while admitting the influence of nature on man, asserts
> that man, in turn, affects nature and creates through his changes in nature new
> natural conditions for his existence. This position is the keystone of our approach
> to the study and interpretation of man's higher psychological functions and serves
> as the basis for the new methods of experimentation and analysis that we advocate
> (Vygotsky 1978: 61f).

Wygotski unterscheidet bei seiner Analyse vier Ebenen:

Phylogenese
Soziokulturelle Geschichte
Ontogenense
Mikrogenese

Die beiden letzteren sind für ihn dabei von besonderer Relevanz. Die Entwicklungen im Bereich der Ontogenese, also der Entwicklung des Individuums, treten
nach Wygotski auf zwei Ebenen in Erscheinung. Zum einen auf der sozialen und
zum anderen auf der psychologischen. Zuerst treten diese Entwicklungen als
interpsychologische Kategorien auf, also im zwischenmenschlichen Bereich, und
erst danach als intrapsychologische, also im kindlichen Individuum selbst.

Nach Wygotski trifft dies auch für bewusste Aufmerksamkeit, logisches
Gedächtnis und die Entwicklung von Konzepten zu. Ein Entwicklungsprozess,
der seiner Auffassung nach sogar den Status eines Naturgesetzes hat (vgl. Wygotski 1979: 259).

Den Zusammenhang zwischen interpersonaler Ebene und intrapersonaler
Ebene verdeutlicht Wygotski mithilfe des Konzepts der ‚Zone der nächsten Entwicklung' (engl. *zone of proximal development*).

Diese ist definiert durch die Distanz zwischen dem aktuellen Entwicklungsni-
veau, das durch Möglichkeiten selbständigen Problemlösens gekennzeichnet ist,
und der potentiellen Entwicklungsstufe, deren Charakteristikum die Menge der
Problemlösungsmöglichkeiten unter der Supervision von Erwachsenen oder bei
Zusammenarbeit mit fortgeschritteneren Gleichaltrigen ist. Kurz: Es handelt sich
um die Differenz zwischen dem, was ein Kind an Aufgaben bereits allein, und
dem, was es in Kooperation mit anderen bewältigen kann.

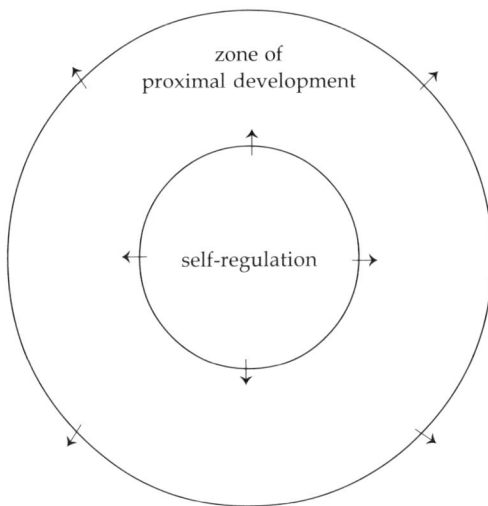

Abbildung 4.1: Zone of proximal development (aus Johnson 2004: 110)

Diese ‚Zone der nächsten Entwicklung' wird, vor allem in der englischsprachigen Welt, als die bedeutendste Entdeckung Wygotskis angesehen (vgl. z. B. Newman/Holzman 1993: 55f).

Wygotskis Arbeiten insgesamt erfreuen sich in jüngster Zeit wieder verstärkter Aufmerksamkeit (vgl. z. B. Johnson 2004). In Kapitel 5.1.3 soll darauf auch im Rahmen der Diskussion der Fremdspracherwerbstheorien noch weiter eingegangen werden.

Obwohl zwischen Piagets Auffassung und der von Wygotski natürlich Unterschiede bestehen (vgl. z. B. Keiler 1999: 86f), vor allem bei der Einschätzung der Funktion der egozentrischen Sprache sind beide voneinander nicht so weit entfernt wie von konkurrierenden Ansätzen wie Nativismus oder Behaviourismus.

Das Zusammenwirken von einerseits genetischer Ausstattung und andererseits Umwelt beim Spracherwerb ist auch intuitiv sehr viel einfacher nachzuvollziehen als die recht extremen Positionen einer nur der Biologie oder nur der Umwelt verpflichteten Interpretation des Prozesses.

Im Bereich der Sprachlernforschung hat Wygotskis Ansatz im Konzept des so genannten *scaffolding* (von engl. *scaffold* = *Gerüst*) seinen Niederschlag gefunden. Hier sind vor allem die Untersuchungen von Donato (1998), Kowal/Swain (1994) und vor allem die von von Aljaafreh/Lantolf (1994) zu nennen. Nach Auffassung der letztgenannten Autoren ist die Idee

> to offer just enough assistance to encourage and guide the learner to participate in the activity and to assume increased responsibility for arriving at the appropriate performance (Aljaafreh/Lantolf 1994: 469).

In Kapitel 5.1.3 wird dieser Aspekt detaillierter diskutiert.

Literaturtipps

Frawley, William (1997), *Vygotsky and cognitive science*. Cambridge/Mass.: Harvard University Press.

Ausgezeichnete, sehr gründliche und grundlegende Arbeit. Allerdings auch sehr umfangreich. Zudem wird ein beträchtliches Hintergrundwissen erwartet. Kapitel 3.3 (86-105) sollte aber unbedingt gelesen werden, da es einen hervorragenden Überblick vermittelt.

Veer, René van der/Valsiner, Jan (eds) (1994), *Understanding Vygotsky*. Oxford: Blackwell.

Sehr umfangreicher, chronologisch geordneter Aufriss des Schaffens von Lew Wygotski. Besondere Aufmerksamkeit sollte den Kapiteln 9 (187-241) und 11 (256-286) gewidmet werden.

Wygotski, Lew S. (1979), *Denken und Sprechen*. Frankfurt/M.: Fischer.

Es ist immer lohnenswert, die Klassiker im Original zu lesen. Wegen der inzwischen wieder zunehmenden Aktualität wird eine zumindest kursorische Lektüre daher dringend empfohlen.

Aktivitäten

1. Im folgenden Zitat von Wygotski (1979: 257) wird Bezug genommen auf das Erlernen einer Fremdsprache in der Schule. Empfinden Sie die Beschreibung als angemessen, oder irrt der Autor vielleicht? Begründen Sie Ihren Standpunkt.

    > Das Erlernen einer Fremdsprache erfolgt auf einem Weg, der der Entwicklung der Muttersprache genau entgegengesetzt ist. Das Kind beginnt die Muttersprache niemals mit der Aneignung des Alphabets, mit dem Lesen und Schreiben, mit der bewussten und absichtlichen Konstruktion von Sätzen, mit der verbalen Definition der Wortbedeutung, mit dem Studieren der Grammatik zu erlernen, aber all das steht beim Erlernen der Fremdsprache gewöhnlich am Anfang. Das Kind eignet sich die Muttersprache ohne bewußte Einsicht und unabsichtlich an, die fremde dagegen von Anfang an mit bewußter Einsicht und absichtlich. Daher verläuft die Entwicklung der Muttersprache von unten nach oben, während die der Fremdsprache von oben nach unten verläuft.

2. In allen Sprachen der Welt wird bei der Kommunikation mit kleinen Kindern oft der so genannte ‚baby talk' benutzt, z. B. ‚Wauwau' für

,Hund'. Welche fallen Ihnen noch ein? Aus welchen Lebensbereichen stammen sie vorwiegend? Können Sie bestimmte strukturelle Gemeinsamkeiten identifizieren?

3. Sowohl bei Wygotski als auch bei Piaget geht es ja um die kindliche Entwicklung im Allgemeinen und die kindliche Sprachentwicklung im Besonderen. Fremdsprachen werden aber meist von Heranwachsenden bzw. Erwachsenen gelernt, die meist die verschiedenen Entwicklungsstufen schon abgeschlossen haben. Die Frage ist also, ob man derartige Konzepte dann überhaupt übertragen kann bzw. welche Einschränkungen gemacht werden müssen. Diskutieren Sie das Problem.

4.3   Sprachkompetenz

Was unter Sprachkompetenz genau zu verstehen ist bzw. was alles dazugehört, ist eine Frage, die wegen der Vielschichtigkeit und Komplexität des Phänomens kaum erschöpfend zu beantworten ist. In den Kapiteln 1.5 und 3.3 ist bereits das Konzept der kommunikativen Kompetenz erörtert worden, denn diese steckt den Rahmen dessen, was der muttersprachliche Sprecher weiß bzw. wissen muss, ja bereits wesentlich weiter ab als z. B. die generative Transformationsgrammatik.

Wie die Erforschung all ihrer Elemente aussehen soll, wie man sich das Zusammenwirken der verschiedenen Komponenten vorstellen darf, das sind Probleme, deren Lösung noch weitestgehend aussteht, obwohl die immer weiter verfeinerten Methoden in allen Bereichen der Neurologie hier durchaus Erkenntnisfortschritte bewirkt haben.

Wie immer man sich dem Konzept der Sprachkompetenz nähert, einige ganz grundsätzliche Tatsachen müssen wohl als gesichert angesehen werden. Eine von diesen ist, dass Sprachkompetenz nicht einfach von Anfang an vorhanden ist, sondern in irgendeiner Form erworben wird. Sie unterliegt also einem Entwicklungsprozess, der zwar in seinen Grundzügen bei allen Individuen relativ gleichförmig verläuft, innerhalb dessen bestimmte Details allerdings jeweils recht unterschiedlich sein können.

Auch dass es sich nicht um eine Konstante handelt, die nach erfolgtem Erwerb weitgehend unverändert bleibt, ist allgemein akzeptiert, weil in den Bereichen, wo Messungen möglich sind, eine ständige Bewegung festgestellt werden kann.

Denn selbst wenn man so etwas wie eine grundsätzliche muttersprachliche Kompetenz unterstellt, liegen doch auf der Oberfläche, vor allem hinsichtlich der Ausprägung bestimmter Fertigkeiten, große Unterschiede vor.

Vergleichen wir die Sprachkompetenz unter diesem Aspekt mit der Kompetenz laufen zu können, dann kann man feststellen, dass, obwohl wir alle irgendwie laufen können, dies nicht alle gleich schnell, gleich ausdauernd oder gleich elegant tun. Es ist von daher etwas zu ungenau, von *der* Sprachkompetenz zu sprechen.

Mit anderen Worten, das so genannte ‚mentale Lexikon‘ sowie die ‚mentale Grammatik‘ sind zwar bei allen muttersprachlichen Sprechern vorhanden, aber nicht unbedingt in allen Bereichen bei allen gleich ausgeprägt oder entwickelt.

Eugenio Coseriu versucht in seinem äußerst instruktiven und sehr lesenswerten Buch *Sprachkompetenz* dem Problem durch eine Reihe interessanter Unterscheidungen näher zu kommen.

Neben eher grundlegenden Schichten des Sprechens, wie der biologischen und der kulturellen, unterteilt er die Wissensbestände in allgemein-sprachliche Kompetenz (elokutionelles Wissen), einzelsprachliche Kompetenz (idiomatisches Wissen) und Textkompetenz (expressives Wissen) (vgl. Coseriu 1988: 89-182).

Das elokutionelle Wissen besteht nach Coseriu darin, dass der Sprecher weiß, wie man spricht, d. h. er kennt die Norm, die bestimmten Verfahren innewohnt, nämlich „die Norm der Kongruenz mit den Prinzipien des Denkens" (Coseriu 1988: 248).

Zu dieser Norm tritt die Norm der Toleranz, die insofern wichtig ist, als der Hörer einerseits Inkongruentes nicht von vornherein ablehnt, sondern versucht, es in irgendeiner Form sinnvoll zu interpretieren (vgl. ibid.) und natürlich als Sprecher erwartet, ebenso tolerant interpretiert zu werden.

Dass Kongruenz prinzipiell aufgehoben werden kann, z. B. in Metaphern, wissen die Sprecher (Coseriu 1988: 249). Dieses Wissen ist nicht unbedingt ein reflektiertes, aber es liegt notwendigerweise bei allen Sprechern vor, unabhängig von den jeweiligen Einzelsprachen.

Die einzelsprachliche Kompetenz, also das idiomatische Wissen, ist in den Worten Coserius ein Wissen über „vorgegebene Einheiten" (Coseriu 1988: 254), die Kenntnis dessen also, was in der jeweiligen Einzelsprache an lautlichen, morphologischen, syntaktischen, etc. Elementen vorliegt und in welcher Weise diese miteinander verknüpft werden. Wo z. B. Phonemgrenzen, Wortgrenzen usw. liegen und welche Elemente mit anderen in Verbindung treten können. Dies ist im Grunde der Bereich, der in der Psycholinguistik generell ganz besonders intensiv erforscht wird, da hier (wenn auch mit Einschränkungen) tatsächlich eine quantitative Analyse möglich ist.

Das expressive Wissen, also die Textkompetenz, ist im Kern die Kombination der beiden ersten Elemente, denn sie beinhaltet einerseits die allgemeinen, nicht einzelsprachspezifischen Normen des Sprechens und die einzelsprachlichen Verfahren, diese Normen in einer ganz bestimmten Weise zu realisieren. So gibt es zwar in allen Sprachen so etwas wie eine ‚Fortsetzung des Diskurses' (im Deutschen realisiert durch z. B. *daher, deswegen, und so*), die Elemente, durch die sie jedoch angezeigt und realisiert wird, sind von Sprache zu Sprache unterschiedlich (vgl. Coseriu 1988: 256f).

In den folgenden Kapiteln sollen jedoch nur zwei Aspekte der Sprachkompetenz behandelt werden: Sprachproduktion und Sprachrezeption. Beide sind im Rahmen psycholinguistischer Forschung aus unterschiedlichen Perspektiven untersucht worden. Die Grundfrage ist jedoch: Was geschieht eigentlich genau in unserem Kopf, wenn wir sprechen bzw. Gesprochenes verstehen?

Literaturtipps

Coseriu, Eugenio (1988), *Sprachkompetenz*. Tübingen: Francke.

Sehr lohnenswerte, wenn auch nicht immer ganz einfache Lektüre.

Häfele, Josef (1979), *Der Aufbau der Sprachkompetenz*. Tübingen: Niemeyer.

Dissertation mit der ganz spezifischen Zielsetzung, die Sprachkompetenz in die allgemeine Komptenz des symbolischen Handelns zu integrieren. Lesenswert ist vor allem die Auseinandersetzung mit der Kompetenztheorie Chomsky'scher Prägung. Eine interessante Analyse der Teilkompetenz der ‚bewertenden Rede' findet sich im ersten Teil von Kapitel 3.

Van Lier, Leo/Carson, David (1997), *Knowledge about language*. Dordrecht: Kluwer.

Band 6 der *Encyclopedia of Language Education* hat als Schwerpunkt die ‚language awareness'. Der Beitrag von Arthur van Essen ‚Language Awareness and Knowledge about Language: An Overview' (1-10) bietet einen kompakten Überblick über diesen Aspekt der Sprachkompetenz. Sehr interessant und informativ ist auch der Artikel von Rod Ellis ‚Explicit Knowledge and Second Language Pedagogy' (109-118).

Aktivitäten

1. Versuchen Sie, ohne sich vorher groß zu informieren, eine – durchaus subjektive – Antwort auf die folgenden Fragen zu geben:
   a. Woraus besteht das sprachliche Wissen, also die Sprachkompetenz?
   b. Wie ist diese Kompetenz strukturiert?

2. Vergleichen Sie nun Ihre Antworten mit den folgenden Definitionen

> Der Gegenstand einer linguistischen Theorie ist in erster Linie ein idealer Sprecher-Hörer, der in einer völlig homogenenSprachgemein-schaft lebt, seine Sprache ausgezeichnet kennt und bei der Anwendung seiner Sprach-kenntnis in der aktuellen Rede von solchen grammatisch irrelevanten Bedingungen wie begrenztes Gedächtnis, Zerstreutheit und Verwirrung, Verschiebung in der Aufmerk-samkeit und im Interesse, Fehler (zufällige oder typische) nicht affiziert wird. […] Bei der Erforschung der aktuellen Sprachverwen-dung muß man die wechselseitige Beeinflus-sung einer Vielzahl von Faktoren in Betracht ziehen, von denen die zugrunde liegende Kompetenz des Sprecher-Hörers nur einen darstellt (Chomsky 1969: 13).

> Unter Sprachkompetenz verstehen wir das Wissen, das die Sprecher beim Sprechen und bei der Gestaltung des Sprechens anwenden. Wir meinen nicht das Wissen über die ‚Sachen', von denen man spricht, sondern das Wissen, das sich auf das Sprechen selbst und auf seine Gestaltung bezieht. […] Die Theorie der sprachlichen Kompetenz wird zugleich eine Theorie des Sprechens in ihren Grund-zügen sein. Sie wird auch eine Theorie über die Gestaltung der Sprachwissenchaft sein,

weil der Aufbau der Sprachwissenschaft dem
Aufbau der sprachlichen Kompetenz ent-
sprechen sollte (Coseriu 1988: 1).

3. Welche Überschneidungen und welche Differenzen stellen Sie fest?
    Gibt es Punkte, in denen Sie völlig anderer Meinung sind als die
    Autoren? Begründen Sie ihre Position.

4.3.1 Produktion und Rezeption

Das, was man in gesprochener oder geschriebener Form in einer Sprache von sich geben kann, also wahrnehmbar produziert, gilt nach wie vor als der Maßstab der Kompetenz schlechthin, nicht nur von der Warte des ‚naiven' Sprechers aus, denn die ‚aktiven' Fertigkeiten, also Sprechen und Schreiben, nehmen in unserer Wahrnehmung und Beurteilung der Kompetenz eines Individuums einen deutlich größeren Raum ein als die ‚passiven' (Hörverstehen, Leseverstehen).

Nun sind aber die beiden letztgenannten Fertigkeiten keineswegs so ‚passiv', wie es den Anschein hat. Die Abwesenheit motorischer Aktivitäten sollte nicht darüber hinwegtäuschen, dass das Verstehen von gesprochenen oder geschriebenen Texten eine ungeheuer anstrengende ‚Tätigkeit' sein kann, zumal der Hörer bzw. Leser keinerlei Einfluss auf die Menge und die Darbietung der Informationen hat, sondern diesen mit dem ihm zur Verfügung stehenden Instrumentarium (das im Falle einer Fremdsprache oft recht unvollständig ist) gegenübertritt. Bei eigenen sprachlichen Aktivitäten ist dies nicht der Fall. Was man nicht sagen oder schreiben kann, das lässt man weg oder sagt es anders. Vermeidungsstrategien dieser Art greifen bei den ‚passiven' Fertigkeiten nicht. Zumindest auf den ersten Blick erscheint es aber so, als wenn das Sprechen schwieriger ist als das Hören, zwischen Schreiben und Lesen fällt der Unterschied noch deutlicher ins Auge (Shakespeare kann man irgendwann ganz gut im Original lesen, so zu schreiben fällt dann doch etwas schwerer).

Gerade in einer Fremdsprache ist dies aber auch wohl darauf zurückzuführen, dass Sprechen ein Prozess ist, der, um kommunikativ relevant zu sein, sehr schnell ablaufen muss. Die Koordinierung und Kontrolle der dabei notwendigen Vorgänge bedürfen intensiven Trainings und werden in der Regel trotz aller Bemühungen doch nicht perfekt. Fehler, die in diesem Bereich gemacht werden, sind zudem viel auffälliger, beim Hören kann man, selbst wenn man das Gesagte nicht richtig verstanden hat, immer noch zustimmend nicken.

Die Sprachproduktion als die ‚auffallendere' Fertigkeit soll dementsprechend auch an erster Stelle behandelt werden.

4.3.1.1 Produktion

Gegenstand wissenschaftlichen Interesses ist die Sprachproduktion zwar schon seit sehr langer Zeit, aber intensiv und systematisch (naturwissenschaftlich) begann ihre Erforschung eigentlich erst mit Beginn des neunzehnten Jahrhunderts.

Interessant, bei näherem Hinsehen jedoch nicht weiter verwunderlich, ist, dass der Ausgangspunkt dabei Sprachstörungen waren, in diesem Fall Aphasien, nämlich die Broca- und die Wernicke-Aphasie. Auf deren Krankheitsbild wird in Kapitel 4.3.2 näher eingegangen.

Die wohl wichtigste Frage, die sich damals stellte, war, in welchen Bereichen im menschlichen Gehirn die Sprache bzw. das Sprachvermögen seinen Sitz hatte. Sprachstörungen als Ausgangspunkt boten sich da natürlich an, weil ja, z. B. nach einem Unfall, bei dem Teile des Gehirns in Mitleidenschaft gezogen wurden, zumindest andeutungsweise bekannt war, welche Areale nicht mehr oder nicht mehr vollständig funktionierten.

Wenn also festgestellt werden konnte, dass bei Ausfall bestimmter Gehirnareale auch bestimmte Sprachstörungen auftraten, dann hatte man zumindest einen Anhaltspunkt dafür, dass in eben diesen Bereichen für die Sprachproduktion wichtige Prozesse abliefen.

Bei der modernen Sprachproduktionsforschung ist die Fragestellung insofern präzisiert, als man versucht, eine plausible modellhafte Nachbildung der Prozesse, die von der Äußerungsabsicht bis hin zum letztendlich produzierten Ergebnis führen, vorzunehmen. Dabei ist es weniger wichtig, ob das Ergebnis die Produktion von Lauten, Schriftzeichen oder Gebärden ist.

Neben den oben angeführten Aphasien gibt es natürlich auch noch andere Möglichkeiten, sich diesen Prozessen zu nähern. So liefern beispielsweise Versprecher, die ja im Alltag sehr häufig vorkommen, wertvolle Hinweise darauf, wie man sich den Produktionsprozess vorzustellen hat, weil sie ja Indizien dafür sind, wo zwischen Planung und Ausführung etwas schief gehen kann. Ein Beispiel sind die so genannten *blends* (Englisch *blend* ‚zusammenbringen‘, ‚vermischen‘). Wenn jemand empört sagt: „Ich lasse mir nicht immer den schwarzen Schuh zuschieben", dann kann man davon ausgehen, dass zwei Pläne vorgelegen haben: *Ich lasse mir nicht immer den schwarzen Peter zuschieben* und *Ich lasse mir nicht immer alles in die Schuhe schieben*. An einem Punkt des Produktionsprozesses ist dann aber ganz offensichtlich ein ‚Verarbeitungsfehler‘ eingetreten, durch den das Produkt, also die Äußerung, auch ‚fehlerhaft‘ geworden ist.

Ein weiterer Aspekt, der relativ spät, in den fünfziger und sechziger Jahren, berücksichtigt wurde, ist die Tatsache, dass sprachliche Äußerungen innerhalb einer bestimmten Zeit realisiert werden. Untersuchungen zu Tempo, Pausen, Verzögerungen, Füllungen wie *ähm* etc. lassen Aufschlüsse darüber zu, was zwischen Planung und Ausführung abläuft.

Je weniger Plan, desto fehlerhafter das Produkt, eine alltägliche Erfahrung, wenn man sich z. B. gezwungen sieht sich in einem Bereich zu äußern, von dem man keine rechte Ahnung hat (vgl. Goldman-Eisler 1958, Lounsbury 1954).

Dass Pausen und Füllungen allerdings auch eine kommunikative Funktion haben (z. B. kann eine Pause signalisieren, dass ein anderer Gesprächsteilnehmer nun den ‚turn', also die Sprecherrolle, übernehmen kann), also nicht nur Symptome für Diskrepanzen zwischen Planung und Ausführung sind, soll hier nicht weiter erörtert werden. Bibliographische Hinweise auf die sehr interessanten Forschungen in diesem Bereich finden Sie bei den Literaturtipps am Ende des Kapitels.

Die Tatsache, dass Pausen, also nicht realisiertes Sprechen, bei der Analyse einen wichtigen Anhaltspunkt darstellen, weist bereits auf eines der grundlegenden Forschungsprobleme hin: Die enorme Geschwindigkeit, mit der die verschiedenen Prozesse, die von der Idee zur Äußerung führen, ablaufen.

Bis zu fünfzehn Phoneme können von muttersprachlichen Sprechern pro Sekunde produziert werden, der Durchschnitt bei normalem Sprechtempo liegt zwischen zehn und zwölf. In Wörtern ausgedrückt heißt das z. B. für das Deutsche zwei bis drei pro Sekunde, pro Minute zwischen 120 und 150.

Die Sprecher selbst können über das, was sie in dieser atemberaubenden Geschwindigkeit tun, keinerlei Auskunft geben und auch der direkte Zugriff auf die Aktivitäten, die im Gehirn ablaufen, ist, trotz aller Fortschritte, noch begrenzt. Man sieht zwar immer klarer, dass etwas abläuft, oder auch, dass eben nichts geschieht, aber die präzise Natur der Vorgänge liegt doch immer noch im Dunklen.

Dementsprechend ist man auf mehr oder weniger plausible Modelle, die den Vorgang so widerspruchsfrei wie möglich abbilden, angewiesen. Von diesen sollen weiter unten die beiden Typen, die nach wie vor im Zentrum der Diskussion stehen, kurz vorgestellt werden. Es handelt sich dabei zum einen um so genannte modular-serielle und zum anderen um parallel-distributionistische oder auch konnektionistische Modelle.

Bei der generellen Einteilung der Sprachproduktionsprozesse jedoch herrscht weitgehend Einigkeit. Man geht von den folgenden im Schaubild dargestellten Stufen aus.

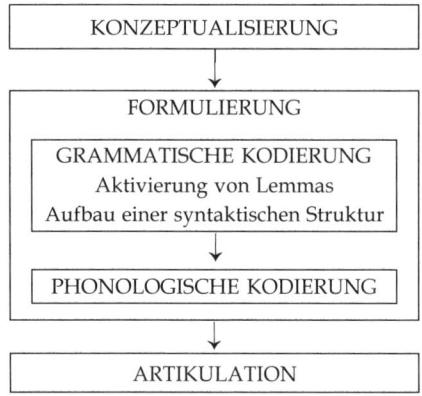

Abbildung 4.2: Vereinfachtes Produktionsmodell nach Levelt (1989: 9)

Konzeptualisierung

Hier wird der Inhalt dessen, was gesagt werden soll, festgelegt. Beeinflusst wird die Entscheidung natürlich auch von allen möglichen situativen Faktoren. Wer ist der Hörer? In welchem Umfeld bewegen wir uns? Welche Rolle nimmt der Sprecher gerade ein (Vorgesetzter/Untergebener, Eltern/Kind etc.).

Das heißt, dass bestimmte Bereiche der kommunikativen Kompetenz hier bereits aktiviert werden müssen. Im Deutschen muss z. B. entschieden werden, ob ich als Anrede ‚du' oder ‚Sie' verwende, eine Entscheidung, die dann wiederum gewisse Auswirkungen auf die nächste Stufe hat.

Formulierung

In dieser Phase erhält die inhaltlich geplante Äußerung ihre Struktur. Es müssen die entsprechenden Einträge des mentalen Lexikons abgerufen werden, diese werden dann in die angemessene Reihenfolge gebracht, also syntaktisch miteinander verknüpft und schließlich mit einer phonologischen Repräsentation versehen.

Artikulation

In einem letzten Schritt werden hier die Phoneme, also die systemspezifischen und distinktiven lautlichen Repräsentationen in Schall überführt. Stimmbänder, Kehlkopf, Lippen und Zunge werden in ganz spezifischer Weise in Bewegung versetzt, um der geplanten Äußerung ihre endgültige Gestalt zu geben.

Es muss nicht weiter betont werden, dass diese so genannten Makrostufen recht unterschiedliche Eigenschaften haben, vor allem hinsichtlich des bewussten Zugriffs. Dieser ist bezüglich der Planungsphase noch sehr stark ausgeprägt, bezüglich der Formulierung aber schon relativ eingeschränkt und bei der Artikulation im Regelfall kaum noch vorhanden.

Dass wir über die Vorgänge, die bei der Sprachproduktion ablaufen, im Verhältnis zu den anderen Bereichen immer noch relativ wenig wissen, liegt u. a. an der bereits erwähnten Geschwindigkeit, mit der Sprache produziert wird, und an der Komplexität der Prozesse, die hier zu Grunde liegen.

Es ist eben aus diesen Gründen ausgesprochen schwierig, kontrollierte Experimente durchzuführen, d. h. es ist fast unmöglich, eindeutige Beziehungen zwischen wie auch immer motivierten Äußerungsabsichten und den jeweils tatsächlich gemachten Äußerungen festzustellen.

Ein visueller Reiz, z. B. ein Bild oder eine Zeichnung, führt trotz der relativen Eindeutigkeit des Dargestellten nicht unbedingt zu Äußerungen, die Ähnlichkeiten aufweisen und so Rückschlüsse auf den Produktionsvorgang zulassen. Eine Zeichnung, auf der ein Junge mit einem Ball zu sehen ist, kann zu so unterschiedlichen Kommentaren wie: *Ja, ein Junge mit Ball* oder *Der hat keinen zum Spielen* führen.

Es ist deshalb auch nicht weiter verwunderlich, dass ein großer Teil dessen, was tatsächlich an Information vorhanden ist, aus der Sprachpathologie stammt. Ein Fehler im Prozess, gleichgültig, um welche Art von Vorgang es sich dabei handelt, bietet bestimmte Anhaltspunkte für Hypothesenbildung bezüglich des ordnungsgemäßen Ablaufs, der, wie gesagt, bisher nur in Form von Modellen beschrieben werden kann.

Das Modell von Levelt (1989) gehört zum Typ der bereits erwähnten modular-seriellen. Die Makroebenen, in die der Prozess unterteilt wird, sind die bereits vorgestellten: Konzeptualisierung, Formulierung und Artikulation.

Auf der ersten Ebene, der Konzeptualisierung, wird nach diesem Modell das ‚Was' der Äußerung determiniert, der Inhalt. Ist diese Entscheidung getroffen, wird dem Inhalt auf der Ebene der Formulierung seine sprachliche Struktur zuge-ordnet, d. h. es müssen die entsprechenden Wörter (Lexikon) gefunden, diese sodann in die angemessene Reihenfolge gebracht (Syntax) und schließlich den entsprechenden Lauten zugeordnet werden (phonologische Repräsentation).

Auf der Grundlage der so festgelegten Struktur setzt dann auf der Ebene der Artikulation die Bewegung der Stimmorgane ein: Atmung, Zunge, Lippen, Stimmbänder.

Wie aus der Abbildung ersichtlich, werden verschiedene grundsätzliche Annahmen gemacht, nämlich, dass die einzelnen Prozesse nacheinander ablaufen und dass es keine Feedback-Prozesse zwischen späteren und früheren Ebenen gibt.

Die Annahme der seriellen, d. h. nacheinander vorgehenden Arbeitsweise von Konzeptualisierung, Formulierung und Artikulation der Sprache wird begleitet von der Annahme, dass eine längere Äußerung gleichzeitig auf verschiedenen Ebenen verarbeitet wird. Es muss nicht erst jeder Vorgang auf einer Stufe abge-schlossen sein, bevor zur folgenden Stufe übergegangen werden kann. Während also der erste Teil des Satzes schon artikuliert wird, werden andere Teile des Satzes gerade formuliert bzw. konzipiert.

Der Nachteil der seriell-modularen Modelle ist aber genau diese Linearität, die der Sprachproduktion in einigen Punkten nicht gerecht wird, sowie der Umstand, dass zwischen den Modulen in der umgekehrten Richtung des Prozesses keine Verbindung angenommen wird, was auch intuitiv nicht unbedingt einleuchtend ist.

Zu diesen Modellen stehen die konnektionistischen oder interaktiven in Kon-kurrenz. Der grundlegende Unterschied zwischen beiden ist, dass die letzteren auf der Annahme so genannter ‚paralleler Prozesse' innerhalb neuronaler Netze operieren, dass eben keine Linearität angenommen wird, sondern eine prinzi-pielle Gleichzeitigkeit verschiedener Vorgänge.

Modelle dieses Typs sind in der Lage, bestimmte kognitive Fähigkeiten wie Lernen, Abstrahieren, Speichern und Abrufen von Informationen und dement-sprechend auch die Sprachproduktion besser nachzubilden als z. B. seriell-modu-lare Modelle.

Man geht davon aus, dass die erwähnten Netze (als Modell des Gehirns) aus sehr vielen einfachen Elementen bestehen, die auf unterschiedlichste Weise miteinander verknüpft sind. Darüber hinaus wird, wie gesagt, eine Gleichzeitigkeit des Informationsaustauschs zwischen den Elementen (Neuronen) angenommen.

Das für die Sprachproduktion zuständige Netz wird durch zwei unterschiedliche Typen von Elementen konstituiert, durch Knoten (neuronale Einheiten) und Kanten (Verbindungen zwischen diesen Einheiten). Werden diese Knoten, im vorliegenden Fall handelt es sich z. B. um Wörter, Morpheme oder Phoneme, aktiviert, verläuft der Informationsfluss über die Kanten in alle Richtungen.

Die Netze werden zwar als hierarchisch organisiert gedacht, können aber parallel aktiviert werden.

Kochendörfer (1997: 49) stellt die elementaren Einheiten, die er als künstliche Neuronen betrachtet, wie folgt dar:

> Diese Einheiten sind, statisch betrachtet, insofern natürlichen Neuronen nachempfunden, als sie – wie diese – nur einen, ggf. verzweigten Ausgang und mehrere oder viele Eingänge besitzen. Die Verzweigungen des Ausgangs einer Einheit bilden Verbindungen zu nachgeschalteten Einheiten. Tendenziell ist in konnektionistischen Systemen die Vernetzung sehr dicht, oft ist z. B. jede Einheit einer bestimmten Gruppe mit jeder Einheit einer anderen Gruppe verknüpft, und ein spezielles Verknüpfungsmuster entsteht nicht durch das Vorhandensein, sondern durch die Stärke einzelner Verbindungen. Damit ist auch schon gesagt, daß die Verbindungen, genauer: die Eingänge einer Einheit, gewichtet sind.

Die Weitergabe der Information in dem Netzwerk erfolgt erst, wenn ein kritisches Aktivierungsniveau, ein so genannter ‚Schwellenwert', erreicht ist, der „auf der Verrechnung eines (frequenzabhängigen) Ruheaktivationsniveaus der lexikalischen Einheiten und ihrer jeweiligen Neuerregung" (Blanken 1996: 38) basiert.

Die Einheiten haben demnach unterschiedliche Aktivierungsniveaus im Ruhezustand. Diese Niveaus hängen von der Gebrauchsfrequenz der jeweiligen Einheiten ab. Die künstlichen Neuronen sind demnach graduell aktivierbar, wobei sich die Einheiten mit dem höchsten Aktivierungsniveau am stärksten durchsetzen und ihre Aktivierung über die Verbindungen fortpflanzen.

Beide Modelle sind in ihren Details sehr komplex und die Literatur in diesem Bereich ist in der Tat nur etwas für Eingeweihte. Kurz bemerkt werden soll an dieser Stelle deshalb nur noch, dass bei derartigen Modellbildungen immer die Gefahr besteht, dass sie sich verselbstständigen, dass also das Modell, das ja eigentlich nur die Realität mehr oder weniger präzise nachbilden soll, mit letzterer verwechselt wird. Vor allem für die Fremdsprachenforschung sind sie aber insofern interessant, als sich, wie in Kapitel (5.1.2) skizzenhaft dargestellt werden soll, bestimmte Fragestellungen vor ihrem Hintergrund recht plastisch formulieren lassen.

Die enorme Geschwindigkeit der Sprachproduktion lässt sich, gleichgültig, welches Modell zu Grunde gelegt wird, nur dann erklären, wenn man annimmt, dass weite Bereiche des Prozesses hochautomatisch, d. h. ohne bewusste Kontrolle ablaufen.

Der experimentelle Zugriff auf diese Prozesse ist aber ausgesprochen schwierig, weil die Variablen schon schlecht zu identifizieren, geschweige denn zu isolieren sind. Die Variationsbreite ist so groß, dass vor allem für die Konzeptualisierung kontrollierte Experimente kaum möglich bzw. sinnvoll sind. Auch auf der Ebene der Formulierung lassen sich experimentelle Beschränkungen, die eine Kontrolle ermöglichen, nur schlecht vornehmen.

Über die Sprachproduktion wissen wir aus diesen Gründen immer noch relativ wenig. Die ständige Weiterentwicklung innerhalb der neurophysiologischen Forschung lässt allerdings hoffen, dass einige der weißen Flecken in nicht allzu ferner Zukunft von der Landkarte verschwinden werden.

Literaturtipps

Blanken, Gerhard (Hg) (1988), *Sprachproduktionsmodelle*. Freiburg: Hochschulverlag.

Häufig zitierte Aufsatzsammlung. Vor allem die Einleitung von Gerhard Blanken, Jürgen Dittmann und Claus-W. Wallesch ‚Über die Erforschung der menschlichen Sprachproduktion' (1-18) und der Beitrag von Theo Hermann ‚Sprachproduktion als Systemregulation' (19-38) verdienen besondere Aufmerksamkeit.

Jescheniak, Jörg D. (2001), *Sprachproduktion. Der Zugriff auf das lexikale Gedächtnis beim Sprechen*. Göttingen: Hogrefe.

Zwar handelt es sich bei dieser Arbeit um eine Habilitationsschrift, die sich naturgemäß an ein spezialisiertes Publikum richtet, aber die einführenden Kapitel sind sehr gut lesbar und sehr informativ. Das gilt auch für die Abschnitte 3.1-3.3, wo ein sehr zugänglicher Überblick über die konkurrierenden Modelle vermittelt wird.

Keller, Jörg/Leuninger, Helen (1993), *Grammatische Strukturen – Kognitive Prozesse*. Tübingen: Narr.

Angenehm lesbare und didaktisch gut aufbereitete Einführung in die verschiedenen Analyseebenen von Äußerungen. Die Lektüre der Kapitel 6 und 7 des zweiten Teils wird dringend empfohlen.

Levelt, Willem, J. M. (1989), *Speaking: From intention to articulation*. Cambridge, Mass.: MIT Press.

Eines der wichtigsten Bücher in diesem Bereich. Z. T. sehr technisch und nicht immer ganz einfach zu lesen. Es lohnt sich aber, hineinzusehen.

Pechmann, Thomas (1994), *Sprachproduktion. Zur Generierung komplexer Nominalphrasen*. Opladen: Westdeutscher Verlag.

Auch eine eher an eine spezialisierte Leserschaft gerichtete Publikation. Die Einleitung sowie das zweite Kapitel zur historischen Entwicklung der Sprachproduktionsforschung sind jedoch sehr informativ und auch sehr gut lesbar. Das dritte Kapitel, in dem die Modelle der Sprachproduktion detailliert vorgestellt werden, ist durchaus empfehlenswert, erfordert allerdings die Bereitschaft sich mit der etwas sperrigen Materie konzentriert auseinanderzusetzen.

Rickheit, Gert/Strohner, Hans (1993), *Grundlagen der kognitiven Sprachverarbeitung: Modelle, Methoden, Ergebnisse*. Tübingen: Francke.

Umfassende, gut lesbare und sehr informative Einführung in den gesamten Komplex der kognitiven Sprachverarbeitung. Als Basis- und Hintergrundlektüre unverzichtbar.

Schade, Ulrich (1999), *Konnektionistische Sprachproduktion*. Wiesbaden: Deutscher Universitätsverlag.

Sehr empfehlenswerte Lektüre für jeden, der sich etwas intensiver mit den Modellen in der Sprachproduktionsforschung beschäftigen möchte. Die ersten beiden Kapitel bieten einen guten Einstieg in die theoretischen Konzepte, die hinter der Modellbildung stehen. Auch Kapitel 4, in dem verschiedene Experimente kritisch vorgestellt werden, ist lesenswert.

Aktivitäten

1. Versprecher sind, wie oben bereits gesagt, ausgesprochen hilfreich bei der Analyse der Prozesse, die bei der Sprachproduktion ablaufen. Die folgenden Beispiele stammen aus Helen Leuningers Sammlung *Reden ist Schweigen, Silber ist Gold*.

    „Sie hören nun die h-Meß-Molle, Verzeihung, die h-Moß-Melle, ich bitte sehr um Entschuldigung, die h-Moll-Messe von Johann Sebaldrian Bach – ich häng mich auf." (Umschlag)

    Reinen Tisch einschenken (17).

    Nikotinfreier Kaffee (20).

    Es gibt auch noch Sommer-Jackos (22).

    H. H. schildert die Spinnung, Spannung, Stimmung in Mogadischu.

    Versuchen Sie eine eigene Analyse dessen, was jeweils schief gelaufen ist, bevor Sie bei Leuninger nachschlagen.

2. Die hier diskutierten Sprachproduktionsmodelle sind für die muttersprachliche Verwendung entworfen worden. Sehen Sie sich das Modell von Levelt an und beschreiben Sie für jede Stufe, welche zusätzlichen Schwierigkeiten der nicht-muttersprachliche Sprecher hat.

4.3.1.2 Rezeption

Die Sprachrezeption ist ein ähnlich komplexer Vorgang wie die Produktion. Der Versuch die Abläufe zu beschreiben trifft also auf vergleichbare Schwierigkeiten. Eine der bei der Modellbildung zu Grunde liegenden Vermutungen, die inzwischen auch experimentell fundiert werden konnte, ist, dass das menschliche Gehirn sozusagen darauf programmiert ist, Geräusche als sprachliche Einheiten zu interpretieren, wenn sie bestimmte Eigenschaften wie z. B. ein bestimmtes Auf- und Abschwellen aufweisen.

Experimente mit synthetisch erzeugten Geräuschen von dieser sprachähnlichen Qualität haben gezeigt, dass die Versuchspersonen, entsprechend instruiert, nach einem gewissen Vertrautwerden mit den Tonfolgen sehr erstaunliche Dinge, z. B. ganze Sätze, hörten.

Aber selbst vor dem Hintergrund einer solchen Annahme bleibt doch noch eine Reihe Fragen offen, ganz ähnlich wie bei der Sprachproduktion, hinsichtlich dessen, welche Prozesse denn nun genau ablaufen.

Auch unter ungünstigsten Voraussetzungen sind wir meist in der Lage, die enorme Menge an Zeichen, die unser Gegenüber auf uns loslässt, relativ problemlos und meist auch richtig zu verarbeiten. Im Gegensatz zur Produktion, deren Ablauf der Sprecher auf der Ebene der Konzeption und Formulierung weitgehend kontrolliert, hat der Hörer diese Kontrolle nicht.

Er muss also zusehen, wie er mit dem Lautschwall, der auf seine Sinnesorgane trifft, fertig wird. Dabei stellt sich das Problem, die 150 Wörter pro Minute als solche zu erkennen, denn was das Ohr trifft, erscheint ja bei dieser Geschwindigkeit als ein kontinuierlicher Lautstrom, wobei eventuell auftretende Pausen keineswegs mit den Wortgrenzen zusammenfallen.

Bei Sprachen, die einem völlig unbekannt sind, ist der Eindruck, dass es sich um eine solche ununterbrochene Lautkette handelt, ja auch ganz besonders ausgeprägt und die Annahme der Griechen, dass es sich bei solchen Gebilden gar nicht um Sprachen, sondern um schlichte Geräuschabsonderung handelt, erscheint vor diesem Hintergrund nicht mehr so ganz absurd.

Der Prozess lässt sich allgemein so darstellen:

Auf die Wahrnehmungsorgane des Rezipienten trifft mit sehr hoher Geschwindigkeit eine relativ große Menge von Lauteinheiten (12-15 Phoneme pro Sekunde).

Diese müssen den entsprechenden nächsthöheren Einheiten, z. B. Wörtern, zugeordnet werden. Dabei ist, wie oben bereits erwähnt, zu beachten, dass die Unterbrechungen, also die Pausen, die in diesem Schwall von Schällen auftreten, keineswegs mit den Wortgrenzen zusammenfallen. Die Segmentierung muss also unabhängig davon erfolgen. Die bei normaler Sprechgeschwindigkeit produzierten Wörter müssen also erst einmal als solche erkannt werden.

Dem muttersprachlichen Sprecher gelingt diese Segmentierung in der Regel völlig ohne Schwierigkeiten, selbst dann, wenn Störungen der unterschiedlichsten Art den Vorgang negativ beeinflussen.

Mit der Segmentierung allein ist dem Hörer allerdings noch nicht weiter gedient. Er muss ja auch noch, für das Verstehen mindestens ebenso wichtig, die identifizierten Einheiten, Wörter also, mit seinem Lexikon abgleichen. Je nach Bildungsgrad nimmt man zwischen 50.000 und 150.000 Lexikoneinträge an. Bei einer Durchschnittsfrequenz von drei Wörtern pro Sekunde heißt das, dass in diesem kurzen Zeitabschnitt dreimal ein Abgleich mit den Einträgen vorgenommen werden muss.

Die Annahme, dass selbst ein hochspezialisiertes und entsprechend entwickeltes Organ wie unser Gehirn diese Massen von Information sinnvoll in dieser Geschwindigkeit verarbeiten kann, ist allerdings kaum haltbar. Andererseits läuft mündliche Kommunikation stets und ständig und ohne größere Unfälle ab. Was geschieht denn nun wirklich? Wie können wir uns den Prozess des Zugreifens auf das mentale Lexikon sinnvoll vorstellen, wie könnte er modelliert werden, denn es ist unwahrscheinlich, dass sich diese Vorgänge tatsächlich so abspielen, d. h. dass wir wirklich dreimal pro Sekunde in unserem mentalen Lexikon ‚nachschlagen'.

Sehr viel plausibler ist die Annahme, dass muttersprachliche Sprecher eine Matrix abgespeichert haben, die es ihnen erlaubt, bestimmte Vorhersagen hinsichtlich der Wahrscheinlichkeit des Auftauchens eines Elements zu machen, und dementsprechend alle anderen, eher unwahrscheinlichen, gar nicht erst in Betracht ziehen.

Bevor zwei der Modelle vorgestellt werden, die die Prozesse, die bei der Sprachrezeption ablaufen, abzubilden versuchen, sollen einige generelle Bemerkungen zur Wahrscheinlichkeitsstruktur der Sprache gemacht werden, da mithilfe dieser Überlegungen eine Reihe der Fragen, die das Funktionieren der komplexen Produktions- und Rezeptionsprozesse betreffen, wenn schon nicht endgültig beantwortet, so doch relativ plausibel einer Klärung näher gebracht werden können.

Untersuchungen zur Wahrscheinlichkeitsstruktur der Sprache hat es bereits im neunzehnten Jahrhundert gegeben, sie bekamen aber erst durch die Arbeiten von Zipf (1935, 1949) und Shannon/Weaver (1949) ein solides Fundament. Ausgangspunkt der Überlegung ist dabei, dass Ereignisse (so wird allgemein alles, was irgendwie vorkommt, von den Wahrscheinlichkeitstheoretikern genannt) in der Sprache weder vollständig determiniert noch völlig zufällig sind, sondern eben mit einer gewissen Wahrscheinlichkeit auftreten. Definiert wird die Wahrscheinlichkeit P (für *Probabilität*, engl. *probability*) eines Ereignisses *A* folgendermaßen:

$$P(\acute{e}) = \frac{\text{Anzahl der für } A \text{ günstigen Fälle}}{\text{Anzahl der möglichen Fälle}}$$

Beim einmaligen Werfen einer Münze wäre also die Anzahl der für A günstigen Fälle sowohl für ‚Kopf' als auch für ‚Zahl' 1, da es nur die Möglichkeiten ‚Kopf' oder ‚Zahl' gibt, die Anzahl der möglichen Fälle wäre 2, da eben genau diese zwei Möglichkeiten bestehen. Dass heißt aber auch, dass die Wahrscheinlichkeit des Ereignisses A identisch ist mit der Wahrscheinlichkeit des Gegenereignisses A'.

Bei einem Würfel sieht es schon etwas anders aus. Die Wahrscheinlichkeit P(A) einer ‚6' bei einmaligem Würfeln ist

$$P(A) = 1/6 = 0.17$$

also relativ gering.

Je größer die Anzahl der möglichen Ereignisse, desto geringer ist demzufolge die Wahrscheinlichkeit des Eintretens eines ganz speziellen.

Im Alltag sind jedoch diese unabhängigen Wahrscheinlichkeiten weniger von Bedeutung. Viel häufiger beschäftigen wir uns mit abhängigen bzw. bedingten Wahrscheinlichkeiten, d. h. der Wahrscheinlichkeit des Eintretens eines Ereignisses A unter der Bedingung, dass ein Ereignis B bereits eingetreten ist. Mit anderen Worten: Auf der Grundlage von bestimmten Voraussetzungen halten wir das Eintreten eines Ereignisses A für wahrscheinlicher als sein Nicht-Eintreten. Beim Aufziehen dunkler Wolken ist ein Gewitter wahrscheinlicher als bei strahlend blauem Himmel.

Pferdewetten sind demnach auch nur für den Laien, der keine Ahnung hat, echte Glücksspiele. Kenner mit den entsprechenden Informationen, z. B. von wem das Pferd trainiert oder geritten wird, von wem es abstammt etc., können die Wahrscheinlichkeiten eines Sieges sehr viel besser einschätzen.

In der Sprache haben wir es auch weitestgehend mit dieser Art von Wahrscheinlichkeiten zu tun. Ist z. B. von einem Sprecher ein /s/ produziert worden, dann ist die Wahrscheinlichkeit, dass das nächste Ereignis ein Vokal ist, relativ hoch und auch bestimmte Konsonanten wie /t/ oder /k/ sind durchaus erwartbar, andere aber wie /b/ und /r/ sind dagegen relativ unwahrscheinlich, jedenfalls im Deutschen.

Das heißt, als muttersprachliche Sprecher können wir bestimmte Voraussagen darüber treffen, welches Ereignis wohl auf ein anderes folgen wird, nicht nur bei der Lautfolge, sondern auch bei allen übrigen Ebenen der Sprache. Wir müssen dementsprechend nicht alle Einheiten wahrnehmen und analysieren, weil wir bereits im Vorgriff bestimmte Informationen haben.

Die Tatsache, dass wir über derartige Raster verfügen, erlaubt uns auch, einen großen Teil der Datenflut völlig unanalysiert über uns ergehen zu lassen und nur das wirklich Relevante wahrzunehmen.

Die Wahrscheinlichkeitsstrukturen sind von Sprache zu Sprache verschieden und darum nützen uns die uns bekannten in der Fremdsprache nichts, man muss sich neue aneignen, was nicht immer völlig gelingt. Ein Indiz dafür ist u. a., dass das Verstehen in einer Fremdsprache selbst unter akustisch günstigen Bedingungen sehr viel ermüdender sein kann als in der Muttersprache bei Kneipenlärm und Musik.

Es soll mit diesen sehr knappen Bemerkungen zu den probabilistischen Strukturen der Sprache sein Bewenden haben. Hinweise über weiterführende Literatur zu den Forschungen der quantitativen Linguistik, die übrigens wieder stark an Boden gewinnt, finden sich in den Literaturtipps.

Wie immer man jedoch den Verstehensprozess modelliert, verschiedene Stadien bzw. Schritte innerhalb dieses Prozesses scheinen evident zu sein. So müssen wir zuerst die Lautstruktur des Wortes identifizieren, die Phoneme also.

Diese sind allerdings physikalisch nicht recht fassbar, denn ihre Realisation ist von einer Reihe von Umständen abhängig. Oder anders: Ein /t/ kann je nach Umgebung sehr unterschiedlich ausgesprochen oder sogar weggelassen werden. Der Hörer muss also über eine Kompetenz verfügen, die deutlich über das Identifizieren diskreter physikalischer Einheiten hinausgeht.

Ist das Wort nun als solches lautlich erkannt, dann muss seine Bedeutung ermittelt werden. Wie diese genau im Gedächtnis abgespeichert ist, ist nach wie vor nicht klar. Alle Vorschläge, die bisher gemacht wurden, z. B. eine Matrix von Merkmalen oder von Feldern, die konzeptuell gegliedert sind, oder auch die Annahme von prototypischen Bedeutungen erklären nur Teilbereiche des komplexen Verfahrens. Wie schwierig es ist, den Prozess in den Griff zu bekommen, zeigt das so genannte Kohortenmodell, ein Ansatzt, der von Marslen-Wilson/Tyler (1980) entwickelt wurde. Die nachstehende Graphik zeigt, worum es grundsätzlich geht.

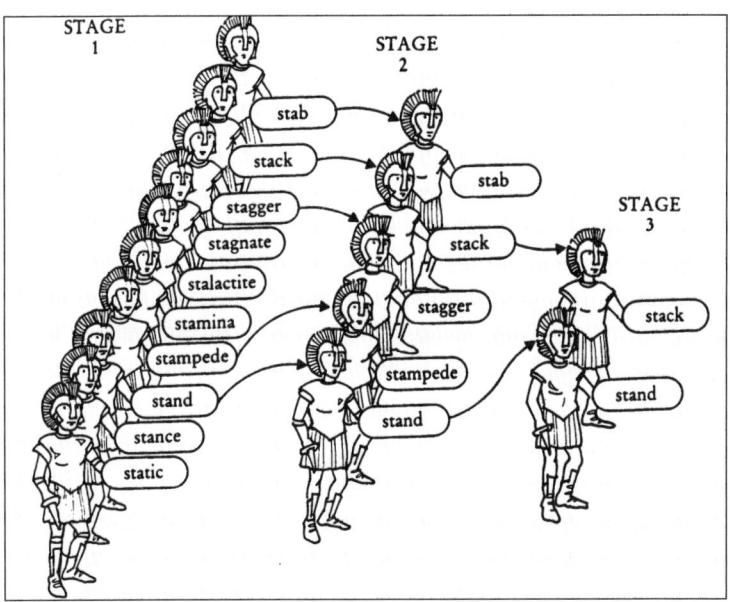

Abbildung 4.3: Das Kohorten-Modell nach Marslen-Wilson
(aus Aitchison 1997)

Beim Hören des ersten Phonems wird, so die Annahme, eine ganze Gruppe, eine Kohorte eben, von Einheiten aktiviert, die als Kandidaten in Frage kommen. Beim zweiten Phonem scheiden aus diesen eine Anzahl aus, da sie dieses Phonem nicht aufweisen, beim dritten werden weitere als untauglich identifiziert, bis zum Schluss nur noch ein Kandidat übrigbleibt. Dass Worterkennung tatsächlich zumindest teilweise so funktioniert, ist experimentell gut belegt.

Die Versuchsanordnung bei diesen Untersuchungen sieht dabei prinzipiell so aus: Den Probanden werden Äußerungen vorgespielt und sie haben die Aufgabe, bestimmte Phoneme zu identifizieren, d. h. sie müssen in dem Augenblick, in dem sie das gefragte Phonem erkannt haben, eine Taste drücken. Anhand der benötigten Reaktionszeit lassen sich dann Rückschlüsse darüber ziehen, wie die Worterkennungsprozesse insgesamt ablaufen.

Das heißt, je erwartbarer das jeweilige Phonem im gesamten Lautstrom ist, desto kürzer wird die Reaktionszeit, und zwar ist diese Verkürzung ganz besonders auffällig, wenn das jeweilige Phonem nach dem so genannten Eindeutigkeitspunkt lag, nach dem Punkt also, nach dem nur noch ein Wort aus der Kohorte als Kandidat in Frage kam. Ein Beispiel dafür zeigt die folgende Versuchsanordnung.

Die Probanden sollten eine Taste drücken, sobald sie den Laut [t] identifiziert hatten. War dies am Wortanfang der Fall, wie z. B. bei *Tanz* oder *Tendenz*, benötigten sie dafür 570 Millisekunden.

Es lag keinerlei Vorerwartung vor bzw. die Wahrscheinlichkeit war noch nicht durch bestimmte Variablen beeinflusst. Mit anderen Worten, es hatte noch keinerlei Aktivierung stattgefunden. Trat das [t] in der Mitte des Wortes auf, dann also, wenn sich die Wahrscheinlichkeit des Auftretens bereits deutlich erhöht hatte, war die Reaktionszeit bereits erheblich kürzer, bei einem Wort wie *Partei* z. B. um 100 Millisekunden.

Noch weniger Zeit brauchten die Probanden, wenn außer dem [t] nur noch sehr wenige Möglichkeiten bestanden wie bei *Bibliothek*.

Auf die Diskussionen und Weiterentwicklungen, die sich um dieses Modell ranken, kann hier nicht weiter eingegangen werden, aber auch hier lohnt es sich, die in den Literaturtipps angeführten Arbeiten genauer anzusehen.

Der zum Kohortenmodell in Konkurrenz stehende Ansatz heißt TRACE und wurde von McClelland/Elman entwickelt. Im Unterschied zum Kohortenmodell, das den Verstehensprozess seriell beschreibt, ist TRACE konnektionistisch bzw. interaktiv.

Auch hier wird jede Aktivierung von der phonologischen Merkmalsebene zur Phonemebene und dann zur Wortebene weitergeleitet (*bottom-up* Aktivierung); aktivierte Phoneme erhöhen wiederum die Aktivität der anderen in den Wörtern enthaltenen Phoneme (*top-down* Aktivierung). Ein Einwirken des Kontextes ist zu jedem Zeitpunkt des Wortproduktionsprozesses möglich (vgl. Zwitserlood 1999: 89f).

Obwohl diese Modelle als angemessener empfunden werden als z. B. das Kohortenmodell, sind sie doch noch weit davon entfernt, den Prozessen in ihrer ganzen Komplexität gerecht zu werden. Eine weitere Schwäche ist zudem, dass sie „wegen ihrer größeren Vagheit weniger gut experimentellen Überprüfungen unterworfen werden können" (Rickheit/Strohner 1993: 77).

Tatsächlich scheint es nämlich so, als würden Kontexteinflüsse nicht, wie im TRACE-Modell angenommen, zu jedem Zeitpunkt des Worterkennungsprozesses wirksam werden (vgl. Rickheit/Strohner 1993: 197), sondern dass sich zwei Phasen unterscheiden lassen, von denen eine hinsichtlich der vorhandenen

Wissensstrukturen relativ autonom ist und nur die zweite interaktiv abläuft (vgl. Rickheit/Strohner 1993: 196).

Untersuchungen an Homonymen zeigen, dass unabhängig davon, ob die Wortform semantisch oder syntaktisch in den Kontext integriert werden kann, eine Aktivierung aller möglichen Bedeutungen erfolgt (vgl. Zwitserlood 1999: 103f). Auch prosodische Merkmale, die die phonetische Ambiguität auflösen könnten, wie z. B. die Betonungsänderung bei *umfahren,* und *umfahren,* bleiben zunächst ungenutzt (vgl. Cutler 1999: 72). Genauso wenig scheinen Hinweise auf Wortgrenzen eine Rolle zu spielen, da eine parallele Aktivierung eingebetteter Wörter und ihrer Trägerwörter erfolgt (Frauenfelder/Floccia 1999: 31).

Eine solche, wenn auch kurze, Phase einer von kontextuellen Einflüssen unabhängigen Wahrnehmung erscheint aufgrund der Variabilität des sprachlichen Inputs äußerst sinnvoll: Die simultane Aktivierung aller auch nur auf einen Teil des Inputs passenden Repräsentationen ermöglicht eine möglichst frühe Identifikation der Lexikoneinträge. Eine Begrenzung der Aktivierung auf nur einen Eintrag ist nicht sinnvoll, da eine spätere Reparatur der Fehlinterpretation nicht oder nur unter Zeitaufwand möglich ist.

Dennoch muss die parallele Aktivierung der Lexikoneinträge letztlich in die Selektion eines einzelnen Eintrages münden.

Hierfür scheinen vor allem die in der zweiten Phase der Worterkennung mit einbezogenen syntaktischen und semantischen Kontexthinweise genutzt zu Die relativ schnell einsetzende Interaktion ist möglicherweise notwendig um eine sinnvolle Segmentierung des Sprachsignals zu ermöglichen, ein Problem, das in den bisher angeführten Untersuchungen und Modellen meist unberücksichtigt gelassen wurde.

Die vorgestellten Modelle haben in verschiedenen Bereichen Schwächen und Stärken, die hier nicht weiter behandelt werden sollen.

Auffallend ist, dass der Kontext bei beiden Typen eine eher untergeordnete Rolle spielt, obwohl sein Einfluss, wie oben deutlich wurde, keineswegs geleugnet wird. Man kann aber mit ziemlicher Sicherheit annehmen, dass die Umgebung einer Äußerung, wobei jetzt sowohl die weitere von der Situation insgesamt geprägte Umgebung (also das Wer, Wann, Wo, zu Wem, etc.) als auch die direkte sprachliche (also an welcher Stelle und in welcher Kombination mit anderen Elementen eine bestimmte Einheit auftaucht) den Worterkennungsprozess entscheidend beeinflussen.

Schon die oben kurz skizzierte Wahrscheinlichkeitsstruktur der Sprache legt eine solche Annahme nahe. Der Zugriff auf die Lexikoneinträge wird auf jeden Fall durch unsere Vorerwartungen und auch dadurch, dass wir bestimmte Einträge in bestimmten Kontexten weitestgehend ausschließen, sehr erleichtert. Sollten sie dann allerdings gegen alle Erwartungen doch auftreten, haben sie natürlich einen ganz besonderen Effekt.

In der Lyrik werden z. B. oft Verben mit Nomen kombiniert, die in dieser Verbindung in der Alltagssprache nicht anzutreffen sind. Aber auch wenn ein Politiker sich an den Präsidenten des Bundestages mit den Worten *Mit Verlaub,*

Herr Präsident, Sie sind ein Arschloch wendet, sind die situativen wie sprachlichen Kontexterwartungen durchbrochen.

Einträge im mentalen Lexikon, wie immer sie auch im Einzelnen aktiviert werden mögen, sind mit großer Wahrscheinlichkeit auf die unterschiedlichsten Weisen miteinander verbunden, die sich aber nur schlecht experimentell eindeutig belegen lassen.

Die wohl wichtigste und auch im Alltag auffallendste Struktur ist die **Assoziation**. Diese ist einzelsprachlich für eine ganze Reihe von Bereichen recht uniform. Das heißt, wenn man Sprechern beliebiger Sprachen ein bestimmtes Wort vorgibt und sie auffordert, ohne großes Nachdenken dasjenige Wort zu nennen, das ihnen als erstes zu diesem Stimulus einfällt, dann kommt man zu recht einheitlichen Ergebnissen für die Einzelsprachen.

Ein weiterer wichtiger Typ der Verbindung ist der **semantische**. So wird z. B. in der Wortfeldtheorie angenommen, dass der gesamte Wortschatz in Feldern gegliedert ist. Mit anderen Worten, es wird angenommen, dass z. B. der Lexikoneintrag *Fluss* Mitglied eines Feldes ist, in dem sich alle Einträge befinden, die etwas mit fließendem Wasser zu tun haben. Also *Bach, Strom, Rinnsal* etc. Eine weitere Annahme dieser Theorie ist darüber hinaus, dass wenn ein Element des Feldes aktiviert wird, die anderen auch, im Hintergrund sozusagen, mitaktiviert werden. Es würde zu weit führen, dies hier genauer darzustellen, aber eine bestimmte semantische Vernetzung kann wohl kaum geleugnet werden. Es gibt natürlich noch weitere Verbindungen, wie z. B. morphologische. Die Untersuchungen hierzu sind jedoch noch in den Anfangsstadien.

Auf weitere Typen der Vernetzung soll hier nicht weiter eingegangen werden. In den Literaturtipps finden sich Hinweise auf einschlägige Arbeiten.

Vor dem Hintergrund dieser kurzen Darstellung des Verstehensprozesses mit all seinen komplexen Unterbereichen ist es schon erstaunlich, dass er im Normalfall recht unproblematisch funktioniert.

Dass dies in der Muttersprache so ist, liegt wohl auch z. T. daran, dass bereits vor der Geburt Sprache wahrgenommen wird, zumindest die so genannten suprasegmentalen Phänomene wie Intonation etc. Eine gewisse Vertrautheit mit dem Klang der Muttersprache ist also schon sehr früh gegeben. Auch die Identifikation und Produktion der jeweils einzelsprachspezifischen Phoneme beginnt schon vor dem eigentlichen Sprechenlernen mit ca. neun Monaten. Dessen ungeachtet ist die Tatsache, dass wir diesen Vorgang so mühelos kontrollieren, schon sehr beeindruckend.

Literaturtipps

Hinsichtlich der Modellbildung wird hier auf die unter 4.3.1.1 angeführte Literatur verwiesen. Die folgenden Titel bieten zusätzliche, z. T. ganz spezifisch auf die Rezeption gerichtete Informationen.

Aitchison, Jean (1997), *Wörter im Kopf: Eine Einführung in das mentale Lexikon*. Tübingen: Niemeyer.

Ausgezeichnete Einführung in das Gebiet der mentalen Repräsentation von Sprache allgemein und Bedeutung speziell. Angenehme Lektüre. Für die in diesem Kapitel behandelte Thematik ist vor allem der letzte Teil (6) relevant, was aber nicht heißt, dass die anderen nicht auch gelesen werden sollten.

Friederici, Angela D. (Hg) (1999), *Sprachrezeption*. Göttingen: Hogrefe.

Es handelt sich bei dieser Publikation um einen Band der *Enzyklopädie der Psychologie*. Sämtliche dort versammelten Artikel sind für den in diesem Kapitel behandelten Themenkomplex wichtig. Ein Buch, das auf jeden Fall konsultiert werden sollte.

Linke, Angelika et. al. (1994), *Studienbuch Linguistik*. Tübingen: Niemeyer.

Dieses vorzügliche Lehr- und Nachschlagewerk gehört eigentlich in die Bibliothek eines jeden, der sich in irgendeiner Form mit Sprache befasst. Kapitel 9 *Psycholinguistik* stellt die generellen Probleme anhand einiger ausgewählter Beispielbereiche – u. a. dem mentalen Lexikon – dar. Sehr empfehlenswert.

Aktivitäten

1. Der folgende Auszug aus Lewis Carrolls *Alice's Adventures in Wonderland* ist nicht nur für *non-native-speakers* schlecht verständlich, was ja an der Reaktion von Alice zum Ausdruck kommt. Sehen Sie sich ihn an und zerlegen Sie ihn. Welche Schritte können Sie dabei identifizieren? Wäre Ihnen das Verständis einer vergleichbaren Äußerung auf Deutsch wesentlich leichter gefallen?

   „I quite agree with you," said the Duchess; „and the moral of that is – ‚Be what you would seem to be' – or, if you'd like it put more simply – ‚Never imagine yourself not be otherwise than what it might appear to others that what you were or might have been was not otherwise than what you had been would have appeared to them otherwise.' "

   „I think, I should understand that better," Alice said very politely, „if I had it written down: but I can't quite follow it as you say it."

2. *Cloze-Tests*, Texte bei denen jedes dritte, vierte, fünfte etc. Wort weggelassen wird, werden gerne bei Sprachprüfungen eingesetzt. In den beiden folgenden Beispielen wurde jedes vierte Wort getilgt. Versuchen Sie, bei jeder Lücke genau festzustellen, warum Sie bestimmte

Elemente von vornherein überhaupt nicht in Betracht ziehen. Könnten Sie die unterschiedlichen Probleme, die möglicherweise bei der Bearbeitung der beiden Texte auftreten, benennen?

> The   piece   by
> _____ was   a
> tuneful _____ tale of oboes _____ flutes
> whose   sweetness   _____   audience   found
> irresistible,   _____   when   the   orchestra
> _____ to the end ____ their first go-round
> _____ applause   again
> poured   _____   like   an   upsurge   ____
> innocence from the _____ crowd.
>
> Roth (2001: 207)

> Leichter   ist   es,   _____   oder   den
> Hinterbliebenen   ____   einem   Café   oder
> _____   Restaurant   zu   treffen,   _____
> wenn   die   meisten,   _____,   fast   alle   sich
> _____   auch   noch   einladen   _____,
> während   der   Gang   ____   denen,   die   schon
> ____   Telefon   weinen,   am
> _____ ist
>
> Timm (2003: 85).

3. Finden Sie die beiden Textstellen und vergleichen Sie Ihre Version mit dem Original. Identifizieren Sie den Typ der jeweiligen Abweichung im englischen und im deutschen Text. Gibt es gravierende Unterschiede? Wenn ja, worauf würden Sie sie zurückführen?

4.3.2 Störungen

Sprachstörungen können die unterschiedlichsten Ursachen und Erscheinungsformen haben und es würde zu weit führen, diese auch nur in Umrissen darstellen zu wollen.

Hinsichtlich allgemeiner psycholinguistischer Fragestellungen sind jedoch die als Aphasien bezeichneten Störungen, deren Einteilung und Kategorisierung, Diagnostik und Therapie mitnichten unumstritten sind, wohl diejenigen, denen die größte Aufmerksamkeit geschenkt worden ist. Sie sind, wie bereits erwähnt, deshalb interessant, weil sie der Forschung im Bereich der generellen Probleme des Sprachbesitzes nicht nur entscheidende Impulse bei der Theoriebildung gegeben haben, sondern auch, weil sie nach wie vor sehr viel konturierter als der normale, alltägliche und ungestörte Sprachgebrauch Einsichten in die mögliche Organisation unseres Sprachbesitzes vermitteln. Da aus diesem Bereich eine Anzahl grundlegender Erkenntnisse stammen, sollen kurz die wichtigsten Erscheinungsformen vorgestellt werden.

Neben der so genannten ,amnestischen Aphasie', die sich vor allem in Wortfindungsproblemen äußert, die jedoch meist weder von den Betroffenen noch von deren Umwelt als übermäßig störend empfunden wird und zudem auch noch auf Therapien sehr gut anspricht, werden in der einschlägigen Literatur vor allem die nach ihren Entdeckern Broca und Wernicke benannten Aphasien behandelt.

Das auffallendste Kennzeichen der Broca-Aphasie ist, dass das gesamte Sprachverhalten von einer fast quälenden Anstrengung bestimmt wird. Nicht nur haben die Betroffenen sichtlich große Mühe beim Sprechen, sondern auch ihnen zu folgen erfordert erhebliche Geduld und Konzentration.

Die Sprechgeschwindigkeit ist deutlich verlangsamt, Artikulation und Intonation sind gestört und zudem werden morpho-syntaktische Elemente wie z. B. Flexionsendungen häufig weggelassen (Agrammatismus).

Auch Funktionselemente wie Präpositionen tauchen selten auf, dafür um so häufiger Interjektionen wie *äh, hmm,* etc., die deutlich anzeigen, wie schwer es dem Sprecher fällt, den Sachverhalt, den er offensichtlich intellektuell verarbeitet hat, auch in Worte zu fassen.

Es ist unschwer vorstellbar, wie reduziert derartige Äußerungen sind, wobei für den Hörer erschwerend hinzukommt, dass er wenig unternehmen kann, um dem Sprecher seine Lage zu erleichtern. Korrigierendes Eingreifen und Ergänzen sind kaum hilfreich, da sie oft als demütigend empfunden werden, denn die Sprecher sind sich in der Regel ihrer Lage durchaus bewusst und empfinden sie dementsprechend als peinlich.

Zwar sind oft die syntaktischen Verknüpfungen nicht vorhanden bzw. falsch, aber der Gesamtstruktur der Äußerung liegt durchaus eine gewisse Regelhaftigkeit zu Grunde, denn fast immer ist eine Thema-Rhema-Struktur zu erkennen. Das ,Wichtige' bzw. ,Neue' wird meist am Anfang geäußert.

Funktionswörter treten, wie gesagt, eher spärlich auf. Interessant dabei ist, dass solche, mit echten lexikalischen Bedeutungen eher verwendet werden als solche, die fast ausschließlich grammatische Funktionen haben.

Neben der bereits erwähnten Vereinfachung der Morphologie, die sich vorwiegend im Weglassen von Flexionsendungen manifestiert, ist auch der Wortschatz reduziert und vorwiegend auf hochfrequente Einheiten beschränkt. Hinzu treten Probleme bei der Artikulation, z. B. durch Auslassung oder Verwechslung bestimmter Laute sowie Fehler bei der Intonation, z. B. Betonung der falschen Silbe. In Kombination ergeben diese Defizite, wie man sich leicht vorstellen kann, eben genau diesen Aspekt des Mühsamen und Quälenden, der oben bereits angesprochen wurde und der im folgenden Beispiel aus Leuninger (1989: 31) recht deutlich wird.

Untersucher: Erzählen Sie mir doch bitte mal, wie es Ihnen jetzt geht.

Patient: ja mei ... schlecht.

U: Und warum?

P: warum ... warum ... Sprache und gelähmt ... und ... eh ... ja ... ja.

U: Wie hat das denn mit Ihrer Krankheit angefangen?

P: Schifahren Österreich ... Abfahrt ... und ... und ... peng ... kaputt.

U: Haben Sie einen Schiunfall gehabt?

P: ja ... Schi ... un ... fall ... nicht ... aber ... Schi.. b bl b ... Gehirn .... Gehirn ... blu ... tung.

U: Was ist dann mit Ihnen passiert?

P: ja ... kaputt ... gelähmt

Zeichnet sich die Broca-Aphasie durch langsames und mühsames Sprechen, das jedoch durchaus verständlich ist, aus, so liegt der Fall bei der Wernicke-Aphasie völlig anders. Patienten mit dieser Störung sind, so könnte man fast sagen, gerade durch einen übermäßigen Sprachfluss gekennzeichnet.

Allerdings ist das, was dabei herauskommt, nicht sonderlich verständlich, da die Paraphrasien, sowohl die phonematischen als auch die semantischen, so stark vom intendierten Wort abweichen, dass selbst mit großem Einfühlungsvermögen ein Verstehen ausgesprochen problematisch ist.

Viele Neologismen (in diesem Fall oft spontane Neuschöpfungen) und Paragrammatismus (falsche Kombination zweier Sätze zu einem ungrammatischen Gebilde) treten erschwerend hinzu. Zudem ist, im Gegensatz zu den Broca-Aphasikern, das Sprachverständnis so stark gestört, dass Wernicke-Aphasiker auch ihre Hörerrolle nicht angemessen wahrnehmen können, ein Umstand, der die Kommunikation zumindest für Laien fast unmöglich macht, da auf den ersten Blick nur Unsinn produziert wird. Diese Tatsache hat auch dazu geführt, dass Wernicke-Aphasiker lange Zeit als insgesamt geistig bzw. psychisch gestört galten, obwohl die nonverbale Intelligenz keineswegs betroffen ist. Betrachtet man aber den folgenden Auszug aus Leuninger (1989: 39), dann wird schon klar, dass für Laien die Grenze zwischen gestörter Intelligenz und Sprachstörung nicht ganz einfach zu ziehen ist.

U: Sie waren doch Polizist, haben Sie mal einen festgenommen?

P: Na ja ... das ist so ... wenn Sie einen treffen draußen abend ... das ist ja... und der Mann ... wird jetzt versucht ... als wenn er irgendwas festgestellen hat ungefähr ... ehe sich macht ich ... ich kann aber noch nicht amtlich ... jetzt muß er sein Beweis nachweisen ... den hat er nicht ... also ist er fest ... und wird erst sichergestellt festgemacht ... der wird erst festgestellt werden und dann wird festgestellt was sich dort vorgetragen hat ... nicht ... erst dann ... ist ein Beweis mit seinen Papier daß er nachweisen kann ... ich kann ihm aber nicht nachweisen ... wird aber bloß festgestellt vorläufig ... aber er kann laufen.

U: Vorerst kann er nochmal gehen?

P: Kann er wieder ja ja ... es sei denn daß es um eine ... um eine direkte Frache Sache ... wird er festgenommen ... und dort wird er unterstellt und die Sache wird ausgearbeitet.

Die Frage nach dem, was denn nun gestört bzw. an welcher Stelle der normale Verlauf der Produktion unterbrochen ist, führt natürlich zwangsläufig zu Überlegungen, wie der Prozess allgemein, also für die Fälle, in denen keine pathologischen Befunde vorliegen, beschaffen ist.

Störungen in irgendwelchen Abläufen, zumal wenn diese in ihren Einzelheiten schlecht beobachtbar sind und in einer Art *black box* stattfinden, bieten natürliche Anhaltspunkte, Vermutungen anzustellen, schon allein deshalb, weil reibungsloses Funktionieren wenig Anlass zu Reflexionen liefert.

Von daher hat gerade die Aphasieforschung eine wichtige Rolle bei der Theoriebildung im Bereich der Sprachproduktion allgemein, denn die jeweiligen Modelle müssen ja Produktionsfehler zumindest in Ansätzen miteinbeziehen.

Literaturtipps

Dietrich, Rainer (2002), *Psycholinguistik*. Stuttgart: Metzler.

Kapitel 6 (235-244) bietet eine kompakten Überblick über das gesamte Problemfeld der Sprachstörungen.

Leuninger, Helen (1989), *Neurolinguistik*. Opladen. Westdeutscher Verlag.

Sehr empfehlenswerte, gut zugängliche Einführung in die verschiedenen Bereiche der Neurolinguistik.

Aktivitäten

1. Über Hamlet ist in der einschlägigen Literatur ausgiebig spekuliert worden. War er übergewichtig? Eine Passage im 2. Akt, 2. Szene

könnte darauf hindeuten. Oder litt er gar an Wernicke-Aphasie? Sehen Sie sich den folgenden Auszug – ebenfalls aus dem 2. Akt, 2. Szene – an und diskutieren Sie, aus welchen Gründen man eine solche Diagnose aufrechterhalten könnte (vgl. Fromkin/Rodman/Hyams 2002: 65).

> Slanders, sir: for the satirical rogue says here that old men have grey beards, that their faces are wrinkeld, their eyes purging thick amber and plum-tree gum and that they have plentiful lack of wit, together with most weak hams: all which, sir, though I most powerfully and potently believe, yet I hold it not honesty to have it thus set down, for you yourself, sir, should be old as I am, if like a crab you could go backward.

2. Finden Sie die deutsche Übersetzung und versuchen Sie, der Sache einen Sinn zu verleihen.

4.4 Resümee

Die Psycholinguistik ist wahrscheinlich das Feld, vom dem die Fremdsprachendidaktik in Zukunft die wichtigsten Anregungen und Impulse erhalten wird. Zwar ist man noch relativ weit davon entfernt, wirklich Klarheit über die Vorgänge, die beim Erwerb der Muttersprache ablaufen, zu besitzen, aber die Fortschritte sind rasant und die Tatsache, dass sich Disziplinen, die sich traditionell eher befehdet haben als miteinander zu kooperieren, nun bereit sind, die Forschung jenseits ihrer jeweiligen Grenzen wahrzunehmen, gibt zu der Hoffnung Anlass, dass die Ergebnisse in nächster Zeit durchaus eine gewisse Praxisrelevanz haben werden. Derzeit ist es leider noch so, dass die komplexen Modelle z. B. der Sprachproduktion dem Praktiker noch recht wenig sagen. Es ist aber, wie man sich leicht vorstellen kann, von entscheidender Bedeutung für die Praxis, wenn bestimmte Abläufe wie z. B. der Zugriff auf das mentale Lexikon zufriedenstellend analysiert werden und die Fremdsprachendidaktik diese Analysen in ihren Alltag integrieren könnte.

Bezüglich des Spracherwerbs stellen sich ähnliche Probleme. Kann bzw. muss eine Universalgrammatik als ausführendes Organ des Erwerbs der L1 angenommen werden? Welche Rolle würde ihr beim Erlernen oder Erwerben einer Fremdsprache zukommen? Oder handelt es sich vielleicht doch um völlig unterschiedliche Vorgänge, die einer dementsprechend unterschiedlichen Behandlung bedürfen?

Hinsichtlich der technischen Abläufe sowohl bei der Produktion als auch bei der Rezeption sind die Erkenntnisse, die bei der Analyse von Sprachstörungen gewonnen werden, von entscheidender Wichtigkeit. Fehler im System bieten im-

mer einen Anhaltspunkt für Fragestellungen, die bei reibungslosem Funktionieren gar nicht auftreten.

Der weite Bereich der Psycholinguistik ist also nach wie vor ein enorm span-
nendes Forschungsfeld, in dem Erkenntnisse gewonnen werden, die die Positionen bezüglich des Prozesses der Sprachvermittlung entscheidend beeinflussen
und verändern können.

5 Fremdsprachenkompetenz

Das Konzept der kommunikativen Kompetenz im Fremdsprachenunterricht ist bereits in den Kapiteln 1.5 und 3.3 behandelt worden. Im Folgenden geht es nun eher darum, die Wirkung der Ansätze aus der Psycholinguistik, die sich ja weitestgehend mit den Prozessen befassen, die in der Muttersprache ablaufen, auf die Forschung im Bereich des Lehrens, Lernens und letztendlich auch Benutzens einer Fremdsprache darzustellen.

Ganz allgemein und mit Bezug auf die in Kapitel 4.2 angestellten Überlegungen zu den Strukturen derjenigen Wissensbestände, die die Sprachkompetenz ausmachen (elokutionell, idiomatisch und expressiv) lässt sich aber festhalten, dass wir auch in der Fremdsprache über ein Weltwissen, also ein elokutionelles, verfügen bzw. dass es uns ja nicht plötzlich abhanden kommt (auch wenn Lehrwerke manchmal genau diesen Eindruck vermitteln) und auch das expressive Wissen ist ja durchaus vorhanden, es fehlt aber leider das Kernstück, nämlich das idiomatische Wissen. Für dieses wäre aus nativistischer Sicht die Universalgrammatik zuständig oder ein wie auch immer gearteter ‚language acquisition device'. Wie müsste der beschaffen sein, um eine Funktion beim Erlernen oder Erwerben einer Fremdsprache zu erfüllen? Die einschlägige Diskussion hierzu wird in Kapitel 5.1.1 kurz dargestellt.

Kognitive Entwicklung allgemein und sprachliche Entwicklung speziell werden von der Schule, die sich in der Tradition von Piaget und Wygotski sieht, als eng miteinander verzahnte Prozesse aufgefasst. Welche Abläufe können aber bei mehr oder weniger erwachsenen Lernern angenommen bzw. festgestellt werden? Kann das Lernen bzw. der Erwerb einer Fremdsprache als das Aneignen einer Fertigkeit wie z. B. Klavierspielen interpretiert werden, oder handelt es sich um einen Vorgang, der ganz eigenen Gesetzen gehorcht? Diese Punkte werden in Kapitel 5.1.2 und 5.1.3 erörtert.

Stellt man nun das lernende Individuum in den Kontext der Zielkultur, konstatiert man, dass selbst unter den im Verhältnis zum Klassenzimmer recht günstigen äußeren Bedingungen die Fremdsprachenkompetenz nicht so recht vorankommt. Die Gründe dafür werden in Kapitel 5.1.4 vorgestellt.

Um die Problematik, mit der alle Modelle und Erklärungsansätze zu kämpfen haben, noch einmal zu verdeutlichen, brauchen wir uns beispielhaft nur den Ansatz von Levelt ins Gedächtnis zu rufen. Zur Erinnerung hier die Originalgraphik:

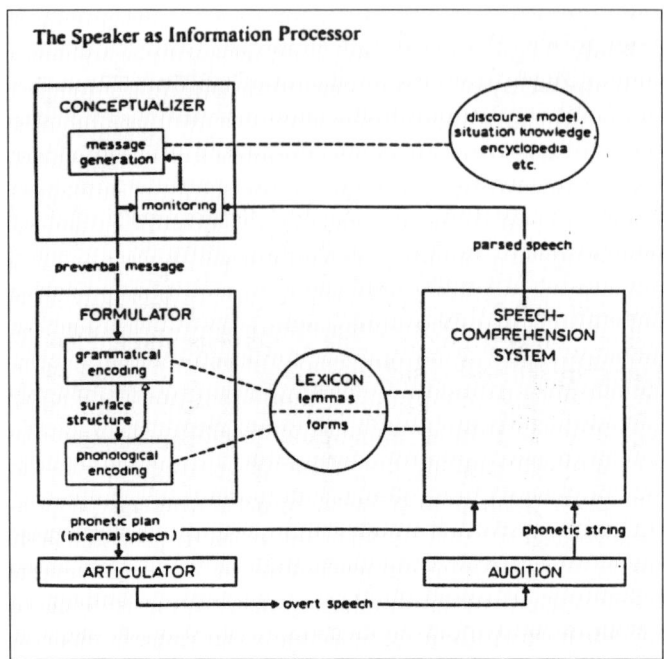

Abbildung 5.1: Sprachproduktionsmodell (aus Levelt 1989: 9)

Selbst wenn man grundsätzlich davon ausgeht, dass das, was im ‚conceptualizer‘ geschieht, noch unabhängig von einzelsprachlichen Konzepten ist, dann treten doch spätestens im *formulator* Probleme auf: Das *grammatical encoding* verläuft langsam und fehlerhaft, was zu einer entsprechend defizitären Oberflächenstruktur führt. Auch die sich daran anschließenden Schritte wie die phonologische Encodierung und das Erstellen eines ‚phonetic plan‘ sind mit Sicherheit deutlich langsamer und mit großer Wahrscheinlichkeit fehlerhaft.

Wenn wir also von Fremdsprachenkompetenz reden, dann kann darunter eigentlich immer nur eine mehr oder weniger gelungene Mängelverwaltung verstanden werden, denn selbst mit fortschreitendem Niveau werden die Defizite ja nicht vollständig behoben. Sie fallen nur in der Kommunikation nicht mehr als extrem störend auf.

Wo genau man nun ansetzen müsste, um hier Abhilfe zu schaffen oder zumindest deutliche Verbesserungen zu bewirken, ist nach wie vor umstritten, wie der kurze Überblick im folgenden Kapitel zeigt.

5.1   Die Erklärungsmodelle: Fremdspracherwerbstheorien im Überblick

Die im Folgenden kurz skizzierten Theorien, Modelle und Ansätze sind z. T. schon in vorangegangenen Kapiteln eingehender behandelt worden. Diejenigen, die hier neu auftreten, sind keineswegs weniger interessant oder wichtig, sie nehmen nur in der Diskussion nicht den Raum ein wie die anderen. Die grundlegende Unterteilung ist, wie bereits eingangs erwähnt, immer noch die in ‚nature' und ‚nurture', also nach dem Anteil, der entweder der genetischen Ausstattung oder der Umwelt zugeschrieben wird.

Als prinzipiell umweltunabhängig wird der Zweit- oder Fremdspracherwerb eigentlich nur von den Vertretern der nativistischen Schule angesehen. Es handelt sich nach dieser Auffassung um einen mentalen Prozess, bei dem äußere Faktoren nur die Aufgabe haben, die zu verarbeitenden Daten zu liefern. Das heißt, es wird nicht angenommen, dass die Umgebung als Dialogpartner für die Entwicklung mitverantwortlich ist, sondern dass die Entwicklung ohnehin stattfindet, gleichgültig, welche Umweltdaten verarbeitet werden müssen. Als Beispiel dafür, wie aus dieser Perspektive der Zweit- oder Fremdspracherwerb gesehen wird, sollen die unerhört einflussreichen Arbeiten von Stephen Krashen vorgestellt werden. Krashen wird normalerweise nicht so direkt zu den Nativisten gerechnet, aber seine wissenschaftliche Biographie und seine Annahmen legen diese Einordnung durchaus nahe.

Für den Behaviourismus, die Schule, die der Umwelt die alles entscheidende Schlüsselstellung zuweist, ist der Erwerb einer Fremdsprache, es wurde schon mehrfach darauf hingewiesen, eine Frage der Beeinflussung des Verhaltens vermittels geeigneter Sequenzen von Reiz und Reaktion, von Konditionierung also. Bestimmte Reize, auf die der Organismus in einer bestimmten Weise reagieren muss, werden in der entsprechenden Form bereitgestellt. Hat die Reaktion die gewünschte Form, tritt ein Ereignis ein, das vom Organismus als angenehm empfunden wird. Die Reaktion wird positiv verstärkt. Der Organismus wird dementsprechend die Bereitschaft entwickeln, immer in dieser Form auf diesen Reiz zu reagieren, eben um den als angenehm empfundenen Zustand wieder herzustellen. Hinsichtlich des Lernens einer Fremdsprache bedeutet dies, dass die angemessene sprachliche Reaktion auf Reize der Umwelt, also Äußerungen der *native speakers* dieser Sprache, auch belohnt werden, z. B. damit, dass man verstanden wird.

Die aus diesem Ansatz resultierenden Methoden sind bereits in den Kapiteln 1.4, 2.1 und 4.2.1 besprochen worden. Sie werden aus guten Gründen als dem Prozess des Sprachlernens nicht angemessen angesehen.

Für bestimmte Bereiche (z. B. Aussprache) sind sie allerdings m. E. nach wie vor recht nützlich, da die Entwicklung motorischer Fertigkeiten, egal in welchem Bereich, immer auch durchaus eines drillartigen Trainings bedarf. Ohne ein rigoroses Übungspensum wird niemand, und sei er noch so talentiert, z. B. ein Weltklassepianist.

Kognitivistische und Interaktionistische Ansätze, wie z. B. die von Wygotski und Piaget und auch Bachtins Theorie der Polyphonie bzw. Dialogik beziehen die Umwelt, also *nurture* mit ein. Sprache kann sinnvoll nicht untersucht werden, wenn sie von sozialen und politischen Elementen isoliert gesehen wird. Zudem wird der Wert der sprachlichen Vielfalt und des sprachlichen Pluralismus betont. Sprache wird dabei als dynamisches Phänomen aufgefasst, das einerseits von der Kultur, von der es geschaffen wurde, beeinflusst ist, andererseits aber auch eben diese Kultur mit gestaltet. Bezüge zu Humboldt, Sapir und Whorf sind unübersehbar.

Zu Wygotskis Forschungen zum Muttersprachenerwerb ist bereits in Kapitel 4.2.3 das Wichtigste gesagt worden. Weiter unten soll seine im Moment recht intensive Rezeption für den Bereich des Erwerbs einer zweiten Sprache vor allem in den Vereinigten Staaten erörtert werden. Festzuhalten bleibt bei den hier genannten Positionen die hervorgehobene Rolle der sozialen Interaktion beim Sprachenlernen. Die gemeinsame Sprache und die ‚zone of proximal Development' sind in diesem Zusammenhang die grundlegenden Konzepte. Betont werden muss zudem, dass eben auch Wygotski der Umwelt eine entscheidende Rolle im Prozess des Spracherwerbs und letztlich auch des Sprachenlernens zumisst.

Andere Ansätze, die durchaus auch kognitivistisch orientiert sind, allerdings sehr viel stärker die individuellen Lernprozesse thematisieren, sind die ‚processing theory' und die ACT (Adaptive Control of Thought) Theorie. Die Umwelt hat auch hier eine nicht zu unterschätzende Bedeutung insofern, als das Individuum sich mit ihr und den durch sie aufgeworfenen Problemstellungen auseinandersetzen muss, weniger im Sinne einer angemessenen Reaktion im Rahmen eines Reiz-Reaktions-Schemas als vielmehr im Sinne einer aktiven Konstruktion von Problemlösungsstrategien.

Einen überwältigenden Einfluss der Umwelt nehmen alle Ansätze an, die das soziokulturelle Umfeld des Lerners thematisieren. Positive oder negative Haltungen, Sympathie für die Zielkultur oder Ablehnung befördern oder behindern den Erfolg des Lernens, der im ungünstigsten Falle allenfalls in einem Pidgin resultiert. Zwar beziehen sich diese Modelle weitestgehend auf die Prozesse, die beim ungesteuerten Zweitspracherwerb ablaufen, aber es gibt durchaus eine Reihe von Überlegungen, die für Spracherwerb und Sprachenlernen ganz allgemein interessant sind.

Umwelt oder nicht. Wenn ja, wie viel? Für alle genannten Positionen lassen sich gute Gründe und schlagende Argumente ins Feld führen. Die Diskussion ist lebhaft und ein Ende ist – Gott sei Dank – auch nicht abzusehen.

Literaturtipps

Block, David (2003), *The Social Turn in Second Language Acquisition*. Edinburgh: Edinburgh University Press.

Sehr empfehlenswertes Buch. Locker geschrieben und recht ungewöhnlich strukturiert. Der Autor nimmt sich die drei Buchstaben S = Second, L = Language und A = Acquisition vor und beleuchtet sie von den verschiedenen Forschungsansätzen her.

Ellis, Rod (1994), *The Study of Second Language Acquisition*. Oxford: Oxford University Press.

Unentbehrlich für jeden, der sich näher, tiefer oder breiter mit dem Thema beschäftigen möchte. Gibt zu allen relevanten Bereichen erschöpfend und gut zugänglich Auskunft.

Larsen-Freeman, Diane/Long, Michael H. (1991), *An Introduction to Second Language Acquisition Research*. London: Longman.

Umfangreicher und in der Anlage anspruchsvoller als der Band von Mitchell/Myles mit annähernd identischer Thematik. Sollte komplementär zu diesem benutzt werden.

Mitchell, Rosamond/Myles, Florence (1998), *Second Language Learning Theories*. London: Arnold.

Vorzüglich strukturierte und didaktisierte Einführung in den gesamten Komplex des Fremdspracherwerbs und in die sich darum rankenden Theorien. Die Lektüre wird unbedingt empfohlen.

Aktivitäten

1. Überlegen Sie, warum es so schwierig ist, zu einer weitestgehend widerspruchsfreien Theorie des Zweitspracherwerbs zu gelangen. Ist vielleicht das aus den Naturwissenschaften übernommene Theorieverständnis dabei eher hinderlich?

2. Seit mehr als zwei Jahrzehnten wird das Erlernen und Erwerben von Zweit- und Fremdsprachen intensiv und mit recht beachtlichem Aufwand erforscht. Gibt es Ihres Erachtens positive Entwicklungen in der Praxis, die die Forschungslage reflektieren? Werden – mit Ausnahme von Englisch – mehr Fremdsprachen besser gelernt? Suchen Sie statistisches Material zur Entwicklung in der EU.

5.1.1 Lernen vs. Erwerben

So, wie die Universalgrammatik in 4.2.1 skizziert wurde, müsste man annehmen, dass sie sozusagen ,verbraucht' ist, eben nicht mehr als *language acquisition device* zur Verfügung steht, da sie zu einer einzelsprachlichen Grammatik geworden ist. Dass es sich genau so verhält, wird auch von der so genannten *no access hypothesis* vertreten.

Die logische Konsequenz daraus ist, einen fundamentalen Unterschied zwischen den beiden Prozessen (Erst- und Zweitspracherwerb) zu postulieren (vgl. Bley-Vromann 1989 und Meisel 1997). Eine Position, die auch innerhalb der Diskussion in Deutschland weitgehend dominiert und die zudem den Vorteil hat, sowohl intuitiv plausibel als auch mit der individuellen Sprachlernerfahrung kompatibel zu sein. Zudem würde sie auch erklären, dass im Normalfall in der L2 nicht die Art von Kompetenz erreicht wird wie in der L1.

Es wäre aber keine Diskussion, wenn nicht auch genau der entgegen gesetzte Standpunkt vertreten würde. Nämlich durch die *full access hypothesis*.

Gerade die Tatsache, dass wir ja Prinzipien erwerben können, die von denen der Muttersprache grundverschieden sind, zeigt, so die Argumentation, dass die Universalgrammatik noch vorhanden und wirksam ist (vgl. Flynn 1996). *Full access* heißt jedoch nicht, dass von diesem Potential auch der volle Gebrauch gemacht wird (vgl. Edmondson 1999: 34).

Warum nicht, ist nicht völlig klar, denn der Fremdsprachenlerner wäre ja recht dankbar, wenn er kompletten Zugang zur Universalgrammatik hätte. Nicht recht schlüssig lässt sich außerdem beantworten, warum in der zweiten Sprache doch oft Defizite bleiben, die in der ersten überhaupt nicht auftreten könnten und dürften. Auch der Tatsache, dass Kinder bis zu einem gewissen Alter eine qualitativ andere Kompetenz erwerben als Erwachsene, trägt diese Position nicht Rechnung.

Zwischen den hier markierten Extrempositionen ‚ja‘ und ‚nein‘ gibt es noch die gemäßigten: Teilzugang (*partial access*) und indirekter Zugang (*indirect access*). Indirekter Zugang bedeutet hier, dass auf die UG nur insofern Zugriffsmöglichkeiten existieren, als die L1 Prinzipien mit den L2 Prinzipien übereinstimmen. Wo dies nicht der Fall ist, sind die Lerner auf Problemlösungsstrategien einer allgemeineren Natur angewiesen, während der teilweise Zugang dem Lerner nur bestimmte Bereiche der UG zur Verfügung stellt, wobei noch nicht ganz klar ist, welche.

Eine Variante der ersten Position ist das von Felix (1984) vorgeschlagene ‚kompetitive‘ Modell, das besagt, dass auch Erwachsene grundsätzlich sehr wohl Zugang zur UG haben, dass sie diese Möglichkeit aber wegen der bereits entwickelten alternativen Problemlösungsstrategien nicht in dem Maße wahrnehmen, wie es Kinder beim Erwerb der Muttersprache tun (müssen).

Ein ganzer Kessel Buntes, so stellt sich die Diskussion innerhalb der grundsätzlich auf einer Universalgrammatik aufbauenden Strömung dar.

Unter anderem liegt das auch daran, dass die Annahme einer angeborenen und genetisch determinierten Universalgrammatik (Pinkers ‚Sprachinstinkt‘) nicht primär durch Fragestellungen des Zweitspracherwerbs motiviert war, sondern Fakten des Mutterspracherwerbs erklären sollte. Nun scheint es tatsächlich so zu sein, dass eben diese Annahme nicht nur Erklärungsmodell ist, sondern eine biologische Tatsache. Ein schöner Sieg für die Nativisten nach einem langen heftigen Streit und bei Pinker wird er ja auch entsprechend gefeiert, wobei mit Polemik für die Gegenseite nicht gespart wird. Für den Zweitspracherwerb ist das allerdings nur von recht begrenzter Bedeutung. Denn da scheint dieser Instinkt, der uns so mühelos zu kompetenten Sprechern macht, zu versagen oder doch weit hinter seiner ursprünglichen Effizienz zurückzubleiben. Ein Vergleich mir einer anderen Fähigkeit, die wir auch scheinbar problemlos erwerben, dem Laufen, kann diesen Sachverhalt vielleicht erhellen.

Wenn nicht gravierende Defizite vorliegen, dann lernen Kinder zu laufen, ohne dass man sich weiter darum kümmern muss, was sie aber nicht auf diese Weise lernen, ist Rad fahren, schwimmen, skaten, etc. Außer dem Wunsch, der Motivation, ist noch eine Menge Übung erforderlich, die gewünschte Fertigkeit zu erlernen. Zudem geben die Erkenntnisse, die wir über diesen Prozess des Laufenlernens haben, nur begrenzt Auskunft über den Ablauf der anderen.

Für den Praktiker, ob in lehrender oder lernender Funktion, haben die hier skizzierten Debatten (noch) relativ geringe Bedeutung. Dies ist jedoch im Falle des bereits erwähnten Stephen Krashen keineswegs der Fall. Denn während die gerade vorgestellten Hypothesen unter weitgehender Vernachlässigung des Lerners versuchen, die Phänomene Erst- und Zweitspracherwerb innerhalb eines bestimmten Modells schlüssig zu erklären, und dabei auch in Kauf nehmen, dass empirisches Material auf das Prokrustesbett der Theorie geschnallt werden muss, stand bei Krashen von vornherein der aktuelle, wirklich stattfindende Lernprozess im Vordergrund.

Die Grundannahme ist, dass, zumindest für Erwachsene, zwei grundsätzlich unterschiedliche Verfahren, sich eine Fremdsprache anzueignen, existieren: Lernen und Erwerben. Lernen heißt dabei ein bewusstes Aneignen von Regeln, ein Wissen über die Sprache, während der Erwerb ein unbewusstes Verfahren bezeichnet, das mit demjenigen, das beim kindlichen L1-Erwerb vorliegt, in allen entscheidenden Punkten identisch ist (vgl. Krashen 1985: 1). Trotz aller Kritik (vgl. McLaughlin 1978), hat sich die Grundidee in vielen Köpfen bewahrt, vor allem Praktiker konnten aus ihr Trost schöpfen, wenn all ihre Bemühungen nicht den rechten Erfolg zeigten, denn, und dies ist eine weitere kontroverse Behauptung, die erlernten und erworbenen Wissensbestände sind so grundsätzlich unterschiedlicher Natur, dass sie zu keinem Zeitpunkt eine Einheit bilden, das erworbene Wissen und das erlernte Wissen bleiben auf Dauer getrennt. Eine ‚erlernte' Regel wird nicht in den produktiven Bereich der ‚erworbenen' Regeln überführt, sondern fristet ihr Dasein als Element des ‚Monitors'.

Die Monitor-Hypothese

Lernen als bewusster Prozess trägt nicht direkt zur Kompetenz in der Fremdsprache bei, sondern die auf diese Weise erworbenen Kenntnisse dienen lediglich zur Kontrolle und Überwachung des *outputs*, als Monitor eben. Je nach Art des Einsatzes dieses Monitors kann man drei Lernertypen unterscheiden: Den *over user*, der seine Produktion dauernd kontrolliert und dementsprechend langsam, aber korrekt ist, den *under user*, der zügig aber falsch spricht, und den *optimal user*, der den Monitor genau dann einsetzt, wenn Zeit und Situation es erlauben.

Die Hypothese von der natürlichen Ordnung

Wenn der Erwerbsprozess einer Zweit- oder Fremdsprache als in seinen Grundzügen identisch mit dem Erstspracherwerb gesehen wird, dann ist es nur konsequent, ein ‚natürliches' Aufeinanderfolgen der Aneignung der Regeln zu postulieren. Da die Sequenz bekannt ist, lässt sich der Aneignungsprozess für jeden individuellen Lernprozess vorhersagen (vgl. Krashen 1985: 1). Außerdem heißt dies natürlich auch, dass Faktoren wie Ausgangssprache, Alter etc. nicht nur nicht weiter beachtet werden, sondern darüber hinaus nicht beachtet zu werden brauchen.

Die Input-Hypothese

Kompetenz in der Sprache erlangt man nur durch das Verstehen und Verarbeiten des Sprachmaterials. Es darf sich jedoch nicht um völlig beliebige Daten handeln, sondern es muss der so genannte *comprehensible input* sein. Idealerweise hat dieser die Form i+1, das heißt, er ist immer ein wenig über dem jeweiligen Niveau des Lerners angesiedelt. Material, das diesen Anforderungen nicht genügt, also entweder zu schwierig ist (i+3 z. B.) oder zu leicht (im Falle i wären die entsprechenden Regeln ja bereits vollständig erworben), ist ungeeignet, den Erwerbsprozess weiterzubringen.

Die Hypothese vom affektiven Filter

Dieser *comprehensible input,* bzw. die Aufnahme desselben, kann jedoch durch affektive Faktoren negativ beeinflusst werden. Das heißt, dass Lerner, obwohl sie einem identischen Input ausgesetzt sind, nicht unbedingt vergleichbare Fortschritte machen, da der so genannte ‚affektive Filter' unterschiedlich durchlässig ist und da das in den Erwerbsprozess aufgenommene Material dementsprechend unterschiedlich verarbeitet wird.

Eine ähnliche Perspektive auf den Sprachlern- und Erwerbsprozess hat auch die Identitätshypothese. Wie der Name bereits andeutet, gehen die Vertreter dieser Hypothese, z. B. Burt/Dulay (1974: 235f), davon aus, dass der Erst- und der Zweitspracherwerb weitgehend gleichartig verlaufen (vgl. dazu auch die oben angeführte ‚natürliche Ordnung').

Lerner erwerben also eine Fremdsprache nicht in Abhängigkeit von Faktoren wie Muttersprache, Alter, Umgebung etc., sondern auf der Grundlage angeborener mentaler Mechanismen nach einem Muster, das dem des Muttersprachenerwerbs sehr ähnlich ist.

Die Konsequenzen dieser Modelle für den Sprachunterricht liegen auf der Hand: In der bekannten und gewohnten Form ist er nicht nur ineffizient, sondern sogar überflüssig. Bewusstes Lernen ist nicht nur weniger produktiv als bisher angenommen, es kann, so wurde in der Tat argumentiert, möglicherweise negative Auswirkungen auf die Kompetenz und Performanz des Lerners haben. Curricula und Lehrpläne sind Makulatur, sofern sie nicht dem ohnehin vorgegebenen natürlichen Ablauf folgen.

Die Schwächen dieser Hypothesen sind offensichtlich. Zum einen ist es kaum möglich, zwischen dem Lernen und dem Erwerben eine klare Linie zu ziehen, zum anderen kann auch die Form des jeweilig optimalen Inputs nicht klar bestimmt werden. Außerdem ist der affektive Filter eine Art Joker, mit dem immer erklärt werden kann, warum sich der Erfolg trotz angemessenen Inputs nicht einstellt.

Sowohl Krashens Arbeiten als auch die von ihm beeinflussten Untersuchungen sind grundsätzlich nativistischer Prägung. Das heißt, dass sie den Prozess des Zweitspracherwerbs als ein von biologischen Faktoren bestimmtes Geschehen betrachten, das von der Umwelt nur begrenzt beeinflusst werden kann. Sie stehen damit in Opposition zu den oben erwähnten behaviouristischen Arbeiten, die der Umwelt den alles entscheidenden Einfluss zumessen. Zwar hat das schlichte Stimulus-Response-Modell als Erklärungsinstrument weitgehend ausgedient, die Annahme, dass Zweitspracherwerb, vor allem ungesteuerter Zweitspracherwerb, durchaus in entscheidendem Maße durch Umwelteinflüsse bestimmt wird, ist dadurch aber keineswegs aus der Diskussion ausgeschieden.

Literaturtipps

Ellis, Rod (1994), *The Study of Second Language Acquisition*. Oxford: Oxford University Press.

> Kapitel 7 (243-292) bietet eine erschöpfende Diskussion des gesamten Input-Ansatzes. Pflichtlektüre.

Gass, Susan (1988), Integrating research areas: a framework for second language studies. *Applied Linguistics* 9: 198-217.

> Artikel, der sich kritisch mit der Input-Hypothese auseinandersetzt. Nach Gass geht es weniger um ‚comprehensible' als vielmehr um ‚comprehended' Input.

Larsen-Freeman, Diane/Long, Michael H. (1991), *An Introduction to Second Language Acquisition Research*. London: Longman.

> Zur vorliegenden Thematik bietet Kapitel 7.3 einen guten Überblick und eine kritische Würdigung von Krashens *monitor theory*.

Mitchell, Rosamond/Myles, Florence (1998), *Second Language Learning Theories*. London: Arnold.

> Zu Krashen siehe vor allem Kapitel 6.

Aktivitäten

1. Basierend auf Krashen (1981, 1985 und 1989) fasst Ellis (1994: 273) die grundlegenden Annahmen der Input-Hypothese folgendermaßen zusammen:

   a. Learners progress along the natural order by understanding input that contains structures a little bit beyond their current level of competence.

   b. Although comprehensible input is necessary for acquisition to take place, it is not sufficient, as learners also need to be affectively disposed to ‚let in' the input they comprehend.

   c. Input becomes comprehensible as a result of simplification and with the help of contextual and extralinguistic clues; ‚fine tuning'

> (i.e. ensuring that the learners receive input rich in the specific property they are due to acquire next) is not necessary.
>
> d. Speaking is the result of acquisition, not its cause; learner production does not contribute directly to acquisition.

Diskutieren Sie, wie Fremdsprachenunterricht aussehen müsste, wenn diese Annahmen zutreffen. Welche Schwierigkeiten können eventuell bei Punkt a auftreten und wie ist Ihre Meinung zu Punkt b, zu dem Krashen (1989: 456) ergänzend Folgendes schreibt:

> [...] output aids acquisition indirectly by encouraging CI (comprehensible input), via conversation. When you speak it invites others to talk to you. Moreover, as you speak your output provides your conversational partner with information about your competence and whether he or she is communicating successfully. This information helps your conversational partner adjust the input to make it more comprehensible.

2. Der affektive Filter ist ein interessantes, allerdings nicht ganz unproblematisches Konstrukt. Wie könnte man seine positiven bzw. negativen Auswirkungen testen? Oder anders: Wie könnte man zeigen, dass bei unerwartet schlechten Ergebnissen nicht der Input, sondern der affektive Filter verantwortlich ist?

5.1.2 Kognitivismus: Lernbarkeit und Lehrbarkeit

Die *learnability* Hypothese, zu der natürlich auch die komplementäre *teachability* Hypothese gehört, die beide inzwischen in der ‚processability' theory' zusammengefasst sind, werden in der Regel mit den Arbeiten von Manfred Pienemann assoziiert.

Ihre Anfänge gehen zurück auf das berühmte ZISA (Zweitspracherwerb italienischer und spanischer Arbeiter) Projekt, das Ende der 1970er Jahre an der Universität Hamburg unter Leitung von Jürgen Meisel durchgeführt wurde.

Festgestellt wurde bei diesen Untersuchungen unter anderem, dass die Lernerpopulation beim Erwerb der Wortstellungsregeln des Deutschen einem ziemlich klaren Schema folgte (vgl. Pienemann 1987):

1. Zuerst wurde die Subjekt-Verb-Objekt (SVO) Regel gelernt. Für Sprecher romanischer Sprachen insofern relativ unproblematisch, als dies die Standardwortstellung auch in ihren jeweiligen Muttersprachen ist.

   Beispiel: *die kinder spielen mim ball*

2. Die zweite Regel ist die der Vorfeldbesetzung mit einem Adverb. Allerdings noch abweichend von den Regeln des Deutschen, die ja dem Verb die Zweitposition zuweisen. Das heißt, die SVO-Struktur wird beibehalten und das Adverb tritt – regelwidrig – vor das Subjekt.

    Beispiel: *da kinder spielen* (statt *da spielen kinder*)

3. Die Anwendung der dritten Regel besteht in der Verwendung der Satzklammer, also in der Trennung von flektiertem und nicht-flektiertem Teil des Verbalkomplexes.

    Beispiel: *alle kinder muss die pause machen*

4. Bei Regel vier wird bei Vorfeldbesetzung mit einem Adverb auch die Zweitstellung des Verbs (für Sprecher romanischer Sprachen eine Inversion, also ein Vertauschen der ‚normalen' Positionen der Elemente) beibehalten.

    Beispiel: *dann hat sie wieder die knoch gebringt*

5. Bei Regel fünf wird das Verb im untergeordneten Nebensatz dorthin gerückt, wo es auch hingehört, nämlich ans Ende.

    Beispiel: *er sagte, dass er nach hause kommt*

Zwar sind diese Beobachtungen an sich bereits hochinteressant, aber die Folgerungen, die daraus zu ziehen sind und die auch gezogen wurden, sind noch wesentlich wichtiger, denn sie besagen etwas, das auf den ersten Blick eher selbstverständlich scheint und auch der Alltagserfahrung weitestgehend entspricht: Die jeweils ‚höherrangige' Regel kann nicht gelernt werden, wenn die vorangegangene nicht beherrscht wird. Das System kann mit ihr schlicht und einfach nichts anfangen, sie kann nicht verarbeitet (*processed*) werden.[1]

Die Konsequenzen für die Lehrbarkeit sind natürlich gravierend. Wenn für Wortstellungsregeln eine derartige Implikationsskala existiert, dann kann man durchaus annehmen, dass dies für andere Bereiche auch zutrifft. Und die Frage muss gestellt werden: Ist das, was im Unterricht verabreicht wird, überhaupt verarbeitbar? Das heißt, kann der Lerner – selbst bei bestem Willen – überhaupt etwas damit anfangen im Sinne von ‚Kann sein System von den jeweils bestehenden Voraussetzungen her damit umgehen, oder rauscht die Information unanalysiert daran vorbei?'

---

[1] Dazu Pienemann (1989: 57) selbst: „[...] I will demonstrate that the acquisition process cannot be steered or modelled just according to the requirements or precepts of formal instruction. On the contrary, I will show that teaching itself is subject to some of the constraints which determine the course of natural acquisition. I will henceforth refer to this proposition as the Teachability Hypothesis."

Um Prozesse, die in einer bestimmten Folge ablaufen, geht es auch bei dem von John Anderson entwickelten ACT-Modell. ACT steht dabei für Adaptive Control of Thought. Die Kernkonzepte, nämlich ‚deklaratives Wissen' und ‚prozedurales Wissen', sind bereits kurz erwähnt worden. Andersons kognitions-psychologischer Ansatz versucht nun zu beschreiben, auf welche Weise das deklarative Wissen, also ‚to know that' in prozedurales Wissen, ‚to know how' überführt wird. Anderson (1985: 203) nimmt an, das dies in drei Schritten geschieht:

1. Kognitives Stadium: In dieser Phase wird ein bestimmtes Verfahren deskriptiv gelernt, z. B. Kupplung langsam kommen lassen und dabei das Gaspedal mit Gefühl betätigen.

2. Assoziatives Stadium: In dieser Phase wird eine vorläufige Methode der Anwendung des Verfahrens erarbeitet, der Vorgang wird aber immer noch sehr stark kontrolliert, z. B. kommt die Kupplung noch zu schnell oder es wird zu wenig oder zu viel Gas gegeben, der Wagen schießt nach vorn oder wird abgewürgt. Man ist aber in der Lage, die Probleme zu erkennen.

3. Autonomes Stadium: Das Verfahren wird weitestgehend automatisiert und die kognitive Kontrolle fällt weg, z. B. die Ampel springt auf Grün und man fährt an, ohne dass man dem Vorgang besondere Aufmerksamkeit schenken müsste.

Man hat also in diesem Fall das deklarative Wissen über den Vorgang des Anfahrens in das prozedurale Wissen des tatsächlich Anfahrenkönnens überführt. Der Weg, der dazwischen liegt, ist von Üben und Wiederholen geprägt, was sich durchaus mit der Volksweisheit, dass Übung den Meister macht, deckt.

Sowohl die *processability hypotheses* als auch das ACT-Modell sind wegen ihres direkten Bezugs zu den Lernvorgängen – seien sie nun fast ausschließlich sprachbezogen, wie im ersten Fall, seien sie eingebettet in eine sehr viel umfassendere Theorie des Lernens, wie im zweiten Fall, vor allem für Praktiker sehr attraktiv, was sich auch in einer Reihe von einschlägigen Studien niedergeschlagen hat.

Literaturtipps

Edmondson, Willis (1999), *Twelve Lectures on Second Language Acquisition*. Tübingen: Narr.

In 11.3 und 11. 4 werden die Implikationen der Unterscheidung von prozeduralem Wissen und deklarativem Wissen kritisch und mit ironischem Unterton dargestellt.

Ellis, Rod (1994), *The Study of Second Language Acquisition*. Oxford: Oxford University Press.

Die Kapitel 9 ,Cognitive accounts of second language acquisition' und 14 ,Formal instruction and second language acquisition' sind sehr umfangreich, umfassend und als vertiefende Lektüre zu der in diesem Abschnitt behandelten Problemstellung dringendst zu empfehlen.

Larsen-Freeman, Diane/Long, Michael H. (1991), *An Introduction to Second Language Acquisition Research*. London: Longman.

Kapitel 7.5 bietet einen kompakten Überblick über das, was von den Autoren als interaktionistische Modelle des Zweispracherwerbs bezeichnet wird. Das Konzept ,interaktionistisch' wird hier etwas anders gesehen als in diesem Band. Dessen ungeachtet ist die Lektüre des Kapitels sehr empfehlenswert.

Mitchell, Rosamond/Myles, Florence (1998), *Second Language Learning Theories*. London: Arnold.

Einen schnelleren und leichteren Zugriff als bei Ellis findet hat man hier in Kapitel 4. Als vorbereitende Lektüre ausgezeichnet, zumal auch eine kritische Einschätzung der jeweiligen Ansätze gegeben wird.

Pienemann, Manfred (1987) Determining the influence of instruction on L2 speech processing. In: *Australian Review of Applied Linguistics* 10/2: 83-113.

Eine der meistzitierten früheren Arbeiten zum ,teachability-learnability'-Problem. Gut zugänglich und sehr informativ legt sie die grundsätzlichen Annahmen in komprimierter Form dar.

Aktivitäten

1. Willis Edmondson setzt sich wohlwollend kritisch mit der ,teachability-learnability' Hypothese auseinander und bemerkt u. a.:

> Secondly, the notion that syllabus design should take teachability into account (put the earlier bits into the syllabus first) is intuitively attractive, but is itself dependent on a theory of syllabus design, which Pienemann doesn't actually have. For example, if you believe in a functional or task-based syllabus, then the notion of staging word-order rules is not relevant. Further, you can argue of course, that if learners are going to filter out what they need anyway – as Pienemann's subjects apparently did – then attempts to control this routing through syllabus staging are misguided! But if you have a grammatically-staged syllabus, then of course take teachability into account.

Wie sähe ein *functional or task-based syllabus* aus? Warum hätten die Satzbauregeln dann keine Relevanz?

Wie verhält es sich mit dem zweiten Argument, dass wenn Lerner ohnehin das, was sie brauchen, herausfiltern, die von Pienemann vorgeschlagene Form der Kontrolle unangemessen sei?

2. Das ACT-Modell ist Grundlage einer Reihe von Arbeiten, die sich mit praktisch anwendbaren Lernstrategien beschäftigen (sehr empfehlenswert die Arbeit von Chamot/O'Malley) und mit Sicherheit sind diese von ungeheurer Wichtigkeit, nicht nur für institutionelles Lernen, sondern auch für das, was man sich an Alltagswissen aneignen muss. Wie Lerner vorgehen, wird oft mit dem Experiment *Tower of Hanoi* getestet. Besorgen Sie sich die Versuchsbeschreibung im Internet und führen Sie einen Selbsttest durch. Machen Sie eine Liste dessen, was Sie als Strategien benutzen. Was passiert, wenn Sie den *Tower of Hanoi* zehn Mal hintereinander umgeschichtet haben? Wäre das jetzt schon prozedurales Wissen?

5.1.3   Interaktionismus: Bachtin und Wygotski revisited

Im Bereich des Zweit- und Fremdspracherwerbs konzentrieren sich interaktionistische Anätze vor allem auf die Formen der Interaktion, die typischerweise zwischen muttersprachlichen Sprechern und nicht-muttersprachlichen Sprechern stattfinden. Es wird also gefragt, in welcher Weise Bedeutung ausgehandelt wird und wie sich das kommunikative Verhalten der Beteiligten, die ja von recht unterschiedlichen Voraussetzungen ausgehen, um das Misslingen der Kommunikation zu vermeiden, verändert

Dabei ist vor allem die Rolle des *feedback*, den die Nicht-Muttersprachler erhalten, von besonderem Interesse (vgl. z. B. Gallaway/Richards 1994, Gass 1994, Gass/Varonis 1994, Oliver 1995, Long 1996).

Grundannahme ist, dass alles Lernen ein sozialer Prozess ist und nicht einer, den das Individuum allein für sich bewerkstelligen könnte. Ein Vorgang also, der als eine ‚Ko-konstruktion‘ sowohl von den Novizen als auch den Experten getragen wird. Der Erwerb einer zweiten Sprache stellt sich vor diesem Hintergrund als die Aneignung eines Werkzeugs dar, als die Transformation eines ‚inter-mentalen‘ Prozesses in einen ‚intra-mentalen‘.

Lerner, so die Argumentation, benötigen dabei die Hilfe eines ‚Gerüstes‘ (engl. *scaffold*), um das jeweils nächste Entwicklungsstadium zu erreichen und sich neue Wissensbestände anzueignen. Interaktion ist dabei das zentrale Moment, weniger als Quelle von ‚Input‘ als vielmehr als ein Element, das das Verhalten formt.

Was das jeweilige *feedback* betrifft, so haben eine ganze Reihe von Studien gezeigt, dass dieses im Unterricht meist in Form einer Wiederholung der Lerneräußerung ohne den oder die jeweiligen Fehler auftritt und von den Lernenden, weil negativ, weitgehend ignoriert wird (vgl. dazu z. B. die Arbeiten von Aljaafreh/Lantolf 1994, Lyster/Ranata 1997, Long/Inagaki/Ortega 1998).

Das *feedback* bzw. der ‚Input‘ allgemein spielt natürlich durchaus eine gewisse Rolle, zumal dann, wenn eben keine Hilfestellung, kein *scaffolding*, geleistet wird, oder nicht in der Form, die es dem Lernenden erlaubt, einen weiteren Entwicklungsschritt zu tun. Mit diesem Phänomen beschäftigen sich die Untersuchungen zum so genannten *foreigner-talk*, also jenes reduzierten Sprachduktus, den Muttersprachler in der Kommunikation mit Nicht-Muttersprachlern häufig verwenden.

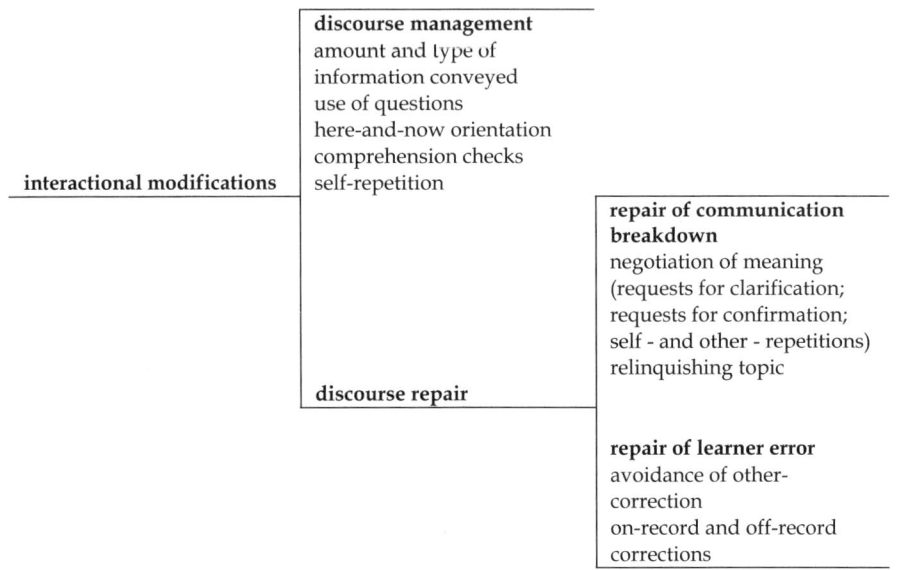

Abbildung 5.2: Typen der Interaktionsmodifikation im foreigner talk
(aus Ellis 1994: 258)

Foreigner talk hat bestimmte strukturelle Ähnlichkeiten mit dem *motherese* oder *caretaker talk*, mit der Art zu sprechen also, die Erwachsene gegenüber kleinen Kindern gebrauchen (vgl. z. B. Freed 1980 und Freed 1981). Hinsichtlich der Funktion ergeben sich jedoch deutliche Unterschiede. Während beim *caretaker talk* die Verhaltenskontrolle im Vordergrund steht, liegt das Hauptgewicht bei der Verwendung des *foreigner talk* zwischen Erwachsenen eher auf dem Informationsaustausch. Die Charakteristika dieser Sprachform sollen hier nicht detaillierter behandelt werden, wichtig festzuhalten ist jedoch, dass der von muttersprachlichen Sprechern benutzte *foreigner talk* sich in bestimmten Bereichen sehr stark an die Interlanguage der Nicht-Muttersprachler annähert.

Umstritten ist dabei die Frage, ob diese reduzierten und z. T. auch ungrammatischen Äußerungen als Quelle für die Fehler der Lerner interpretiert werden können, oder ob es sich, wie manche Forscher (vgl. z. B. Freed 1980 und Freed 1981) annehmen, eher um kognitive Prozesse handelt, die von den Interaktanten geteilt werden, dass also der muttersprachliche Sprecher versucht, sich in das jeweilige Kompetenzniveau seines Gegenübers einzufühlen. Oder anders: der rein linguistische Input wird dem ‚Diskursmanagement', zu dem letztendlich auch die ‚Diskursreparatur' gehört, untergeordnet.

Für den Sprachunterricht ergeben sich aus diesem Ansatz und vor allem aus den empirischen Untersuchungen interessante Konsequenzen, denn einerseits lässt sich ja durchaus belegen, dass diese Form des interaktionistischen Lernens eine ganze Reihe von Vorzügen hat, andererseits ist durch verschiedene Untersuchungen gezeigt worden, dass von der Norm abweichender Input (wenn z. B. Lerner mit anderen Lernern in der Zielsprache diskutieren) innerhalb eines

Kurses zur Verfestigung und Perpetuierung bestimmter Fehler führen kann (vgl. z. B. Plann 1977, Harley/Swain 1978, Wong-Fillmore 1985). Generell scheint aber inzwischen akzeptiert zu werden, dass die Interaktion zwischen Nicht-Muttersprachlern dem Lernfortschritt ebenso förderlich ist wie diejenige, bei der Muttersprachler beteiligt sind (vgl. Pica/Doughty 1985). Ob sich auf diese Weise sogar bessere Resultate erzielen lassen (vgl. Varonis/Gass 1985), ist aber nach wie vor ziemlich umstritten.

Ein kritischer Bereich insgesamt ist auch der Erwerb der grammatischen Kompetenz. So darf man bezweifeln, dass diese im wünschenswerten Umfang erworben wird, und kritisiert, dass ein Nachweis bisher nicht erbracht wurde.

Auch entschiedene Verfechter des Interaktionismus wie Michael Long sind inzwischen nicht mehr völlig davon überzeugt, dass Interaktion als solche bereits entsprechende Lernfortschritte garantiert. Dementsprechend treten in seinen neueren Arbeiten auch ‚lernerinterne' Faktoren wieder stärker in den Vordergrund. Dass Umwelt und Input allein den Erfolg bzw. das Ausbleiben desselben beim Erwerben einer Fremd- oder Zweitsprache nicht hinreichend erklären können, wird auch im folgenden Kapitel zur sozialen Bedingtheit des Zweitspracherwerbs recht klar.

All dieser Kritikpunkte ungeachtet hat der eben geschilderte interaktionistische Ansatz jedoch das Verdienst, den Aspekt des Lernens als einer vom Lerner in der Auseinandersetzung mit der Umwelt zu erbringenden Leistung in den Vordergrund gerückt zu haben. Gerade beim Erwerb einer komplexen Fertigkeit wie dem Sprechen einer Fremdsprache kommt dem Lehrer, ebenso wie beim Lernen eines Musikinstrumentes, weniger die Rolle des allwissenden Vermittlers, sondern eher die Rolle eines Trainers oder Moderators zu, der zeigen kann, wie es geht. Das Machen selbst ist fast ausschließlich Aufgabe des Lerners.

Die Bezüge zu Wygotski sind unübersehbar und vor allem im englischsprachigen Raum ist eine wahre Wygotskirenaissance festzustellen (vgl. z. B. Johnson 2004). Diese geht einher mit einer immer breiter werdenden Bachtin-Rezeption, die sich seit geraumer Zeit nicht nur auf die Literaturwissenschaft beschränkt, sondern auch die Theoriebildung und Forschung in der Zweitspracherwerbsforschung beeinflusst.

Wie Wygotski sieht Bachtin Sprache eher als Sprechen denn als abstraktes System. In seiner Theorie der ‚dialogisierten Heteroglossie' stellt die ‚Äußerung', die durch verschiedene Merkmale charakterisiert ist, die grundlegende linguistische Einheit dar. Diese Äußerungen wiederum haben ihren Ursprung in ‚Sprechgenres' (engl. *speech genre*), von denen sich zwei Typen unterscheiden lassen: primäre Genres und sekundäre Genres. Zu den ersteren zählt weitgehend all das, was wir tagtäglich mit der Sprache tun, während die letzteren eher die komplexeren und häufig schriftlichen Formen umfassen. Die Genres in ihrer Gesamtheit bilden die Grundlage für die Struktur und Organisation unseres Sprechens. Dementsprechend postuliert Bachtin auch:

> If speech genres did not exist and we had not mastered them, if we had to originate them during the speech process and construct each utterance at will for the first time, speech communication would be almost impossible (Bakhtin 1986: 79).

Die dialogische Struktur allen Sprechens erklärt Bachtin damit, dass wir nicht allein Besitzer und Benutzer der Sprache sind, sondern dass sie auch den jeweils anderen in gleichem Maße gehört wie uns selbst:

> The word in language is half someone else's. It becomes ‚one's own' only when the speaker populates it with his own intention, his own accent, when he appropriates the word, adapting it to his own semantic and expressive intention. [...] it exists in other people's mouths, in other people's contexts, serving other people's intentions: it is from there that one must take the word, and make it one's own (Bakhtin 1981: 293f).

Durch das Konzept der Heteroglossie wird auf genau den Umstand eingegangen, dass nämlich eine Äußerung bereits von vielen Stimmen gemacht worden ist.

Die Ansätze von Wygotski und Bachtin, in denen versucht wird, Lernprozesse als Austausch zwischen mentaler Innenwelt und sozialer Außenwelt zu interpretieren, werden daher von Johnson als tragfähige und zukunftsweisende Möglichkeiten im Rahmen einer ‚Philosophie des Zweitspracherwerbs' gesehen, denn, so Johnson (2004: 176):

> In sum, the ultimate purpose of this dialogically based model of SLA [Second Language Acquisition – Th.H.] is to discover the processes that allow the L2 learner to become an active participant in the target language culture, or to investigate how participation in a variety of *local* sociocultural contexts affects the learner's participation in another.

Diese Zielsetzung ist nun keineswegs neu, eher im Gegenteil, fast die gesamte Forschung im Bereich des Sprachenlernens beschäftigt sich in der einen oder anderen Form genau damit. Dessen ungeachtet bieten die Arbeiten von Wygotski und Bachtin hinreichend Möglichkeiten, den Schwerpunkt der Diskussion zu verlagern und neue, bisher weniger beachtete Aspekte stärker in den Vordergrund zu rücken. Die Kompetenz-Performanz-Dichotomie z. B. wäre vor dem skizzierten Hintergrund hinfällig, da zwischen beiden eben nicht unterschieden werden könnte. Ähnliches gilt für die Unterscheidung zwischen kognitiven Fähigkeiten allgemein und sprachlichen Fähigkeiten speziell, die grundsätzlich auch nicht als voneinander getrennt aufgefasst werden könnten. Man darf gespannt darauf sein, wie sich die Debatte weiter entwickelt.

Literaturtipps

Crossby, Nick/Robert, John M. (eds) 2004), *After Habermas*. Oxford: Blackwell.
> Recht spezialisierte Aufsatzsammlung, die vor allem Soziologen interessieren dürfte. Als Hintergrundlektüre zu diesem Kapitel sind die Beiträge von Michael E. Gardiner ‚Wild publics and grotesque symposiums: Habermas and Bachtin on everyday life and public sphere' (28-48) und Ken Hirschkop ‚Justice and drama: on Bachtin as a complement to Habermas' (49-66) jedoch sehr empfehlenswert.

Holquist, Michael (1990), *Dialogism*. London: Routledge.

Vorzügliche, locker geschriebene und sehr gut lesbare Einführung in Bachtins Werk und dessen Rezeptionsgeschichte. Sollte auf jeden Fall konsultiert werden.

Johnson, Marysia (2004), *A Philosophy of Second Language Acquisition*. Yale University Press: New Haven & London.

Insgesamt sehr lesenswerte und gut lesbare Auseinandersetzung mit den Entwicklungen innerhalb der *second language research* der letzten zwei Dekaden. Für dieses Kapitel von besonderer Relevanz ist jedoch der zweite Teil *A Dialogical Approach to SLA*, in dem Johnson sich intensiv mit Bachtin und Wygotski auseinandersetzt.

Aktivitäten

1. Im nachstehenden Zitat fasst Marysia Johnson ihr Programm einer neuen ‚Philosophie des Zweitspracherwerbs' in elf Punkten zusammen. Welche erkennen Sie aus den vorangegangenen Kapiteln wieder? Welche sind ‚wirklich' neu?

   1. The new dialogical model of SLA based on Vygotsky's SCT and Bakhtin's heteroglossia can be summarized as follows:

   2. Language learning is not universal or linear but localized and dialectical.

   3. Language performance and language competence cannot be separated because they are in a dialectical relationship.

   4. Language is not viewed as a linguistic code but as speech embedded in a variety of local sociocultural contexts.

   5. The learner is not viewed as a limited processor that cannot attend to both form and meaning at the same time. Therefore, information-gap tasks such as structured input activities or spot-the-difference-in-pictures tasks are not considered to be useful for the appropriation of new voices or for the appropriation of language viewed as speech.

   6. To acquire the target language is to acquire discursive practices (speech genres) characteristic of a given sociocultural and institutional setting.

   7. Discursive practices typical of a given sociocultural setting are not limited to verbal signs.

They also include nonverbal signs such as ges-
tures, facial expressions, and other semiotic
signs such as graphs and maps.

8. Cognitive and second language development
    are not separated in this model. They are in a
    dialectical relationship; one transforms the
    other.

9. Interaction between new voices and old voices is
    essential for the learner's language and cognitive
    development.

10. The development of a second language ability is
    viewed as the process of becoming an active
    participant in the target language culture. The
    participation should replace, not complement,
    the existing acquisition metaphor.

11. The responsibility of researchers within this new
    approach is to investigate the processes that lead
    to becoming an active participant in locally
    bound social contexts. Such investigation re-
    quires that qualitative research methods be
    acknowledged as appropriate research methods
    for the field of SLA.

12. New research methods need to be developed to
    capture the fundamental processes of the
    participation metaphor. These methods need to
    investigate L2 learners who were successful or
    unsuccessful in their border-crossing endeavors.
    The ultimate goal of this investigation is to
    develop a prototype of an active participant in
    the target language culture (Johnson 2004: 179).

2. Unter Punkt 10. wird der qualitativen Forschung ein besonderes Gewicht
    beigemessen. Informieren Sie sich darüber, was die besonderen Merk-
    male eines qualitativen Vorgehens (im Gegensatz zum quantitativen)
    sind. Welche Probleme können bei qualitativen Erhebungen leicht auf-
    treten? Mit welchen Konsequenzen?

3. Was bedeutet die unter Punkt 8 gemachte Aussage? Versuchen Sie, Ihre
    Interpretation auf eine (virtuelle) Praxis anzuwenden.

5.1.4   Soziokulturelle Perspektiven: Schumanns Pidginisierungs-hypothese

Die Untersuchungen innerhalb der Spracherwerbs- und Sprachlehrforschung, die das Problem aus einer im weitesten Sinne soziolinguistischen Perspektive angehen, sind naturgemäß kaum nativistischer Provenienz, da sie der Umwelt, wenn auch nicht als allein verantwortlicher Instanz, einen maßgeblichen Einfluss auf den Erwerbs- und Lernprozess einräumen.

Soziolinguistik, so ist gezeigt worden, hat immer auch mit der Untersuchung von Machtstrukturen und Machtverteilung innerhalb eines sozialen Gefüges zu tun. Ebenso wie der ‚restringierte Code' in der aktuellen Situation oder auch perspektivisch bestimmte Reaktionen bei den Kommunikationsteilnehmern innerhalb einer bestimmten Sprachgemeinschaft auslöst und dadurch auf vorhandene Machtstrukturen verweist, kann dies bei fremdsprachlichen Sprechern sowohl in natürlichen Situationen als auch innerhalb des institutionell festgelegten Szenarios des Unterrichts beobachtet werden.

Prinzipiell kann man davon ausgehen, dass in beiden Fällen eine Machtverschiebung zu Ungunsten des fremdsprachlichen Sprechers bzw. des Lerners vorliegt, die die Bereitschaft überhaupt in der Zielsprache zu kommunizieren, oder, wenn man so will, Input mit ständig steigendem Anforderungsgrad weiterhin aufzunehmen, ganz grundsätzlich beeinflussen kann. Die folgenden Ausführungen beziehen sich dementsprechend, das muss betont werden, ganz ausdrücklich auf den ungesteuerten Spracherwerb.

Lerner in Schulen und Sprachkursen empfinden häufig, dass sie nicht die Fortschritte machen, die sie gerne machen würden, und führen diesen Umstand darauf zurück, dass es ihnen an Gelegenheit mangelt das, was sie bereits können, angemessen häufig anzuwenden und dementsprechend zu trainieren und dass – eine völlig korrekte Einschätzung – der Unterricht ja nur in begrenztem Umfang die ‚Wirklichkeit' der Sprache vermitteln kann. Ein Aufenthalt in der Zielkultur, eine konzentrierte Dosis Sprache, die Notwendigkeit zu kommunizieren, das scheint dann der Königsweg zu sein, auf dem alle Defekte des Unterrichts behoben werden können[2].

Dabei könnte ein Blick auf diejenigen, die genau dieses ‚Privileg' bereits genießen, sie schnell eines Besseren belehren. Der unterstellte Automatismus (Leben in der Zielkultur = rasante Anhebung des Kompetenzniveaus) existiert eben nicht und selbst ein jahrzehntelanger Aufenthalt in welchem Land auch immer ist mitnichten ein Garant dafür, dass die Fremdsprache dem Zeitraum entsprechend beherrscht wird, wie die im Folgenden vorgestellten Untersuchungen zum ungesteuerten Zweitspracherwerb, die sich z. T. sehr stark an die Pidginforschung angelehnt haben, zeigen.

---

[2]   Viele meiner (englischsprachigen) Studenten, deren Leistungen im zweiten Studienjahr zu wünschen übrig lassen, verweisen auf das anschließende Auslandsjahr, nach dem alles ganz großartig sein würde. Die Heilserwartung an die Zielkultur, gerade in Hinsicht auf die Zunahme der Kompetenz, ist enorm, leider aber meist völlig unrealistisch.

Die breite Rezeption, die die Arbeiten von Schumann fanden, deren theoretische Grundlagen unter dem Titel Pidginisierungs- und Akkulturationshypothese zusammengefasst werden, deuten an, dass vor allem innerhalb des ungesteuerten Zweitspracherwerbs, aber beileibe nicht nur dort, die nur linguistisch fundierten Ansätze und Erklärungsmodelle als nicht hinreichend angesehen wurden.

Nach Schumann (1978) ist der (ungesteuerte) Zweitspracherwerb nur einer der Aspekte der so genannten ‚Akkulturation'.

Das heißt, die Bereitschaft, sich mit der Zielkultur in irgendeiner Weise zu arrangieren, bestimmt weitgehend auch den Prozess des Spracherwerbs und das Kompetenzniveau, das letztendlich erreicht wird. Die psychologischen und sozialen Faktoren spielen demnach eine entsprechend große Rolle. Ist die psychologische Distanz relativ groß, dann ist anzunehmen, dass die Lerner schon relativ früh den Lernprozess abbrechen und sich mit dem erreichten ‚Pidgin', einer möglicherweise noch sehr weit von der Zielsprache entfernten Interlanguage, zufrieden geben.

Pidginsprachen sind jedoch, wie in Kapitel 3.4 dargestellt, Verkehrssprachen, die zwar im Vergleich zu Vollsprachen Reduktionen in fast allen Bereichen aufweisen und auch hinsichtlich der jeweiligen Domänen klaren Beschränkungen unterliegen, aber dennoch eine gewisse Stabilität aufweisen. Die strengere Definition geht, wie gesagt, außerdem davon aus, dass Pidgins immer dann entstehen, wenn Sprecher unterschiedlicher Muttersprachen gezwungen sind, in einer dritten zu kommunizieren.

Für den ungesteuerten Zweitspracherwerb, der ja häufig auf der Folie vitaler kommunikativer Bedürfnisse verläuft, bedeutet dies, dass die Sprecher sich zwar einer Varietät bedienen, die eine ganze Reihe von Ähnlichkeiten mit ‚echten' Pidginsprachen aufweist und, ebenfalls diesen vergleichbar, oft auf einem nur für sehr begrenzte Kommunikation tauglichen Niveau verharren können (vgl. Kapitel 2.2 und 2.2.1.), aber im Gegensatz zu Verkehrssprachen nicht unbedingt müssen.

Wenn nämlich eine Bereitschaft zur Akkulturation vorliegt, also der Wunsch des Individuums nach Integration in die Gast- oder Zielkultur (Ammon 2000: 22), dann ist ein Verharren auf dem Pidginniveau eher unwahrscheinlich.

Der Erwerbsprozess einer Zweitsprache, vor allem der wie auch immer geartete ‚natürliche', muss aus dieser Perspektive als ein durch Sozialisation, soziales Umfeld und Kontakte in dem betreffenden Sprachraum kontrollierter Vorgang aufgefasst werden. Je stärker sich der Lerner insgesamt akkulturiert, so die Annahme, desto höher der Grad der Kompetenz (vgl. Schumann 1978: 34).

Schumanns Untersuchungen zum nicht sonderlich erfolgreichen Zweitspracherwerb Albertos, der in der einschlägigen Literatur eine gewisse Berühmtheit erlangt hat, soll hier nicht im Detail erörtert werden. Die Tatsache, dass Alberto aber im Vergleich mit Lernern in vergleichbaren Situationen keine rechten Fortschritte machte, veranlasste Schumann, den Grund dafür in der sozialen Distanz zu suchen, welche durch die folgenden acht Faktoren konstituiert wird.

Soziale Dominanzstrukturen

Die Zielkultur kann als kulturell, wirtschaftlich, technisch etc. überlegen, unterlegen oder gleichwertig empfunden werden. Die jeweilige Art der Wahrnehmung kann einen positiven oder negativen Einfluss auf den Erfolg des Erwerbsprozesses haben.

Integrationsschemata

Die L2-Lerner (als Gruppe) können sich assimilieren, also ihre eigene kulturelle und sprachliche Identität zu Gunsten der Zielkultur weitestgehend aufgeben, sie können versuchen, diese Identität zu bewahren oder sie können sich akkulturieren, d. h. sich so weit wie erforderlich der Zielkultur anpassen, aber dabei innerhalb der eigenen Gruppe Ausgangssprache und -kultur bewahren.

Abgeschlossenheit

Die beiden erstgenannten Faktoren führen mehr oder weniger zwangsläufig zu unterschiedlich hohen Graden der Abgeschlossenheit. Man muss also berücksichtigen, inwieweit sich gruppenspezifische soziale Einrichtungen wie Vereine, Schulen, Kirchengemeinden konstituieren, zu denen Außenstehende keinen oder nur sehr begrenzten Zugang haben.

Gruppenkohäsion

Dieser Faktor ist einerseits Bedingung, andererseits aber auch Resultat des Faktors ‚Abgeschlossenheit'. Je stärker die Kohäsion innerhalb einer Gruppe ist, desto wahrscheinlicher ist der erfolgreiche Aufbau einer gruppenspezifischen Infrastruktur und je umfassender diese wiederum ist, umso stärker werden die Kohäsionkräfte sein.

Umfang

Ein ausgesprochen wichtiger Faktor, denn er bestimmt in ganz entscheidendem Maße, welches Niveau die bereits genannten überhaupt erreichen können, aber nicht unbedingt müssen.

Kulturelle Kongruenz

Hier wird die Frage nach den im weitesten Sinne kulturellen Unterschieden und nach deren Funktion innerhalb des jeweiligen Wertegefüges gestellt. Dieser Punkt ist insofern von zentraler Bedeutung, als eine bestimmte kulturelle Distanz die Wahrscheinlichkeit der Akkulturation, also des Akzeptierens bestimmter Werte der Zielkultur, entscheidend beeinflusst.

Einstellung

Ist die Einstellung der jeweiligen Gruppen zueinander eher positiv oder eher negativ? Liegt eine wechselseitige ‚Wertschätzung' vor oder nicht? Oder anders: Könnte man sich vorstellen, Mitglied der jeweils anderen Gruppe zu sein? Es handelt sich bei diesem Faktor natürlich um einen, der auch eine klare individuelle Komponente hat, der aber ganz in nicht zu unterschätzendem Maße z. B. von der kulturellen Kongruenz mit beeinflusst wird.

Beabsichtigte Aufenthaltsdauer

So nebensächlich dieses Element auf den ersten Blick erscheint, so entscheidend ist es doch für die Ausprägung der vorangegangenen Faktoren. Die Zugeständnisse, die man zu machen bereit ist, wenn man sozusagen nur für eine begrenzte Zeit aus dem Koffer lebt, sind von anderer Art als diejenigen, die bei einem Daueraufenthalt entweder als notwendig oder als unerträgliche Zumutung empfunden werden.

Neben diesen Faktoren, die den Sozialverband betreffen, beeinflusst auch die von Schumann so bezeichnete psychologische Distanz der Individuen den Akkulturationsprozess und damit den Erfolg des Zweitspracherwerbs. Wirksam sind hier, nach Schumann, vier affektive Faktoren: Kultur- und Sprachschock, Motivation und Egopermeabilität.

Sprachschock

Darunter ist der Grad der Unsicherheit der Lerner zu verstehen, der sich auf deren Befürchtungen bezieht, beim Benutzen der Fremdsprache lächerlich zu wirken.

Kulturschock

Bei Schumann wird darunter der Grad der Verunsicherung und Orientierungslosigkeit verstanden, der beim Eintreten in eine andere Kultur zwangsläufig eintritt.

Motivation

Hierbei geht es um die Frage nach der Art der Motivation: instrumentell, also Spracherwerb aus rein technischen Erwägungen heraus, oder integrativ, d. h. mit dem Ziel, ein Mitglied des neuen Sozialgefüges zu werden.

Egopermeabilität

Dieser Faktor kann als der Grad, bis zu dem der Lerner sich selbst in der Fremdsprache wieder findet, interpretiert werden. D. h. fühle ich mich beim

Sprechen der Fremdsprache immer noch als ‚ich' oder ist mir dieses ‚fremd-sprachliche Ich' zu fremd.

So plausibel diese Faktoren auch erscheinen, so problematisch sind sie doch, wenn sie als Grundlage für Prognosen benutzt werden. Daran hat sich auch u. a. die Kritik an diesem Modell entzündet, denn die empirische Evidenz ist keineswegs so eindeutig, wie vor allem von Schumann immer wieder behauptet wurde. Illustrativ ist hier die Langzeitstudie von Schmidt (1983), dessen Proband, Wes, hinsichtlich des sozio-psychologischen Profils sehr viel weiter hätte kommen müssen als der oben erwähnte Alberto, was jedoch nicht der Fall war.

Die Pidginisierungshypothese hatte wenig direkten Einfluss auf die Diskussion innerhalb der Fremdsprachendidaktik, sie hat aber durch ihre präzisen Beschreibungen der jeweiligen Lernersprachen eine enorme Fülle von Material bereitgestellt, das durchaus auch für den Fremdsprachenunterricht interessant ist. Zwar entfällt im Klassenzimmer jener kommunikative Druck, der mit verantwortlich ist für bestimmte, die ‚Pidginsprachen' charakterisierende Merkmale, aber Reduktionen im weitesten Sinne treten natürlich auch dort auf, vor allem dann, wenn eine quasi-natürliche Situation, z. B. eine engagierte Diskussion, tatsächlich in Gang kommt. Ein weiteres, nicht zu unterschätzendes Verdienst ist die Betonung der sozialen Bedingtheit des Spracherwerbs. Im Unterricht ist diese zwar weitgehend suspendiert, aber der Unterricht soll ja eigentlich nur für das Leben danach vorbereiten. Und dann wird diese Bedingtheit für den Lerner durchaus fühlbar.

Literaturtipps

Anderson, Roger (ed) (1983), *Pidginization and Creolization as Language Acquisition.* Rowley/Mass.: Newbury House.

Anthologie mit einer Reihe von sehr interessanten Beiträgen. Es lohnt sich, diese kursorisch zu lesen.

Block, David (2003), *The social turn in second language acquisition.* Edinburgh: Edinburgh University Press.

Sehr empfehlenswertes Buch. Locker geschrieben und recht ungewöhnlich strukturiert. Der Autor nimmt sich die drei Buchstaben S = Second, L = Language und A = Acquisition vor und beleuchtet sie von den verschiedenen Forschungsansätzen her.

Clyne, Michael (2004), *Empowerment through the community language, does it work?* Essen: LAUD Paper 590.

Der Aufsatz beschreibt und analysiert die Situation und den Status von ‚Einwanderersprachen' in Australien. Sehr informativ hinsichtlich des Effekts, den sprachpolitische Maßnahmen auf die Integration und Akkulturation haben.

Romaine, Suzanne (1988), *Pidgin and Creole Languages.* London: Longman.

Für die Thematik dieses Kapitels ist vor allem Abschnitt 6 ‚Language acquisition and the study of pidgins and creoles' (204-255) ausgesprochen aufschlussreich. Die Lektüre wird daher dringend empfohlen.

Schumann, John (1978), *The Pidginisation Process: A Model for Second Language Acquisition*. Rowley MA, Newbury House.

Grundlegende Studie zum Themenkomplex dieses Kapitels. Die empirischen Teile sind eher für Fachleute interessant. Die kursorische Lektüre wird aber sehr empfohlen.

Aktivitäten

1. Die türkischen Einwanderer in Deutschland scheinen die größten Probleme mit der Integration zu haben. Nehmen Sie den obigen Faktorenkatalog und versuchen Sie, zu allen Punkten eine kurze Darstellung der aktuellen Lage zu geben.

2. Fremdsprachenlerner haben häufig die (nicht ganz unbegründete) Vorstellung, dass sie die Sprache erst ‚richtig' lernen, wenn sie eine bestimmte Zeit in der Zielkultur verbringen. Immigranten haben aber oft – selbst nach Jahrzehnten – noch Schwierigkeiten und sind auch von ‚near-native-speaker-competence' noch recht weit entfernt. Diskutieren Sie diesen (scheinbaren?) Widerspruch vor dem Hintergrund der oben genannten Faktoren.

3. Talmy Givón (1995: 225f) beschreibt die Determinanten einer Pidgin-Kommunikationssituation folgendermaßen:

> Communicative stress. The Pidgin-speaking community is thrown together without a common language but has urgent tasks to perform.
>
> Lack of common pragmatic background. Members of the Pidgin community come from different cultural and racial communities, they share relatively little of the general, pragmatic presuppositional background that forms the general context for human communication.
>
> Immediately obvious context. The tasks or topics of communication in the Pidgin-using society are immediate, obvious and non-remote. They are right there in both time and space, involving various – largely physical – tasks to be performed on the plantation.

Welche der genannten Faktoren können im gesteuerten Sprachunterricht aufgehoben werden mit dem Ziel, einer vorzeitigen Fossilisierung bzw. Pidginisierung entgegenzuwirken?

5.2 Resümee

Der Bereich der *second language acquisition research*, der hier nur sehr umrisshaft dargestellt werden konnte, ist einer der vitalsten und aktivsten innerhalb der Geisteswissenschaften. Dessen ungeachtet sind kaum greifbare – im Sinne von sinnvoll in die Praxis übertragbare – Ergebnisse erzielt worden. Obwohl Ansätze wie die *processability theory* durchaus einen direkten Praxisbezug haben, finden sie nur mühsam Eingang in die Praxis. Die Gründe dafür liegen auf der Hand: Sprachunterricht findet in der Regel unter Voraussetzungen statt, die eine Umsetzung von aufwendigen Modellen kaum zulassen. Von daher sind auch grundsätzlich interessante und vielversprechende Ansätze wie der von Johnson vorgeschlagene weitestgehend auf die akademische Diskussion beschränkt.

Das heißt aber nicht, dass man die Forschungen einstellen sollte. Eher im Gegenteil: Es ist von enormer Wichtigkeit, den Alltag des Spracherwerbs, ob im Klassenzimmer oder auf der Straße, mitzuberücksichtigen. Hinzu kommt die Frage, welche Elemente denn nun die wirklich entscheidenden sind. Ist es von Belang, in welcher Sequenz bestimmte syntaktische Strukturen erworben werden oder nicht? Auf welcher Ebene kann Fossilisierung toleriert werden? Reicht es, wenn man mit einer von der Zielsprache noch deutlich entfernten Interlanguage zur eigenen Zufriedenheit kommuniziert oder muss irgendeine Instanz eingreifen und dem Misstand abhelfen?

Lern- und Problemlösungsstrategien bestimmen unser Alltagshandeln in allen Bereichen, aber sie kommen nur dann zum Einsatz, wenn ein Problem auch wirklich als solches empfunden wird. Vor diesem Hintergrund wird viel zu selten gefragt, ob z. B. jugendliche Sprachlerner an einer Sekundarschule das Beherrschen einer Fremdsprache als Problemstellung interpretieren, oder ob sie nicht eher daran interessiert sind, möglichst reibungslos den angestrebten Ab- schluss zu erreichen. Die Lösungsstrategien fallen ja dementsprechend unter- schiedlich aus.

In welche Richtung auch immer die Debatte gehen wird: Es fällt schwer sich vorzustellen, dass in nächster Zeit Erkenntnisse gewonnen werden, die ein entscheidendes Element beim Erwerb von Fertigkeiten – und eine Fremdsprache scheint in weiten Teilen eine Fertigkeit zu sein – überflüssig machen: den festen Willen, sich diese gegen alle Widerstände anzueignen.

6 Literaturverzeichnis

Adamzik, Kirsten (1979), *Spracherwerbsforschung*. Münster: Institut für Allgemeine Sprachwissenschaft der Westfälischen Wilhelms-Universität.

Adjemian, Christian J. (1976), On the nature of interlanguage systems. *Language Learning* 26: 297-320.

Aigner, Georg (1996), *Die Syntax des Englischen als Lernproblem: Eine Fehleranalyse anhand von mündlichen und schriftlichen Schülerproduktionen an Bayerischen Gymnasien.* München: suluv.

Aitchison, Jean (1997), *Wörter im Kopf. Eine Einführung in das mentale Lexikon.* Tübingen: Niemeyer.

Alatis, James (ed) (1968), *Contrastive Linguistics and its Pedagogical Implication.* Washington D.C.: Georgetown University Press.

Aljaafreh, Ali/Lantolf, James P. (1994), Negative Feedback as Regulation and Second Language Learning in the Zone of Proximal Development. *Modern Language Journal* 78: 465-483.

Allen, John, P. B./Corder, S. Pit (eds) (1974), *The Edinburgh Course in Applied Linguistics.* Vol. 3, London: Oxford University Press.

Ammon, Ulrich (1973), *Dialekt und Einheitssprache in ihrer sozialen Verflechtung. Eine empirische Untersuchung zu einem vernachlässigten Aspekt von Sprache und sozialer Ungleichheit.* Weinheim: Beltz.

Ammon, Ulrich (2000), Akkulturation. In: Glück, Helmut (Hg) (2000), *Lexikon Sprache* 2. Stuttgart: Metzler, 22.

Ammon, Ulrich/Dittmar, Norbert/Mattheier, Klaus J (Hgs) (1987/88), *Sociolinguistics – Soziolinguistik. An International Handbook of the Science of Language and Society - Ein internationales Handbuch zur Wissenschaft von Sprache und Gesellschaft.* 2 Halbbände. Berlin: de Gruyter.

Anderson, John R. (1985).,. *Cognitive Psychology and its Implications.* (2nd Ed.), New York: Freeman.

Anderson, Roger (ed) (1983), *Pidginization and Creolization as Language Acquisition.* Rowley/Mass.: Newbury House.

Anttila, Raimo (1989), *Historical and comparative linguistics.* Amsterdam: Benjamins.

Apelt, Walter (1967), *Die kulturkundliche Bewegung im Unterricht der neueren Sprachen in Deutschland in den Jahren 1986 bis 1945. Ein Irrweg deutscher Philologen.* Berlin: Verlag Volk und Wissen.

Apelt, Walter (1991), *Lehren und Lernen fremder Sprachen. Grundorientierungen und Methoden in historischer Sicht.* Berlin: Volk-und-Wissen Verlag.

Arbeitsgruppe Bielefelder Soziologen (Hgs) (1981), *Alltagswissen, Interaktion und gesellschaftliche Wirklichkeit.* Opladen: Westdeutscher Verlag.

Arbeitsgruppe Bielefelder Soziologen (Hgs) (1981), *Ethnotheorie und Ethnographie des Sprechens.* Opladen: Westdeutscher Verlag.

Arbeitsgruppe Bielefelder Soziologen (Hgs) (1981), *Symbolischer Interaktionismus und Ethnomethodologie.* Opladen: Westdeutscher Verlag.

Arends, Jacques/Muysken, Pieter/Smith, Norval (eds) (1995), *Pidgins and Creoles. An Introduction*. Amsterdam: Benjamins.

Aristoteles, *De interpetatione* 16a, 4-8. Übersetzt von H. Weidemann 1994, 3.

Arndt, H. (1970), Sprachlerntheorien und Fremdsprachenunterricht. *Der fremdsprachliche Unterricht* 4/16: 2-25.

Arntz, Reiner/Thome, Gisela (Hgs) (1990), *Übersetzungswissenschaft: Ergebnisse und Perspektiven. Festschrift für Wolfram Wilss zum 65. Geburtstag*. Tübingen: Narr.

Austin, John L. (1962), *How to do Things with Words*. Oxford: Oxford University Press.

Bachman, Lyle F. (1990), *Fundamental Considerations in Language Testing*. Oxford: Oxford University Press.

Bakhtin, Mikhail M. (1981), *The Dialogic Imagination*. Edited by Michael Holquist. Austin: University of Texas Press.

Bakhtin, Mikhail M. (1986), *Speech Genres and other Late Essays*. Translated by Vern Mc Gee. Austin: University of Texas Press.

Barthes, Roland (2000), Der Tod des Autors. In: Jannidis, Fotis (Hg) (2000), *Texte zur Theorie der Autorenschaft*. Stuttgart: Reclam, 185-193.

Bauman, Richard/Sherzer, Joel (Hg) (1974), *Explorations in the ethnography of speaking*. London: University of Cambridge Press.

Bausch, Karl-Richard/Christ, Herbert/Krumm, Hans-Jürgen (Hgs) (2003), *Handbuch Fremdsprachenunterricht*. 4. Auflage, Tübingen: Francke.

Bausch, Karl-Richard/Kasper, Gabriele (1979), Der Zweitsprachenerwerb: Möglichkeiten und Grenzen der „großen" Hypothesen. *Linguistische Berichte* 64/79: 3-35.

Bausch, Karl-Richard/Raabe, Horst (1978), Zur Frage der Relevanz von Kontrastiver Analyse, Fehleranalyse und Interimssprachenanalyse für den Fremdsprachenunterricht. *Jahrbuch Deutsch als Fremdsprache* 4: 56-75.

Becker, Angelika (1994), *Lokalisierungsausdrücke im Sprachvergleich: Eine lexikalisch-semantische Analyse von Lokalisierungsausdrücken im Deutschen, Englischen, Französischen und Türkischen*. Tübingen: Niemeyer.

Bereiter, Carl/Engelmann, Siegfried (1966), *Teaching Disadvantaged Children in Preschool*. Prentice Hall.

Berger, Peter L./Luckmann, Thomas (1974), *Die gesellschaftliche Konstruktion der Wirklichkeit*. Frankfurt/M.: Fischer.

Bergmann, Jörg R. Ethnomethodologische Konversationsanalyse. In: Fritz, Gerd/ Hundsnurscher, Franz (Hgs) (1994), *Handbuch der Dialoganalyse*. Tübingen: Niemeyer, 3.

Bernstein, Basil (1971), *Class, Codes and Control*. Vol. I, *Theoretical Studies Towards a Sociology of Language*. London: Routledge and Kegan Paul.

Bettex, Gustave (1897), *L'Allemand Pratique*. Paris: Heuberger.

Bierwisch, Manfred (1970), Fehler-Linguistik. *Linguistic Enquiry* 1. Cambridge: MIT Press, 397- 414.

Blanken, Gerhard (1996), Psycholinguistische Modelle der Sprachproduktion und neurolinguistische Diagnostik. *Neurolinguistik* 10,1: 29-62.

Blanken, Gerhard (Hg) (1988), *Sprachproduktionsmodelle*. Freiburg: Hochschulverlag.

Blanken, Gerhard/Dittmann, Jürgen/Wallesch, Claus-W. (1988), Über die Erforschung der menschlichen Sprachproduktion. In: Blanken, Gerhard (Hg) (1988), *Sprachproduktionsmodelle*. Freiburg. Hochschulverlag, 1-18.

Bleyhl, Werner (1998), Knackpunkte des Fremdsprachenunterrichts. Zehn intuitive Annahmen. *Praxis des neusprachlichen Unterrichts* 2: 126-138.

Bley-Vroman, Robert (1989), What Is the Logical Problem of Foreign Language Learning? In: Gass, Susan M./Schachter, Jaquelyn (eds) (1989), *Linguistic Perspectives on Second Language Acquisition*. Cambridge: Cambridge University Press, 41-68.

Bley-Vroman, Robert/Felix, Sascha/Ioup, G. (1988), The accessibility of universal grammar in adult language learning. *Second Language Research* 4/1: 1-32.

Block, David (2003), *The social turn in second language acquisition*. Edinburgh: Edinburgh University Press.

Bloomfield, Leonard (1935), *Language*. London: Allen & Unwin.

Bloomfield, Leonard (1946), Twenty-One Years of the Linguistic Society. In: Hockett, Charles F. (ed) (1970), *A Leonard Bloomfield Anthology*. Bloomington: Indiana University Press, 491-494.

Bredella, Lothar/Delanoy, Werner (Hgs) (1999), *Interkultureller Fremdsprachen-unterricht*. Tübingen. Narr.

Brekle, Herbert E. (1973), Nachgeholte Diskussionsbemerkungen zu Hans Mosers Vortrag ‚Sprachbarrieren als linguistisches und soziales Problem'. In: Rucktäschl, Annamaria (Hg) (1973), *Sprache und Gesellschaft*. München: Fink, 223-229.

Brumfit, Christopher (1997): How applied linguistics is the same as any other science. *International Journal of Applied Linguistics* 7/1: 86-94.

Bruner, Jerome (1987), *Wie das Kind sprechen lernt*. Bern: Huber.

Bruner, Jerome (1990), *Acts of Meaning*. Cambridge, Mass.: Havard University Press.

Bühler, Karl (1999 [1934]), *Sprachtheorie*. Stuttgart: Lucius & Lucius.

Bünnagel, Werner (1993), *Fehlerlinguistik und computerunterstützte Fremdsprachener-werbsforschung: Ein Beitrag zur Genuskompetenz im Spanischen*. Frankfurt/M.: Lang.

Bußmann, Hadumod (2002), *Lexikon der Sprachwissenschaft*. Stuttgart: Kröner.

Buttjes, Dieter (1991), Interkulturelles Lernen im Englischunterricht. *Der fremdsprachliche Unterricht – Englisch* 25/1: 2-8.

Butzkamm, Wolfgang (1973), *Aufgeklärte Einsprachigkeit. Zur Entdogmatisierung der Methode im Fremdsprachenunterricht*. Heideldberg: Quelle & Meyer.

Butzkamm, Wolfgang (2002), *Psycholinguistik des Fremdsprachenunterrichts. Natürliche Künstlichkeit: Von der Muttersprache zur Fremdsprache*. 3. Auflage. Tübingen: Francke.

Butzkamm, Wolfgang (2004), *Lust zum Lehren, Lust zum Lernen. Eine neue Methodik für den Fremdsprachenunterricht*. Tübingen: Francke.

Butzkamm, Wolfgang/Butzkamm, Jürgen (2004), *Wie Kinder sprechen lernen. Kindliche Entwicklung und die Sprachlichkeit des Menschen*. 2. Auflage. Tübingen: Francke.

Byram, Michael et. al. (eds) (1997), *Teaching and assessing intercultural communicative competence*. Clevedon: Multilingual Matters.

Canale, Michael (1983), From Communicative Competence to Communicative Language Pedagogy. In: Richards, Jack C./Schmidt, Richard (eds) (1983), *Language and Communication*. London: Longman, 2-27.

Canale, Michael/Swain, Merrill (1980), Theoretical bases of communicative approaches on second language teaching and testing. *Applied Linguistics* 1: 1-47.

Catford, John C (1980), *Uma teoria lingüística da tradução: um ensaio em lingüística aplicada*. Tradução do Centro de Especialização de Tradutores de inglês do Instituto de

Letras da Pontifícia Universidade Católica de Campinas São Paulo: Cultrix; Campinas: Pontíficia Universidade Católica de Campinas.

Catford, John C. (1965), *A linguistic theory of translation: an essay in applied linguistics*. Oxford: Oxford University Press.

Chambers, Jack K. (1995), *Sociolinguistic theory*: linguistic variation and its social significance. Oxford: Blackwell.

Chamot, A. J./O'Malley, L (1990), *Learning Strategies in Second Language Acquisition*. Cambridge: Cambridge University Press.

Cherubim, Dieter (Hg) (1980), *Fehlerlinguistik: Beiträge zum Problem der sprachlichen Abweichung*. Tübingen: Niemeyer.

Chomsky, Noam (1959), Review of 'Verbal Behaviour' by B. F. Skinner. *Language* 35: 26-58.

Chomsky, Noam (1969), *Aspekte der Syntax-Theorie*. Frankfurt: Suhrkamp.

Chomsky, Noam (1988), *Language and the Problem of Knowledge: The Managua Lectures*. Cambridge/Mass.: MIT Press.

Chomsky, Noam (1991a), Linguistics and Adjacent Fields: A Personal View. In: Kasher, Asa (ed) (1991), The Chomskyan Turn. Cambridge Mass.: Blackwell, 3-25.

Chomsky, Noam (1991b), Linguistics and Cognitive Sciences: Problems and Mysteries. In: Kasher, Asa (ed), (1991), The Chomskyan Turn. Cambridge Mass.: Blackwell, 26-53.

Christ, Herbert (Hg) (1985), *Fremdsprachenunterricht unter staatlicher Verwaltung siebzehnhundert bis 1945. Eine Dokumentation amtlicher Richtlinien*. Tübingen: Narr.

Clyne, Michael (2004), *Empowerment through the community language, does it work?* Essen: LAUD Paper 590.

Corder, S. Pit (1967), The Significance of Learners' Errors. *International Review of Applied Linguistics in Language Teaching* 5/2: 161-170.

Corder, S. Pit (1972), Die Rolle der Interpretation bei der Untersuchung von Schülerfehlern. In: Nickel, Gerhard (Hg) (1972), *Fehlerkunde. Beiträge zur Fehleranalyse, Fehlerbewertung und Fehlertherapie*. Berlin: Cornelsen – Velhagen & Klasing.

Corder, S. Pit (1973), *Introducing applied linguistics*. Harmondsworth: Penguin.

Corder, S. Pit (1974), Error analysis. In: Allen, John, P. B./Corder, S. Pit (eds) (1974), *The Edinburgh Course in Applied Linguistics*. Vol. 3, London: Oxford University Press.

Corder, S. Pit (1978). Language distance and the magnitude of the language learning task. *Studies in Second Language Acquisition* 2: 27-36.

Corder, S. Pit. (1981), *Error Analysis and Interlanguage*. Oxford: Oxford University Press.

Coseriu, Eugenio (1988), *Sprachkompetenz*. Tübingen: Francke.

Coste, Daniel (1975), Remarques sur les avatars de l'enseignement audio-visuel des langues. *Die neueren Sprachen* 74/6: 539-548.

Coulmas, Florian (1997), Introduction. In: Coulmas, Florian (ed) (1997), *The Handbook of Sociolinguistics*. Oxford: Blackwell, 1-11.

Coulmas, Florian (ed) (1997), *The Handbook of Sociolinguistics*. Oxford: Blackwell.

Crossby, Nick/Robert, John M. (eds) (2004), *After Habermas*. Oxford: Blackwell.

Cutler, Anne (1999), Prosodische Strukturen und Worterkennung bei gesprochener Sprache. In: Friederici, Angela D. (Hg) (1999), *Sprachrezeption*. Enzyklopädie der Psychologie. Themenbereich C. Serie 3. Sprache, Bd. 2. Göttingen: Hogrefe, 49-83.

Davies, Alan (1999), *An Introduction to Applied Linguistics. From practice to theory*. Edinburgh: Edinburgh University Press.

Dietrich, Rainer (2002), *Psycholinguistik*. Stuttgart: Metzler.

Dietrich, Rainer (2002), *Psycholinguistik*. Stuttgart: Metzler.

Dijkstra, Ton/Kempen, Gerard (1993), *Einführung in die Psycholinguistik*. Bern et. al.: Hans Huber.

Dittmar, Norbert (1980), *Soziolinguistik. Exemplarische und kritische Darstellung ihrer Theorie, Empirie und Anwendung*. 4. korr. Auflage. Königstein/Ts.: Athenäum.

Dittmar, Norbert (1997), *Grundlagen der Soziolinguistik – Ein Arbeitsbuch mit Aufgaben*. Tübingen: Niemeyer.

Dittmar, Norbert/Klein, Wolfgang (1975), Untersuchungen zum Pidgin-Deutsch spanischer und italienischer Arbeiter in der Bundesrepublik. *Jahrbuch Deutsch als Fremdsprache* 1: 170-194.

Dittmar, Norbert/Schlobinski, Peter (eds) (1988), *The Sociolinguistics of Urban Vernacular*. Berlin: de Gruyter.

Donato, Richard (1998), Collective Scaffolding and Second Language Learning. In: Lantolf, James P./Appel, Gabriela (Hgs) (1998), *Vygotskian Approaches to Second Language Research*. Norwood, N.J.: Ablex, 33-56.

Dulay, Heidi/Burt Marina (1973), Should we teach children syntax? *Language Learning* 23: 245-258.

Dulay, Heidi/Burt, Marina (1974), A New Perspective on the Creative Construction Prozess in Child Second Language Acquisition. *Language Learning* 24/2: 235-278.

Dulay, Heidi/Burt, Marina (1974), Natural sequences in child second language acquisition. *Language Learning* 24: 37-53.

Dulay, Heidi/Burt, Marina/Krashen, Stephen (1982), *Language two*. Oxford: Oxford University Press.

Duranti, Alessandro (1997), *Linguistic Anthropology*. Cambridge: Cambridge University Press.

Duskova, Libuse (1969), On sources of errors in foreign language learning. *International Review of Applied Linguistics* 7: 11-36.

Ebneter, Theodor (1976), *Angewandte Linguistik: eine Einführung*. München: Fink.

Edmondson, Willis (1999), *Twelve Lectures on Second Language Acquisition*. Tübingen: Narr.

Edmondson, Willis (1999), *Twelve Lectures on Second Language Acquisition – Foreign Language Teaching and Learning Perspectives*. Tübingen: Narr.

Edmondson, Willis/House, Juliane (1998), Interkulturelles Lernen: ein überflüssiger Begriff. *Zeitschrift für Fremdsprachenforschung* 9/2:161-188.

Ellis, Rod (1994), *The Study of Second Language Acquisition*. Oxford: Oxford University Press.

Ervin-Tripp, Susan (1974), Is second language learning like the first? *TESOL Quaterly* 8: 111-127.

Fantini, Alvino (1995), Introduction – Language, Culture and World View. Exploring the Nexus. *International Journal of Intercultural Relations* 19: 143-153.

Fatke, Reinhard (Hg) (1970), *Jean Piaget über Jean Piaget. Sein Werk aus seiner Sicht*. München: Kindler.

Felix, Sascha (1984), Maturational aspects of Universal Grammar. In: Davies, Alan et al. (eds) (1984), *Interlanguage*. Edinburgh: Edinburgh University Press, 133-161.

Ferguson, Charles A. (1959). Diglossia. *Word* 15: 325-340.

Fervers, Helga (1983), *Fehlerlinguistik und Zweitsprachenerwerb: Wie Franzosen Deutsch lernen*. Genève: Droz (Kölner romanistische Arbeiten N. F. 62).

Firges, Jean (1975), Die CREDIF-Methodik – Versuch einer kritischen Bestandsaufnahme. *Die neueren Sprachen* 74/3: 224-237.

Fishman, Joshua A. (1989), *Language and Ethnicity in Minority Sociolinguistic Perspective*, Clevedon: Multilingual Matters.

Fishman, Joshua A. (ed) (1968), *Readings in the sociology of language*. Mouton: The Hague.

Fishman, Joshua A. (Hg) (2002), *Focus on diglossia*. Berlin: Mouton de Gruyter.

Flynn, Suzanne (1996), A parameter-setting approach to second language acquisition. In: Ritchie, W./Bhatia, T. (eds) (1996), *Handbook of Second Language Acquisition*. San Diego: Academic Press, 121-158.

Francescato, Giuseppe (1973), *Spracherwerb und Sprachstruktur beim Kinde*. Stuttgart: Klett.

Frauenfelder, Uli H./Floccia, Caroline (1999), Das Erkennen gesprochener Wörter. In: Friederici, Angela D. (Hg) (1999), *Sprachrezeption*. Enzyklopädie der Psychologie. Themenbereich C. Serie 3. Sprache, Bd. 2. Göttingen: Hogrefe, 1-46.

Frawley, William (1997), *Vygotsky and cognitive science*. Cambridge/Mass.: Harvard University Press.

Freed, Barbara G. (1980), Talking to foreigners versus talking to children: similarities and differences. In Scarcella, Robin/Krashen, Stephen (eds) (1980), *Research in second language acquisition*. Rowley, Mass.: Newbury House, 19-27.

Freed, Barbara G. (1981), Foreigner Talk, Baby Talk, Native Talk. *International Journal of the Sociology of Language* 28: 19-39.

French, Frederick G. (1949), *Common Errors in English*. London: Oxford University Press.

Friederici, Angela D. (Hg) (1999), *Sprachrezeption*. Enzyklopädie der Psychologie. Themenbereich C. Serie 3. Sprache, Bd. 2. Göttingen: Hogrefe.

Friedrich, Wolf (1983), *Technik des Übersetzens: englisch und deutsch; eine systematische Anleitung für das Übersetzen ins Englische und ins Deutsche für Unterricht und Selbststudium*. Ismaning: Hueber.

Fries, Charles (1945), *Teaching and Learning English as a Foreign Language*. Ann Arbor: University of Michigan Press.

Fromkin, Victoria/Rodman, Robert/Hyams, Nina (2002), *An Introduction to Language*. Boston, Mass.: Heinle.

Gallaway, C./Richards, B. (eds) (1994), *Input and Interaction in Language Acquisition*. Cambridge: Cambridge University Press.

Gallaway, Clare (Hg) (1994), *Input and interaction in language acquisition*. Cambridge: Cambridge University Press.

Garfinkel, Harold (1972), Remarks on Ethnomethodology. In: Gumperz, John/Hymes, Dell (eds.) (1972), *The Ethnography of Communication. Directions in Sociolinguistics*. New York: Holt, Rinehart & Winston: 301-324.

Gass, Susan (1988), Integrating research areas: a framework for second language studies. *Applied Linguistics* 9: 198-217.

Gass, Susan M. (1994), *Input, Interaction and the Second Language Learner*. Mahwah, NJ: Lawrence & Erlbaum Associates.

Gass, Susan M./Varonis, E. (1994), Input, interaction and second language production. *Studies in Second Language Acquisition Research* 16: 283-302.

Gester, F. (1972), Pattern und pattern practice. Kritik und Bestätigung. *Praxis des neusprachlichen Unterrichts* 19/1: 37-46.

Ginsburg, Herbert P. (1998), *Piagets Theorie der geistigen Entwicklung*. Stuttgart: Klett-Cotta.

Givón, Talmy (1995), *Functionalism and Grammar*. Amsterdam: Benjamins.

Glück, Helmut (2000), Fehlerlinguistik. In: Glück, Helmut (Hg) *Lexikon Sprache*. 2. erweiterte Auflage. Stuttgart: Metzler, 205.

Gnutzmann, Claus (Hg) (1990), *Kontrastive Linguistik*. Frankfurt/M.: Lang

Goethe, Johann Wolfgang von (1955), *Dichtung und Wahrheit*. Goethes Werk, Hamburger Ausgabe, Bd. IX, Hamburg: Christian Wegner Verlag.

Goldman-Eisler, Frieda (1958), Speech production and the predicability of word in context. *Quaterly Journal of Experimental Psychology* 10: 96-106.

Grießhaber, Wilhelm (1995), Sprachlehrforschung – eine besondere deutsche Disziplin im internationalen Rahmen. *Tertium Comparationis. Journal für Internationale Bildungsforschung* 2/95: 123-138

Gumperz, John/Hymes, Dell (eds) (1972), *Directions in Sociolinguistics*. New York: Holt, Rinehart and Winston.

Habermas, Jürgen (1971), Vorbereitende Bemerkungen zu einer Theorie der kommunikativen Kompetenz. In: Habermas, Jürgen/Luhmann, Niklas (Hgs) (1971), *Theorie der Gesellschaft oder Sozialtechnologie – Was leistet die Systemforschung?* Frankfurt/M.: Suhrkamp, 101-141.

Habermas, Jürgen/Luhmann, Niklas (Hgs) (1971), *Theorie der Gesellschaft oder Sozialtechnologie – Was leistet die Systemforschung?* Frankfurt/M., Suhrkamp.

Häcki Buhofer, Annelies (Hg) (2000), *Vom Umgang mit sprachlicher Variation: Soziolinguistik, Dialektologie, Methoden und Wissenschaftsgeschichte*. Tübingen: Francke.

Häfele, Josef (1979), *Der Aufbau der Sprachkompetenz*. Tübingen: Niemeyer.

Halliday, Michael A. K./Hasan, Ruquaiya (1976), *Cohesion in English*. Cambridge: Cambridge University Press.

Halliday, Michael A. K./McIntosh, Angus/Strevens, Peter D. (1964), *The linguistic sciences and language teaching*. London: Longman.

Hampel, Frank (2003), *Kommunikative Kompetenz als realistisches Reformkonzept?* Frankfurt/M.: Lang.

Harden, Theo (1982), *Untersuchungen zur R-Realisation im Ruhrgbiet*. Wiesbaden: Steiner.

Harden, Theo (1989), Interkulturelle Aspekte des Grammatikunterrichts. In: Fischer, Klaus/Gross, Harro (Hgs) (1989) *Grammatikarbeit im DaF-Unterricht*. München: Iudicium, 112-132.

Harden, Theo (2000), The Limits of Understanding. In: Harden, Theo/Witte, Arnd (Hgs) (2000), *The Notion of Intercultural Understanding in the Context of German as a Foreign Language*. Oxford: Lang, 103–125.

Harley, Birgit/Swain, Merrill (1978), An analysis of the verb system by young learners of French. *Interlanguage Studies Bulletin* 3: 35-79.

Hartmann, Peter/Vernay, Henri (Hgs) (1970), *Sprachwissenschaft und Übersetzen*. München: Hueber.

Heeschen, Volker (1990), *Ninye bún. Mythen, Erzählungen, Lieder und Märchen der Eipo in zentralen Bergland von Irian Jaya (West Neuguinea)*. Berlin: Dietrich Reimer.

Heidelberger Forschungsprojekt (1975), *„Pidgin-Deutsch": Sprache und Kommunikation ausländischer Arbeiter. Analysen, Berichte, Materialien*. Kronberg/Ts.: Scriptor.

Helbig, Gerhard (1973), *Geschichte der neueren Sprachwissenschaft*. Leipzig: Bibliographische Institut VEB.

Heming, Ralf (1996), *Individuum, Soziogenese und kommunikative Kompetenz*. Sinzheim: Pro-Universiate-Verlag.

Henrici, Gert (1994), Kleine Geschichte der Fremdsprachenlehr- und -lernmethoden. In: Henrici, Gert/Riemer, Claudia (Hgs) (1994), *Einführung in die Didaktik des Unterrichts Deutsch als Fremdsprache mit Videobeispielen*. Band 2. Baltmannsweiler: Schneider, 506-522.

Heringer, Hans-Jürgen (1978), *Arbeitsgruppe Kommunikativer Unterricht: Handbuch zum kommunikativen Sprachunterricht*. Weinheim: Beltz.

Hermann, Theo (1988), Sprachproduktion als Systemregulation. In: Blanken, Gerhard (Hg) (1988), *Sprachproduktionsmodelle*. Freiburg: Hochschulverlag, 19-38.

Hermans, Theo (1985), *The manipulation of literature: studies in literary translation*. London: Croom Helm.

Hinnenkamp, Volker (1994), Von den Schwierigkeiten (mit) der Interkulturellen Kommunikation. *Sprache und Literatur* 74: 3-17.

Hog, Martin et al. (1984), *Sichtwechsel*. Stuttgart: Klett.

Holm, John A. (1988), *Pidgins and Creoles*. Volume I, *Theory and Structure*. Cambridge: Cambridge University Press.

Holm, John A. (2000), *An introduction to pidgins and creoles*. Cambridge: Cambridge University Press

Holquist, Michael (1990), *Dialogism*. London: Routledge.

Hörmann, Hans (1967), *Psychologie der Sprache*. Heidelberg: Springer.

Hörmann, Hans (1981), *Einführung in die Psycholinguistik*. Darmstadt: Wissenschaftliche Buchgesesllschaft.

House, Juliane (Hg) (1996), *Wie lernt man Sprachen – wie lehrt man Sprachen. 20 Jahre Sprachlehrforschung am Zentralen Fremdspracheninstitut der Universität Hamburg*. Hamburg: Zentrales Fremdspracheninstitut.

Hübner, Walter (1979), Die englische Lektüre im Rahmen eines kulturkundlichen Unterrichts. In: Hüllen, Werner (Hg) (1979), *Didaktik des Englischunterrichts*: 110-143.

Hüllen, Werner (1979), *Didaktik des Englischunterrichts*. Darmstadt. Wissenschaftliche Buchgesellschaft.

Hüllen, Werner (1979), Die Bedeutung von Syntax, Semantik und Pragmatik für den Fremdsprachenunterricht. In: Neuner, Gerhard (Hg) (1979), *Pragmatische Didaktik des Englischunterrichts*. Paderborn: Schöningh, 61-68.

Humboldt, Wilhelm von (1903-1936), *Gesammelte Schriften*. 17 Bände, Hg. Albert Leitzmann et al. Berlin: Behr. Nachdruck 1967 Berlin: de Gruyter.

Humboldt, Wilhelm von (1973), Einleitung zu ‚Agamemnon'. In: Störig, Hans Joachim (Hg) (1973), *Das Problem des Übersetzens*. Darmstadt: Wissenschaftliche Buchgesellschaft, 71-96.

Hyltenstam, Kenneth (1977), Implicational patterns in interlanguage syntax variation. *Language Learning* 27: 383-411.

Hymes, Dell (1968), The ethnography of speaking. In: Fishman, Joshua A. (ed) (1968), *Readings in the sociology of language*. Mouton: The Hague, 99-138.

Hymes, Dell (1972a), Models of the interaction of language and social life. In: Gumperz, John/Hymes, Dell (eds) (1972), *Directions in Sociolinguistics*. New York: Holt, Rinehart and Winston, 35-71.

Hymes, Dell (1972b), On communicative competence. In: Pride, John. B./Holmes, Janet. (eds) (1972), *Sociolinguistics*. Harmondsworth: Penguin, 269-293.

Hymes, Dell (1974), *Foundations in Sociolinguistics. An Ethnographic Approach*. Philadelphia: University of Philadelphia Press.

Hymes, Dell (1979), *Soziolinguistik. Zur Ethnographie der Kommunikation*. Frankfurt/M.: Suhrkamp.

Hymes, Dell (ed) (1964), *Language in Culture and Society*. New York: Harper & Row.

Hymes,Dell, (1980). What is ethnography? In: *Language and education: ethnolinguistic essays*. Washington: Center for Applied Linguistics.

Ingram, David (1980), Applied linguistics: a search for insight. In: Kaplan, Robert B. (ed) (1980), *On the scope of applied linguistics*. Rowley, Mass.: Newbury House, 37-56.

Jäger, Ludwig (1993), ‚Language, whatever that may be'. Die Geschichte der Sprachwissenschaft als Erosionsgeschichte ihres Gegenstandes. *Zeitschrift für Sprachwissenschaft* 12/1: 77-106.

Jakobson, Roman (1971), Linguistik und Poetik. In: Ihwe, Jens (Hg), *Literaturwissenschaft und Linguistik. Ergebnisse und Perspektiven*. Frankfurt/M.: Athenäum, 142-178.

Jannidis, Fotis (Hg) (2000), *Texte zur Theorie der Autorenschaft*. Stuttgart: Reclam.

Jescheniak, Jörg D. (2001), *Sprachproduktion. Der Zugriff auf das lexikale Gedächtnis beim Sprechen*. Göttingen: Hogrefe.

Johnson, Marysia (2004), *A Philosophy of Second Language Acquisition*. Yale University Press: New Haven & London.

Kasper, Gabriele (1975), *Die Problematik der Fehleridentifizierung. Ein Beitrag zur Fehleranalyse im Fremdsprachenunterricht*. Bochum: Manuskripte zur Sprachlehrforschung 9.

Kasper, Gabriele (1981), *Pragmatische Aspekte in der Interimsprache*. Tübingen: Narr.

Kasper, Gabriele/Blum-Kulka, Shoshana (Hgs) (1993), *Interlanguage pragmatics*. Oxford: Oxford University Press.

Kaye, Alan S. (2003), *Pidgin and Creole languages*. München: LINCOM Europa.

Kegel, Gerd (1987), *Sprache und Sprechen des Kindes*. 3. neubearbeitete und erweiterte Auflage. Opladen: Westdeutscher Verlag.

Keiler, Peter (1999), *Feuerbach, Wygotski & Co.* Berlin: Argument.

Keim, Inken/Schütte, Wilfried (Hgs) (2002), *Soziale Welten und kommunikative Stile*. Tübingen: Narr.

Keim, Inken, (2002), Sozial-kulturelle Selbstdefinition und sozialer Stil: Junge Deutsch-Türkinnen im Gespräch. In: Keim, Inken/Schütte, Wilfried (Hgs) (2002), *Soziale Welten und kommunikative Stile*. Tübingen: Narr, 233-259.

Keller, Jörg/Leuninger, Helen (1993), *Grammatische Strukturen – Kognitive Prozesse*. Tübingen: Narr.

Kielhöfer, Bernd (1975), *Fehlerlinguistik des Fremdspracherwerbs: Linguistische, lernpsychologische und didaktische Analyse von Französischfehlern*. Kronberg/Ts.: Scriptor.

Kleppin, Karin (1998), Mündliche Korrekturen im Französischunterricht. *Französisch heute* 3: 264-273.

Kloss, Heinz (1966), German-American Language Maintenance Efforts. In: Fishman. Joshua. et al. (eds) (1966), *Language Loyalty in the United States*. The Hague: Mouton, 206-252.

Knapp, Karlfried (Hg) (2004), *Angewandte Linguistik: ein Lehrbuch*. Tübingen: Francke.

Knapp, Karlfried/Knapp-Potthoff, Anneliese (1990), Interkulturelle Kommunikation. *Zeitschrift für Fremdsprachenforschung* 1: 62-93.

Knapp-Potthoff, Annelie/Knapp, Karlfried (1982), *Fremdsprachenlernen und -lehren: eine Einführung in die Didaktik der Fremdsprachen vom Standpunkt der Zweitsprachenerwerbsforschung*. Stuttgart: Kohlhammer.

Kniffka, Hannes (1995), *Elements of culture contrastive linguistics. Elemente einer kulturkontrastiven Linguistik*. Frankfur/M.: Lang.

Knobloch, Clemens (1984), *Sprachpsychologie. Ein Beitrag zur Problemgeschichte und Theoriebildung*. Tübingen: Niemeyer.

Kochan, Detlef C. (Hg) (1973), *Sprache und kommunikative Kompetenz*. Stuttgart: Klett.

Kochendörfer, Günter (1997), *Neuronale Modelle des Sprachverstehens*. Freiburg (Breisgau): HochschulVerlag.

Kohn, Kurt (1974), *Syntax und Fehlerbeschreibung*. Kronberg. Ts.: Scriptor.

Kohn, Kurt (1977), Regelmäßigkeiten lernersprachlichen Verhaltens. *Linguistische-Berichte-Papiere* 50.

Kohn, Kurt (1979a), Was der Lerner nicht weiß, macht ihn nicht heiß. *Linguistische Berichte* 64: 82-94.

Kohn, Kurt (1979b), *Aspekte Lernersprachlichen Verhaltens*. Manuskript. Konstanz.

Koller, Werner (1997[5]), *Einführung in die Übersetzungswissenschaft*. Wiesbaden: Quelle & Meyer.

Kowal, Maria/Swain, Merrill (1994), Using collaborative production tasks to promote student's awareness. *Language Awareness* 3: 73-93.

Kramsch, Claire (1993), *Context and culture in language teaching*. Oxford: Oxford University Press.

Krashen Stephen (1981), *Second Language Acquisition and Second Language Learning*. Oxford: Pergamon.

Krashen, Stephen (1985), *The Input Hypothesis*. London: Longman

Krashen, Stephen (1989) We acquire vocabulary and spelling by reading: Additional evidence for the input hypothesis. *Modern Language Journal* 73: 440-464.

Kremnitz, Georg (1994), *Gesellschaftliche Mehrsprachigkeit*. Wien: Braumüller.

Kühlwein, Wolfgang (1979), Bericht über die Arbeitsgruppe ‚Psycholinguistik und Fremdsprachenunterricht'. *Materialien Deutsch als Fremdsprache* 14: 95-101.

Kühn, Peter (1980), Deutsche Sprache in der Schweiz. In: Althaus, Hans-Peter/Henne, Helmut/Wiegand, Herbert Ernst (Hgs) (1980), *Lexikon der germanistischen Linguistik*. Tübingen: Niemeyer.

Kwakernaak, Erik (1996*), Grammatik im Fremdsprachenunterricht: Geschichte und Innovationsmöglichkeiten am Beispiel Deutsch als Fremdsprache in den Niederlanden*. Amsterdam: Rodopi.

Labov, William (1963), The Social Motivation of a Sound Change. *Word* 19: 273-309.

Labov, William (1966), *The Social Stratification of English in New York City*. Cambridge: Cambridge University Press.

Labov, William (1972), The logic of non-standard English. In: Labov, William (1972a), *Language in the Inner City. Studies in the Black English Vernacular*. Philadelphia: University of Pennsylvania Press, 201- 240.

Labov, William (1972a), *Language in the Inner City. Studies in the Black English Vernacular*. Philadelphia: University of Pennsylvania Press

Labov, William (1972b), *Sociolinguistic Patterns*. Philadelphia: University of Pennsylvania Press.

Lado, Robert (1957), *Linguistics across cultures*. Ann Arbor: University of Michigan Press.

Larsen-Freeman, Diane/Long, Michael H. (1991), *An Introduction to Second Language Acquisition Research*. London: Longman.

Lee, William R. (1957), The linguistic context of language learning. *English Language Teaching Journal* 11: 77-85.

Lee, William R. (1968), Thoughts on contrastive linguistics in the context of language teaching. In: Alatis, James (ed) (1968), *Contrastive Linguistics and its Pedagogical Implication*. Washington, D.C. : Georgetown University Press.

Lenz, Alexandra N. (2003), *Struktur und Dynamik des Substandards: eine Studie zum Westmitteldeutschen (Wittlich/Eifel)*. Stuttgart: Steiner.

Leonardi, Vanessa (2000), Equivalence in translation: between myth and reality. *Translation Journal*: http://www.accurapid.com/journal/14equiv.htm.

Leuninger, Helen (1989), *Neurolinguistik*. Opladen. Westdeutscher Verlag.

Levelt, Willem J. M. (1989), *Speaking: From intention to articulation*. Cambridge, Mass.: MIT Press.

Levinson, Stephen (1988), Conceptual Problems in the Study of Regional and Cultural Style. In: Dittmar, Norbert/Schlobinski, Peter (eds) (1988), *The Sociolinguistics of Urban Vernacular*. Berlin: de Gruyter, 161-190.

Lightbown, Patsy M./Spada, Nina/Wallace, R. (1980). Some effects of instruction on child and adolescent ESL learners. In: Scarcella, Robin/Krashen, Stephen (eds) (1980), *Research in second language acquisition*. Rowley, Mass.: Newbury House, 162-172.

Linke, Angelika et al. (1994), *Studienbuch Linguistik*. Tübingen: Niemeyer.

Litt, Theodor (1979), Gedanken zum ‚kulturkundlichen' Unterricht. In: Hüllen, Werner (Hg) (1979), *Didaktik des Englischunterrichts*. Darmstadt: Wissenschaftliche Buchgesellschaft, 144-180.

Little, David (1994), Learner Autonomy: A Theoretical Construct and its Practical Application. *Die neueren Sprachen* 93: 430–442.

Little, David (1997), Learner Autonomy in the Foreign Language Classroom: theoretical foundations and some essentials of pedagogical practice. *Zeitschrift für Fremdsprachenforschung* 8: 227–144.

Lodge, David (1990), *Nice Work*. Harmondsworth: Penguin.

Löffler, Heinrich (1990), *Probleme der Dialektologie*. Darmstadt: Wissenschaftliche Buchgesellschaft.

Löffler, Heinrich (1994), *Germanistische Soziolinguistik*. Berlin: Schmidt.

Löffler, Heinrich (2003), *Dialektologie*. Tübingen: Narr.

Long, Michael (1996), The role of the linguistic environment in second language acquisition. In: Ritchie, W./Bhatia, T. (eds) (1996), *Handbook of Second Language Acquisition*. San Diego: Academic Press, 413-468.

Long, Michael H./Inagaki, Shunhi/Ortega, Lourdes (1998), The Role of Implicit Negative Feedback in SLA: Models and Recasts in Japanese and Spanish. *Modern Language Journal* 82: 351-371.

Lott, D. (1983), Analysing and counteracting interference errors. *English Language Teaching Journal* 37: 256-261.

Lounsbury, Floyd G., 1954: Transitional probability, linguistics structure, and systems of habit family hierarchies. In: Osgood, Charles E./Sebeok, Thomas A. (Hgs) (1954), *Psycholinguistics: A survey of theory and research problems*. Bloomington: Indiana University Press.

Luckmann, Thomas (1979), Einleitung. In: L. S. Wygotski: *Denken und Sprechen*. Frankfurt/M.: Fischer, IX-XXI.

Lührs, Karen (1985), *Spracherwerb und Sprachenlernen. Zum Nativismus in der modernen Zweitsprachenerwerbsforschung*. Köln: Pahl-Rugenstein.

Lyster, Roy/Ranata, Leila (1997), Corrective feedback and learner uptake: negotiation of form in communicative classrooms. *Studies in Second Language Acquisition* 19: 37-61.

Maas, Utz (1976), *Kann man Sprache lehren. Für einen anderen Sprachunterricht*. Frankfurt/M.: Syndikat.

Malinowski, Bronislaw (1998 [1923]), The Problem of Meaning in Primitive Languages. In: Ogden, Charles K./Richards, Ivor A. (1998 [1923]) *The Meaning of Meaning*. San Diego-New York-London: Harcourt Brace, 296-336.

Marcussen-Hatch, Evelyn (1983), *Psycholinguistics. A Second Language Perspective*. Cambridge: Newbury House.

Markmann, Sigrid (1975), Zum Verhältnis von Muttersprache und Fremdsprache – zwei Leitstudien. *OBST* 1: 123-140.

Marslen-Wilson, William D./Tyler, Lorraine K. (1980), The temporal structure of spoken language understanding. *Cognition* 8: 1-71.

Marslen-Wilson, William. D. (1984), Function and process in spoken word recognition. In: Bouma, Herman/Bouwhuis, Don G. (eds) (1984), *Attention and Performance X: Control of language processes*. Hillsdale, NJ: Erlbaum

Marslen-Wilson, William. D. (1987), Functional parallelism in spoken word-recognition. *Cognition*, 25: 71-102.

Marx, Otto (1996), Die Geschichte der Ansichten über die biologischen Grundlagen der Sprache. In: Lenneberg, Eric (Hg) (1996), *Biologische Grundlagen der Sprache*. 3. Auflage. Frankfurt/M.: Suhrkamp, 541-574.

Mattheier, Klaus J. (Hg) (1997), *Norm und Variation*. Frankfurt/M.: Lang.

McClelland, James L./Elman Jeffrey. L. (1986). Interactive processes in speech perception: the TRACE model. In: Rumelhart, David E./McClelland, James L. (eds) (1986), *Parallel Distributed Processing Explorations in the Microstructure of Cognition. Vol 2: Psychological and Biological Models*. Cambridge, Mass: MIT Press, 58–121

McLaughlin, B. (1978), The Monitor Model: some methodological consideration. Language Learning 28/2: 309-332.

Meisel, Jürgen (1997), The acquisition of the syntax of negation in French and German: contrasting first and second language development. *Second Language Research* 13: 109-135.

Meixner, Johanna (2000), „Kamele schlafen in der Luft": Selbstorganisationsprozesse in Lernersprachen. In: Wendt, Michael (Hg) (2000), *Konstruktion statt Instruktion*.

Neue Zugänge zu Sprache und Kultur im Fremdsprachenunterricht. Frankfurt/ M.: Lang, 87-101.

Melenk, Hartmut (1977), Der didaktische Begriff der ‚Kommunikativen Kompetenz'. *Praxis des neusprachlichen Unterrichts* 24: 3-12.

Menzel, Wolfgang (2000), Die „Textlupe". Ein Verfahren zur Überarbeitung selbst verfasster Texte. *Praxis Deutsch Heft* 164: 14-15

Mitchell, Rosamond/Myles, Florence (1998), *Second Language Learning Theories.* London: Arnold.

Montgomery, Martin (1999), *An introduction to language and society.* London: Routledge.

Morgenstern, Christian (1975), *The Gallow Songs. Christian Morgenstern's Galgenlieder.* Translated with an Introduction by Max Knight. München: Piper.

Moser, Hans (1973), Sprachbarrieren als linguistisches und soziales Problem. In: Rucktäschl, Annamaria (Hg) (1973), *Sprache und Gesellschaft.* München: Fink, 195-222.

Mulo Farenkia, Bernard (1999), *Sprechaktkompetenz als Lernziel: zur Didaktik einer kommunikativen Grammatik im Fach Deutsch als Fremdsprache.* Frankfurt/M.: Lang.

Nehls, Dietrich (Hg) (1979), *Studies in contrastive linguistics and error analysis.* Band 1, *The Theorectical Background.* Heidelberg: Groos.

Nehls, Dietrich (Hg) (1979), *Studies in contrastive linguistics and error analysis.* Band 2, *Descriptive Contrastive Analysis of English and German.* Heidelberg: Groos.

Nehls, Dietrich (Hg) (1991), *Studies in contrastive linguistics and error analysis.* Band 3, *Practical Applications.* Heidelberg: Groos.

Nemser, William (1971), Approximative systems of foreign language learners. *IRAL* 9: 115-123.

Neuhäuser, Gabriele (2003), *Konstruktiver Realismus.* Würzburg: Königshausen & Neumann.

Neuner, Gerhard (1979), *Pragmatische Didaktik des Englischunterrichts.* Schöningh: Paderborn.

Neuner, Gerhard/Hunfeld, Hans (1992), *Methoden des fremdsprachlichen Deutschunterrichts.* Berlin: Langenscheidt.

Neuner, Gerhard/Krüger, Michael/Grewer, Ulrich (1981), *Übungstypologie zum kommunikativen Deutschunterricht.* Berlin: Langenscheidt.

Newman, Fred/Holzman, Lois (1993), *Lev Vygotsky. Revolutionary Scientist.* London: Routledge.

Nickel, Gerhard (1980), Kontrastive Linguistik. In: Althaus, Hans Peter (Hg) (1980), *Lexikon der germanistischen Linguistik.* Tübingen : Niemeyer, 633-636.

Nickel, Gerhard/Nehls, Dietrich (Hgs) (1982), *Error analysis, contrastive linguistics and second language learning.* Heidelberg: Groos.

Nickel, Gerhard/Wagner, Karl-Heinz (Hgs) (1968), *Contrastive linguistics and language teaching.* Heidelberg: Groos.

Nicolaisen, Bernd (1994), *Die Konstruktion der sozialen Welt. Piagets Interaktionsmodell und die Entwicklung kognitiver und sozialer Strukturen.* Opladen: Westdeutscher Verlag.

Nida, Eugene/Taber, Charles R. (1969), *The theory and practice of translation.* Leiden: E. J. Brill.

Oevermann, Ulrich (1972), *Sprache und soziale Herkunft. Ein Beitrag zur Analyse schichtenspezifischer Sozialisationsprozesse und ihrer Bedeutung für den Schulerfolg.* Frankfurt/M.: Suhrkamp.

Olbert, Jürgen/Schneider, Bruno (1972), Mißverstandene Linguistik. *Französisch heute* 3/1: 32-46.

Oliver, R. (1995), Negative feedback in child NS-NNS conversation. *Studies in Second Language Acquisition* 17: 459-481.

Oller, John W./Richards, Jack C. (eds) (1973), *Focus on the learner: pragmatic perspectives for the language teacher.* Rowley/Mass.: Newbury House.

O'Malley, Michael/Chamot, Anna (1990), *Learning strategies in second language acquisition.* Cambridge: Cambridge University Press.

Ortega y Gasset, José (1973), Glanz und Elend der Übersetzung. In: Störig, Hans Joachim (Hg) (1973), *Das Problem des Übersetzens.* Darmstadt: Wissenschaftliche Buchgesellschaft, 290-307.

Palmer, Harold E. (1965), *The oral method of teaching languages: A monograph on conversational methods together with a full description and abundant examples of 50 appropriate forms of work.* Cambridge: Heffer.

Pauels, Wolfgang (1983), *Kommunikative Fremdsprachendidaktik: Kritik und Perspektiven.* Frankfurt/M.: Diesterweg.

Pechmann, Thomas (1994), *Sprachproduktion. Zur Generierung komplexer Nominalphrasen.* Opladen: Westdeutscher Verlag.

Peuckert, Rüdiger (1995), Stichwort ,Soziologische Theorien'. In: Schäfers, Bernhard (Hg) (1995), *Grundbegriffe der Soziologie.* 4. Auflage, Opladen: Leske + Budrich, 333.

Peyer, Ann/Portmann, Paul. R. (Hgs) (1996), *Norm, Moral und Didaktik – die Linguistik und ihre Schmuddelkinder.* Tübingen: Niemeyer.

Peyer, Ann et. al. (1996), Die Linguistik und ihre Schmuddelkinder: In: Peyer, Ann/Portmann, Paul. R. (Hgs) (1996), *Norm, Moral und Didaktik – die Linguistik und ihre Schmuddelkinder.* Tübingen: Niemeyer, 9-46.

Piaget, Jean (1972), *Sprechen und Denken des Kindes.* Düsseldorf: Schwann.

Pica, T./Doughty, C. (1985), Input and interaction in the communicative classroom: a comparison of teacher-fronted and group activities. In: Gass, Susan/Madden, Carolyn G. (eds) (1985), *Input in Second Language Acquisition.* Cambridge, Mass.: Newbury House, 115-132.

Pienemann, Manfred (1984), Psychological constraints on the teachability of languages. *Studies in Second Language Acquisition* 6: 186-214.

Pienemann, Manfred (1987) Determining the influence of instruction on L2 speech processing. *Australian Review of Applied Linguistics* 10/2: 83-113.

Pienemann, Manfred (1989), Is language teachable? Psycholinguistic experiments and hypotheses. *Applied Linguistics* 10: 52-79.

Pienemann, Manfred (1998), *Language Processing and Second Language Development.* Amsterdam: Benjamins.

Piepho, Hans-Eberhard (1979), *Kommunikative Didaktik des Englischunterrichts.* Limburg: Frankonius

Pinker, Stephen (1996), *Der Sprachinstinkt. Wie der Geist die Sprache bildet.* München: Kindler. (Engl. Original (1994), *The Language Instinct. The New Science of Language and Mind.* New York: Morrow.)

Pinker, Steven (1994), *The Language Instinct. The New Science of Language and Mind*. London: Allen Lane/Penguin Press.

Plann, S. (1977), Acquiring a second language in an immersion Situation. In: Brown, H. D./Yorio, C./Grymes, R. (eds) (1977), *On TESOL '77*. Washington D. C.: TESOL, 213-223.

Pride, John B./Holmes, Janet (eds) (1972), *Sociolinguistics*. Harmondsworth: Penguin.

Putzer, Oskar (1994), *Fehleranalyse und Sprachvergleich: linguistische Methoden im Fremdsprachenunterricht am Beispiel Italienisch-Deutsch*. Ismaning: Hueber.

Raasch, Albert (1974), Die Rolle der Pragmalinguistik im Fremdsprachenunterricht. *Unterrichtswissenschaft* 4: 3-10.

Raasch, Albert (1979), Lernersprache im Französischunterricht: Begriffe und praktische Probleme. *Französisch heute* 1: 19-34.

Raasch, Albert (Hg) (1999), *Angewandte Linguistik und Sprachlehrforschung: entdecken, erfahren, erleben*. Saarbrücken: Saarbrücker Schriften zur angewandten Linguistik und Sprachlehrforschung 16.

Rampillon, Ute (1996³), Lerntechniken im Fremdsprachenunterricht. Handbuch. Ismaning: Max Hueber.

Rampillon, Ute (1996a), *Lerntechniken im Fremdsprachenunterricht*. Ismaning: Max Hueber.

Rampillon, Ute (1996b), Schüler beurteilen sich selbst. Ein Zugang zum selbstgesteuerten Lernen. In: *Friedrich Jahresheft 1996, Prüfen und beurteilen*. Seelze/Velber: Friedrich Verlag, 38-39

Rampillon, Ute (2000), Selbstevaluation als Auslöser konstruktiver Lernprozesse. In: Wendt, Michael (Hg) (2000), *Konstruktion statt Instruktion. Neue Zugänge zu Sprache und Kultur im Fremdsprachenunterricht*. Frankfurt/ M.: Lang, 119-140

Rash, Felicity (2002), *Die deutsche Sprache in der Schweiz. Mehrsprachigkeit, Diglossie und Veränderung*. Frankfurt/M.: Lang.

Rattunde, Eckhard (Hg) (1979), *Sprachnormen im Fremdsprachenunterricht*. Frankfurt/M.: Lang.

Rein, Kurt (1983), *Einführung in die kontrastive Linguistik*. Darmstadt: Wissenschaftliche Buchgesellschaft.

Reiß, Katharina/Vermeer, Hans J. (1984), *Grundlegung einer allgemeinen Translationstheorie*. Tübingen: Niemeyer.

Richards, Jack C. (1971), Error analysis and second language strategies. *Language Sciences* 17: 12-22.

Richards, Jack C. (ed) (1974), *Error analysis: perspectives on second language acquisition*. London: Longman.

Richards, Jack C. (ed) (1974), Error Analysis: Perspectives on Second Language Acquisition. London: Longman.

Richards, Jack C./Sampson, Geoffrey P. (1974), The Study of English. In: Richards, Jack C. (ed) (1974), Error Analysis: Perspectives on Second Language Acquisition. London: Longman, 3-18.

Rickheit, Gert/Strohner, Hans (1993), *Grundlagen der kognitiven Sprachverarbeitung: Modelle, Methoden, Ergebnisse*. Tübingen: Francke.

Rickheit, Gert/Strohner, Hans (1999), Textverarbeitung: Von der Proposition zur Situation. In: Friederici, Angela D. (Hg) (1999), *Sprachrezeption*. Enzyklopädie der Psychologie. Themenbereich C. Serie 3. Sprache, Bd. 2. Göttingen: Hogrefe, 271-306.

Riehl, Claudia Maria (2004), *Sprachkontaktforschung. Eine Einführung.* Tübingen: Narr.

Robinett, Betty W. (1995), *Second language learning. Contrastive analysis, error analysis, and related aspects.* Ann Arbor: University of Michigan Press.

Roche, Jörg (2001), *Interkulturelle Sprachdidaktik: eine Einführung.* Tübingen: Narr.

Romaine, Suzanne (1988), *Pidgin and Creole Languages.* London: Longman.

Romaine, Suzanne (2000), *Language in society: an introduction to sociolinguistics.* Oxford: Oxford University Press.

Rösler, Dietmar (1984), *Lernerbezug und Lehrmaterialien DaF.* Heidelberg: Groos.

Rossipal, Hans (1973), *Zur Struktur der sprachlichen Fehlleistung mit einem Vorschlag für ein Sprachmodell mit Wahlstufen.* Stockholm: University of Stockholm.

Roth, Philip (2001), *The Human Stain.* London: Vintage.

Rucktäschl, Annamaria (Hg) (1973), *Sprache und Gesellschaft.* München: Fink.

Rumelhart, David E./McClelland, James L. (1986), *Parallel Distributed Processing Explorations in the Microstructure of Cognition. Vol 2: Psychological and Biological Models.* Cambridge, Mass: MIT Press.

Sampson, Geoffrey (1980), *Schools of linguistics.* London: Hutchinson.

Saville-Troike, Muriel, (1989), *The ethnography of communication: an introduction.* Oxford: Basil Blackwell.

Schade, Ulrich (1999), *Konnektionistische Sprachproduktion.* Wiesbaden: Deutscher Universitätsverlag.

Scharlau, Ingrid (1996), *Jean Piaget zur Einführung.* Hamburg: Junius.

Schiffler, Ludger (1973), *Einführung in den audio-visuellen Unterricht.* Heidelberg: Quelle & Meyer.

Schilder, Hanno (1977), *Medien im neusprachlichen Unterricht seit 1880: eine Grundlegung der Anschauungsmethode und der auditiven Methode unter entwicklungsgeschichtlichem Aspekt.* Kronberg Ts.: Scriptor.

Schlieben-Lange, Brigitte (1973), *Soziolinguistik. Eine Einführung.* Stuttgart: Urban.

Schmidlin, Regula (1999), *Wie deutschschweizer Kinder schreiben und erzählen lernen.* Tübingen: Francke.

Schmidt, R. W. (1983), Interaction, acculturation, and the acquisition of communicative competence: a case study of an adult. In: Wolfson, N./Judd, E. (eds) (1983), *Sociolinguistics and Second Language Acquisition.* Rowley, Mass.: Newbury House.

Schmitt, Norbert (Hg) (2002), *An introduction to applied linguistics.* London: Arnold.

Schmitt-Brandt, Robert (1998), *Einführung in die Indogermanistik.* Tübingen: Francke.

Schmitz, Heinrich Walter (1975), *Ethnographie der Kommunikation.* Hamburg: Buske.

Schocker von Ditfurth, Marita (1992), *Neue praxis- und teilnehmerorientierte Fortbildungskonzepte für den kommunikativen Fremdsprachenunterricht.* Freiburg: Pädagogische Hochschule. Dissertation.

Schönpflug, Ute (1977), *Psychologie des Erst- und Zweitspracherwerbs.* Stuttgart: Kohlhammer.

Schröder, Konrad (Hg) (1992), *Fremdsprachenunterricht 1500 – 1800.* Wiesbaden: Harrassowitz.

Schumann, John (1978), *The Pidginisation Process: A Model for Second Language Acquisition.* Rowley MA, Newbury House.

Schütze, Fritz (2000), Das Konzept der sozialen Welt im symbolischen Interaktionismus und die Wissensorganisation in modernen Komplexgesellschaften. In: Häcki

Buhofer, Annelies (Hg) (2000), *Vom Umgang mit sprachlicher Variation: Soziolinguistik, Dialektologie, Methoden und Wissenschafts-geschichte*. Tübingen: Francke, 57-83.

Scovel, Thomas (1998), *Psycholinguistics*. Oxford: Oxford University Press.

Sebba, Mark (1997), *Contact Languages: pidgins and creoles*. Basingstoke: Macmillan Press.

Segermann, Krista (1974), Zur Überwindung des Methodenstreits in der fachdidaktischen Diskussion. *Praxis des neusprachlichen Unterrichts* 21/4: 339-353.

Seidlhofer, Barbara (Hg) (2003), *Controversies in applied linguistics*. Oxford: Oxford University Press.

Selinker, Larry (1969), Language transfer. *General Linguistics* 9: 67-92.

Selinker, Larry (1972), Interlanguage. *IRAL* 10: 209-231.

Selinker, Larry (1992), *Rediscovering interlanguage*. London: Longman.

Selinker, Larry/Swain, Merrill/Dumas, Guy (1975), The interlanguage hypothesis extended to children. *Language Learning* 25: 139-91.

Shannon, Claude E./Weaver, Warren (1949): *The mathematical theory of communication*. Urbana: University of Illinois Press.

Slembek, Edith (1995), *Lehrbuch der Fehleranalyse und Fehlertheraphie*. Heinsberg: Agentur Dieck.

Snell-Horby, Mary (1988), *Translation studies: an integrated approach*. Amsterdam: Benjamins.

Spillner, Bernd (1991), *Error analysis: A comprehensive bibliography*. Amsterdam: Benjamins.

Spillner, Bernd (1999), Was ist und zu welchem Zweck betreibt man Angewandte Linguistik? In: Raasch, Albert/Bühler, Peter (Hgs) (1999), *Angewandte Linguistik und Sprachlehrforschung: entdecken, erfahren, erleben*. Saarbrücken: Universität Saarbrücken. 11-21, (= SALUS Bd. 16).

Spolsky, Bernard (1987), The place of linguistics in a general theory of second language learning and in language teaching. *AILA Review* 4: 32-43.

Stellmacher, Dieter (Hg) (2000), *Dialektologie zwischen Tradition und Neuansätzen*. Stuttgart: Steiner.

Sternemann, Reinhard/Gutschmidt, Karl (1989), *Einführung in die vergleichende Sprachwissenschaft*. Berlin: Akademie Verlag.

Stockwell, Robert P./Bowen, J. Donald/Martin, John W. (1965), *The Grammatical Structures of English and Spanish*. Chicago: Chicago Unviversity Press.

Stölting, Wilfried (1974), Vorwort des Herausgebers. In: Prucha, Jan (1974), *Sowjetische Psycholinguistik*. Düsseldorf: Schwann, 7-21.

Störig, Hans Joachim (Hg) (1973), *Das Problem des Übersetzens*. Darmstadt: Wissenschaftliche Buchgesellschaft.

Strack, Wolfgang (1973), *Fremdsprachen audiovisuell*. Bochum: Kamp.

Stubbs, Michael (1986), *Educational Linguistics*. Oxford: Blackwell.

Szemerényi, Oswald (1989), *Einführung in die vergleichende Sprachwissenschaft*. Darmstadt: Wissenschaftliche Buchgesellschaft.

Tarone, Elaine (1979). Interlanguage as chameleon. *Language Learning* 29: 181-191.

Tarone, Elaine (1982), Systematicity and attention in interlanguage. *Language Learning* 32: 69-84.

Tarone, Elaine (1988), *Variation in interlanguage*. London: Arnold.

Tarone, Elaine (1990), On variation in interlanguage: A response to Gregg. *Applied Linguistics* 11: 392-400.

Tarone, Elaine/Frauenfelder, Uli/Selinker, Larry (1976), Systematiciy/variability and stability/instability in interlanguage Systems. *Language Learning.* Special Issue 4: 93-134.

Teich, Elke (2003), *Cross-linguistic variation in system and text: a methodology for the investigation of translations and comparable texts.* Berlin: de Gruyter.

Thelen, Udo (1999), *Sprachliche Variation und ihre Beschreibung.* Tübingen: Niemeyer.

Timm, Uwe (2003), *Rot.* München: dtv.

Titone, Renzo (1968), *Teaching Foreign Languages – A Historical Sketch.* Washington: Georgetown University Press.

Todd, Loreto (1990), *Pidgins and Creoles.* London: Routledge & Kegan.

Todorov, Tzvetan (1984), *The Conquest of America: the Question of the Other.* New York: Harper and Row.

Trabant, Jürgen (1998), *Artikulationen. Historische Anthropologie der Sprache.* Frankfurt/M.: Suhrkamp.

Trabant, Jürgen (2003), *Mithridates im Paradies. Kleine Geschichte das Sprachdenkens.* München: Beck.

Trudgill, Peter (1983), *Sociolinguistics: an introduction to language and society.* Harmondsworth: Penguin.

Trudgill, Peter (2003), *Social dialectology.* Amsterdam: Benjamins.

Twain, Mark (1907), The Awful German Language. In: Twain, Mark (1907), *The Writings of Mark Twain.* Vol. IV, *A Tramp Abroad.* New York: Harper & Brothers, 290-307.

Valsiner, Jan. (1993) Culture and human development: A co-constructivist perspective. In Van Geert, Paul/Moss, Leendert (eds) (1993), *Annals of theoretical psychology,* Vol. X. New York: Plenum 247-298.

Van Lier, Leo/Carson, David (1997), *Knowledge about language.* Dordrecht: Kluwer.

Varonis, E./Gass, Susan M. (1985), Non-native/non-native conversations: a model for negotiating meaning. *Applied Linguistics* 6: 71-90.

Veer, René van der/Valsiner, Jan (eds) (1994), *Understanding Vygotsky.* Oxford: Blackwell.

Veith, Werner H. (2002), *Soziolinguistik. Ein Arbeitsbuch.* Tübingen: Narr.

Vielau, Axel (1976), Audiolinguales oder bewußtes Lernen. Aspekte zur Methodologie des Fremdsprachenunterrichts. In: Kramer, Jürgen (Hg) (1976), *Bestandsaufnahme Fremdsprachenunterricht: Argumente zur Reform der Fremdsprachendidaktik.* Stuttgart: Metzler, 180-201.

Vielau, Axel (1997), *Methodik des kommunikativen Fremdsprachenunterrichts.* Berlin: Cornelsen.

Viëtor, Wilhelm (1979), Der Sprachunterricht muss umkehren. In: Hüllen, Werner (Hg) (1979), *Didaktik des Englischunterrichts:* 9-31.

Vygotsky, Lev (1978) *Mind in Society. The Development of Higher Psychological Processes.* Cambridge/Mass.: Havard University Press.

Wandruszka, Mario (1969), *Sprachen, vergleichbar und unvergleichbar.* München: Piper.

Wandruszka, Mario (1981), *Die Mehrsprachigkeit des Menschen.* München: Piper. Deutscher Taschenbuch-Verlag.

Wandruszka, Mario (1991), „Wer fremde Sprachen nicht kennt ...": das Bild des Menschen in Europas Sprachen. Darmstadt: Wissenschaftliche Buchgesellschaft.

Wardhaugh, Ronald (1998), An Introduction to Sociolinguistics. Malden, Mass.: Blackwell.

Watson, Rod (1997), Ethnomethodology and textual analysis. In: Silverman, David (ed) (1997), Qualitative Research: Theory, Method and Practice. London: Sage, 80-98

Weber, Heinrich (1973), Äußerungen als illokutive Handlungen. Praxis des neusprachlichen Unterrichts 20/1: 22-32.

Weinreich, Uriel (1974), Languages in Contact. The Hague: Mouton.

Weinreich, Uriel (1976), Sprachen in Kontakt. Ergebnisse und Probleme der Zweisprachigkeitsforschung. München: Beck.

Weisgerber, Leo (1957), Die Muttersprache im Aufbau unserer Kultur. Düsseldorf, Schwann.

Weisgerber, Leo (1968), Das Tor zur Muttersprache. Düsseldorf, Schwann.

Wendt, Michael (Hg) (2000), Konstruktion statt Instruktion. Neue Zugänge zu Sprache und Kultur im Fremdsprachenunterricht. Frankfurt/ M.: Lang.

Werlen, Erika (1998), Sprache, Kommunikationskultur und Mentalität: zur sozio- und kontaktlinguistischen Theoriebildung und Methodologie. Tübingen: Niemeyer.

Werlen, Ivar (2002), Sprachliche Relativität. Tübingen: Francke.

Whitman, Randall/Jackson, K. (1972), The unpredictability of contrastive analysis. Language Learning 22: 29-42.

Wode, Henning (1993), Psycholinguistik. Eine Einführung in die Lehr- und Lernbarkeit von Sprachen. Ismaning: Hueber.

Wong-Fillmore, Lily (1985), When Does Teacher Talk Work As Input? In: Gass, Susan/Madden, Carolyn G. (eds) (1985), Input in Second Language Acquisition. Cambridge, Mass.: Newbury House, 17-50.

Wozniak, Robert H. (1993) Co-constructive metatheory for psychology: Implications for an analysis of families as specific social contexts for development. In: Wozniak, Robert H./Fischer, Kurt W. (eds) (1993), Development in context: Acting and thinking in specific environments. Hillsdale, NJ: Erlbaum, 77-91.

Wygotski, Lew S. (1979), Denken und Sprechen. Frankfurt/M.: Fischer.

Wyler, Siegfried. (1967), Zur Integration der strukturellen Grammatik in den traditionellen Unterricht. Der fremdsprachliche Unterricht 1/3: 12-21.

Zabrocki, Ludvik (1970), Grundfragen der kontrastiven Grammatik. In: Moser, Hugo (Hg), (1970), Probleme der kontrastiven Grammatik. Düsseldorf: Schwann, 31- 52.

Zimmermann, Rainer (1984), Pragmalinguistik und kommunikativer Fremdsprachenunterricht. Am Beispiel des englischen Anfangsunterrichts. Heidelberg: Groos.

Zipf, George Kingsley (1935), The Psycho-Biology of Language. An Introduction to Dynamic Philology. Boston: Houghton-Mifflin

Zipf, George Kingsley (1949), Human Behavior and the Principle of Least Effort. New York. Hafner.

Zwitserlood, Pienie (1999), Gesprochene Wörter im Satzkontext. In: Friederici, Angela D. (Hg) (1999), Sprachrezeption. Enzyklopädie der Psychologie. Themenbereich C. Serie 3. Sprache, Bd. 2. Göttingen: Hogrefe, 85-116.

7 Register

7.1 Personenregister

7.2   Sachregister